高等学校教师教育专业教材

中国教育史

主　编　程功群　牛蒙刚
副主编　魏　珂

南京大学出版社

图书在版编目(CIP)数据

中国教育史 / 程功群,牛蒙刚主编. —— 南京：南京大学出版社,2021.8
ISBN 978-7-305-22757-8

Ⅰ.①中… Ⅱ.①程…②牛… Ⅲ.①教育史－中国－高等学校－教材 Ⅳ.①G529

中国版本图书馆 CIP 数据核字(2019)第 284842 号

出版发行	南京大学出版社
社　　址	南京市汉口路 22 号　　邮　编　210093
出 版 人	金鑫荣

书　　名　中国教育史

主　　编	程功群　牛蒙刚		
责任编辑	钱梦菊	编辑热线	025-83592146

照　　排	南京南琳图文制作有限公司
印　　刷	盐城市华光印刷厂
开　　本	787×1092　1/16　印张 16.25　字数 370 千
版　　次	2021 年 8 月第 1 版　2021 年 8 月第 1 次印刷
ISBN	978-7-305-22757-8
定　　价	48.00 元

网址：http://www.njupco.com
官方微博：http://weibo.com/njupco
微信服务号：NJUyuexue
销售咨询热线：(025) 83594756

＊版权所有,侵权必究

＊凡购买南大版图书,如有印装质量问题,请与所购
　图书销售部门联系调换

前　言

"自有人生,便有教育。"在中华民族悠久绵长的教育历史长河中,自古就有兴学重教之传统,积累了丰富而宝贵的教育财富和精神财富。在教育历史的发展和延续中,人类教育逐渐形成构建了成熟的制度和理论,并开展了丰富多彩的教育活动,呈现了纷繁的教育历史图景。教育,作为社会系统的重要组成部分,历朝历代统治者均将其作为安邦定国、化育民众的重要手段,先秦时期的滥觞与奠基、古代社会的承继与发展、近代以降的转型与改革,教育始终在维系统治、社会稳定、文化传承和开启民智等方面发挥着重要的历史功用,造就了悠久灿烂的教育文化。

历史是一面镜子,通过对教育史的回顾与总结,可以从历史中汲取营养,立足历史而审视当下、展望未来,援古以益今,总结教育经验教训、探究教育历史规律而把握未来教育发展,是我们从事教育改革和立德树人的历史镜鉴和精神财富。"历史研究是一切社会科学的基础"(习近平,2019),中国教育史作为历史学和教育学的交叉学科,同时亦是教育学专业、师范类专业的核心课程,有志于教育者应加强对中国教育史的学习与研究,从古人教育智慧中汲取精华,弘扬教育传统和教育精神,丰富自身的人文素养、学科素养,锻铸科学客观的历史感,加强历史对现实的关照,为中国教育的改革发展贡献智慧与力量。

在编写过程中,我们始终坚持以历史唯物主义为指导,力求客观真实,呈现教育的"原生态",对历代文教政策、教育制度、教育思想和教育活动做了全面介绍和解读,并相应地融合具体形象的教育活动,以此深化、活泼教育内容。同时,借鉴近年来的教师资格证考试、教师事业编制考试和研究生入学考试等,本教材在编写中进行了篇幅的压缩和文字的简明,在体现基础性、全面性、针对性、简明性和实用性的同时,力求脉络清晰、突出重点和简明扼要地呈现教育历史的发展演变。

本教材在编写过程中,参阅和吸取了教育史学界前辈的研究成果,尽可能将前沿研究成果进行补充和充实,在此,一并致以崇高的敬意和衷心的感谢。淮阴师范学院王宜鹏教授就本书的编写体例、框架和内容给予了诸多帮助和充分指导,在此致以衷心的感谢。南京大学出版社钱梦菊、陆思洋编辑为本教材的策划和出版付出了辛劳,在此致以最诚挚的谢意!

由于我们学养不丰和学术水平有限,加之时间仓促,难免有疏漏之处,敬请方家和读者批评指正,以便日后修订完善!

编　者

2021 年 6 月

目录 CONTENTS

第一章 原始社会和夏、商、西周时期的教育 / 1
　　第一节　中国教育的起源和古代学校的萌芽 / 2
　　第二节　氏族公社时期的教育 / 4
　　第三节　夏、商、西周时期的教育 / 8

第二章 春秋战国时期的教育 / 15
　　第一节　春秋战国时期的教育变革 / 16
　　第二节　儒家教育思想 / 19
　　第三节　墨家教育思想 / 33
　　第四节　道家和法家的教育思想 / 36
　　第五节　《礼记》中的教育思想 / 40

第三章 秦汉魏晋南北朝时期的教育 / 45
　　第一节　文化教育政策 / 46
　　第二节　学校教育制度 / 51
　　第三节　董仲舒的教育思想 / 59
　　第四节　王充的教育思想 / 64
　　第五节　颜之推的教育思想 / 67

第四章 隋唐时期的教育 / 73
　　第一节　隋唐时期的教育制度 / 74
　　第二节　隋唐时期的科举制度 / 77
　　第三节　韩愈的教育思想 / 82

第五章 宋辽金元时期的教育 / 87
　　第一节　宋朝的文教政策与教育制度 / 88
　　第二节　宋代的科举制度 / 94
　　第三节　宋代的书院 / 97
　　第四节　辽金的教育 / 103
　　第五节　元代的教育 / 105
　　第六节　朱熹的教育思想 / 108

第六章 明代的教育 / 115
　　第一节　明代的文教政策和教育制度 / 116

第二节　明代的科举制度 / 121
第三节　王守仁的教育思想 / 122

第七章　清初至鸦片战争前的教育 / 129
第一节　清朝的文教政策和教育制度 / 130
第二节　清朝的科举制度 / 135
第三节　宋元明清时期的私学 / 137
第四节　王夫之的教育思想 / 141
第五节　颜元的教育思想 / 146

第八章　鸦片战争到洋务运动时期的教育 / 151
第一节　清末传统教育的式微 / 152
第二节　教会教育的产生与发展 / 153
第三节　洋务运动时期的教育 / 155
第四节　张之洞的教育思想 / 162

第九章　维新运动和清末"新政"时期的教育 / 167
第一节　维新运动时期的教育改革 / 168
第二节　清末"新政"时期的教育改革 / 171
第三节　康有为、梁启超、严复的教育思想 / 176

第十章　民国初期的教育 / 185
第一节　民国初期的教育方针与政策 / 186
第二节　壬子癸丑学制 / 187
第三节　蔡元培的教育思想与教育实践 / 191

第十一章　"五四"运动和大革命时期的教育 / 199
第一节　新文化运动时期的教育改革与教育思潮 / 200
第二节　1922年的"新学制" / 207
第三节　新民主主义教育的发端 / 210

第十二章　国民政府时期的教育 / 215
第一节　国民政府时期的教育宗旨与政策 / 216
第二节　国民政府时期的教育改革 / 219
第三节　民国时期教育家群体的思想与实践 / 222

第十三章　革命根据地的教育 / 239
第一节　苏维埃根据地的教育 / 240
第二节　抗日民主根据地与解放区的教育 / 243
第三节　革命根据地教育的基本经验 / 250

第一章
原始社会和夏、商、西周时期的教育

"自有人生，便有教育。"教育是人类特有的社会现象，它伴随着人类社会的产生而产生。教育产生于原始社会中人们生产与生活的需求，其教育内容广泛、教育活动丰富，中国教育在此时期开始奠基。原始社会的教育是在生产实践中以口耳相传的方式进行，教育内容比较简单，主要立足于原始社会时期的日常生活实践。氏族公社末期，由于生产力的发展，学校教育开始萌芽。夏朝建立，伴随着人类进入阶级社会，教育逐渐专门化、阶级化。西周形成了从中央到地方较为完善的学校教育制度，以"学在官府""官师合一"为主要制度特征，以"六艺"为主要教育内容，西周教育制度对我国之后两千多年封建社会的教育产生了深远影响。可以说，这一时期是中国教育的滥觞期与奠基期。

【学习目标】

1. 了解教育的起源。
2. 了解氏族公社时期的教育活动内容。
3. 掌握西周的教育制度和特点。
4. 重点把握教育及学校产生的历史条件。

第一节　中国教育的起源和古代学校的萌芽

教育是人类特有的社会活动,伴随着人类社会的产生而产生。我国教育起源于原始社会,发轫于人类社会的形成,起源于人们日常生产生活实践以及人类自身身心发展的需要。随着人类的出现和社会的形成,最原始的教育也随之诞生了,它以传授最基本的生活技能为主要内容,是人类社会最基本的社会实践之一。氏族公社末期,随着社会阶层的变化、社会分工的细化以及文字的产生,古代学校开始萌芽。

一、中国教育的起源

教育的起源与产生,与人类社会的产生和出现密切相关。教育的起源应追溯到人类出现之时的久远时代。杨贤江指出:"自有人生,便有教育。因为自有人生,便有实际生活的需要。不过人生的需要,随时随地有不同;教育的资料与方法,也跟着需要有变迁。"[1]就此来看,教育的起源,与人类的出现、日常生活和社会实践密切相关。

中国作为世界四大文明古国之一,文化的发展、文明的延续从未中断,这与教育的传承、发展不可分割。根据考古发掘来看,在原始社会时期,中华大地就已有了人类活动的轨迹,并在生产生活实践中创造了悠久灿烂的文化,教育也就此起源。中国的原始社会经历了一百几十万年的发展历史,大体上可分为原始人群和氏族公社两个时期。根据人类考古学的研究发现,中国境内较早的人类活动遗迹有北京人(距今约 50 万年)、蓝田人(距今约 100 万年)、元谋人(距今约 170 万年)等。截至目前,最为久远的中国人类化石,是 1985 年在重庆巫山县庙宇镇龙坪村龙骨坡发现的"巫山人",科学测定距今 200 万年前,这一发现不仅填补了中国早期人类化石的空白,并且证明了"巫山人"是我国迄今发现的最早的直立人,将中国人类发展的历程又提前了 30 多万年。可以说,中国大地在 200 万年前就有人类生存,中国教育也已有 200 多万年的历史。但这也不是最终的结论,今后随着考古技术的进步及考古工作的推进,也许还会发现比"巫山人"更早的人类遗骸化石,那么教育的历史还要往前延伸。

关于教育起源的问题,学界对此争论颇多,各国的研究者基于不同的研究视角提出了不同的研究观点,主要有:第一,生物起源说。法国哲学家、社会学家勒图尔诺(Charles Letourneau,1831—1902)在《动物界的教育》一书中,从生物学的角度提出教育的"生物起源说"。他通过对动物生活的观察,在动物世界里存在着如大猫教小猫捕鼠、大鸭教小鸭游水等现象,从而认为教育就是从生物进化而来的,生存竞争的本能就是教育产生的基础。第二,心理起源说。美国教育家孟禄(Paul Monroe,1869—1947)对"生物起源说"进行了批判,否认了生物进化论,认为儿童对知识的学习主要是通过对成人的无意识模仿而

---

[1] 杨贤江:《杨贤江全集》(第 3 卷),开封:河南教育出版社 1995 年版,第 266 页。

实现的,指出模仿才是教育产生的基础。第三,劳动起源说。20世纪30年代,苏联学者以恩格斯的《家庭、私有制和国家的起源》及《劳动在从猿到人转变过程中的作用》等著作为理论武器,从历史唯物主义观点出发,认为教育起源于劳动,指出教育是人类特有的一种社会现象,从猿转变为人的根本原因是劳动,因为"劳动创造了人本身",所以劳动是教育产生的本源。

从中国原始人群时期的历史遗址发掘来看,当时的教育主要源于生产生活经验的需要,教育内容和日常的生产生活联系紧密。因此,可以说,"人类社会特有的教育活动,是起源于人类适应社会生活的需要和人类自身身心发展的需要,是人类社会存在和发展的必要条件"①。

二、古代学校的萌芽

学校是在原始社会时期人类教育活动基础上出现的一种专门教育机构,是人类社会和教育发展到一定阶段的历史产物。人类社会进入氏族公社时期以后,随着社会生产力的发展、社会分工的细化和社会阶层的分化,私有制得到一定发展,阶级社会初现端倪,部落显贵开始垄断文化教育事业,这些为学校的萌芽奠定了政治和经济基础。氏族公社末期,随着社会事务的繁多和交往的频繁,原始的结绳、刻木等方式已无法适应教育和社会发展的需求,文字作为新的记录、传授知识经验的工具应运而生,为学校的萌芽奠定了重要基础。综合来看,学校的萌芽和产生,应具备下列历史条件:社会生产力的发展,具有一定的剩余产品,使一部分人能够脱离生产劳动而专门从事教育与学习活动;劳心与劳力的分化,出现了从事文化教育事业的专门人员;文字的出现,有了更便利的学习条件和学习内容,使人类社会积累的经验得以有效传播。

古籍中关于学校的记载有多种传说,相传在原始社会末期已经出现了中国最古老的学校,主要涉及的是"成均"和"庠"。

成均,相传是五帝时期的学校。最早的记载是《周礼·春官》,指出:"大司乐掌成均之法,以治建国之学政,而合国之子弟焉。"《礼记·文王世子》中对"成均"注解时,指出"董仲舒曰:五帝名大学曰成均"。但是,因董仲舒的《春秋繁露》现存本为残缺本,无"成均"考证文字,故无法得知确凿证据。关于成均,郑玄考证说:"均,调也。乐师主调其音。""成均之法者,其遗礼可法者。"由此可见,成均之学,所重的乐教,是实施乐教的教育场所,表明当时的教育已经出现专门化的倾向。

庠,是虞舜时期的学校。《礼记》中记载:"有虞氏养国老于上庠,养庶老于下庠。"②"米廪,有虞氏之庠也。"③郑玄注解"米廪"为"藏养人之物"。庠有两种含义:一是"米廪",即粮仓;二是敬老养老之场所。从"庠"的字面上讲,首先是一处藏米之所。《说文解字》称,庠,"从广羊声",实际上是有虞氏时储藏公共劳动成果的一个仓库,由脱离生产劳动的

---

① 孙培青:《中国教育史》,上海:华东师范大学出版社2008年版,第3页。
② 《礼记·王制》
③ 《礼记·明堂位》

老者来看管。同时,庠是一处老人聚集活动的场所,也是氏族敬老养老行礼之地。孟子说:"庠者,养也。"羊是原始社会的一种美味佳肴,只有老者才有资格享用,食用羊肉的居处就是"庠"。老者脱离生产劳动,承担起看管庠之责,同时由于老者经验丰富,也承担起教育年轻一代的职责,庠也成为实施教育的场所,是一个集储藏、养老敬老和教育等功能于一体的场所和机构。庠,不仅是传授生产生活经验和知识的场所,同时也是实施孝道和敬老等原始伦理和道德教育的场所。

综上可见,成均和庠,都只是学校的萌芽阶段,虽然还不是正式的学校,但已经成为较为独立的场所,开始进行有目的、有组织的教育活动,发挥出一定的教育功能,为以后专门机构的产生奠定了重要基础。

第二节　氏族公社时期的教育

氏族公社时期,大约从 5 万年前始,至公元前 21 世纪止,又分为母系氏族公社时期(约 5 万年前—5000 年前)和父系氏族公社时期(约 5000 年前—公元前 21 世纪)。氏族公社时期的教育,仍然与生产生活实践紧密联系,教育内容涉及人类生活的各个方面,更加丰富多彩,主要体现在生产劳动教育、生活习俗教育、原始宗教教育和原始艺术教育等四个方面。

一、生产劳动教育

原始社会时期,随着人类的进化和社会生产力的发展,人类由被动地适应、敬畏自然,逐渐开始学会制造和使用工具。在原始社会,劳动是人类的第一需要,原始人类为了满足基本的生存需求,必须依靠劳动,因此生产劳动教育在教育活动中占有十分突出的地位。生产劳动的教育内容也由原始的简陋工具使用、采集、狩猎等向石器、骨器、制陶、纺织等手工业过渡。在这一历史发展过程中,氏族首领、年长的或者有经验的氏族成员扮演着生产劳动教育活动主体的角色。他们通过亲身探索实践、口传身授等方式,将生产生活技能与经验传递给氏族成员。对此,诸多文献均有记载。如《尸子》卷上记载:"遂人之世,天下多水,故教民以渔。宓羲氏之世,天下多兽,故教民以猎。""神农乃始教民播种五谷,相土地,宜燥湿肥硗高下,尝百草之滋味,水泉之甘苦,令民知所避就。"《易经·系辞》记载:"古者包牺氏之王天下也……作结绳而网罟,以佃以渔。"《易经·系辞下传》第二章中也记载有:"包牺氏没,神农氏作。斫木为耜,揉木为耒。耒耨之利,以教天下。"《白虎通义》中表述为:"古之人民皆食禽兽肉。至于神农,人民众多,禽兽不足,于是神农因天之时,分地之利,制耒耜,教民农作。"由以上记载可以看出,生产劳动的教育内容涉及劳动工具的制作与使用、耕作技术、渔猎技术等方面,氏族首领因地制宜,根据氏族部落所在地的特点而探索出相应的生产生活技能,将之普及于氏族部落人民,以提高人们适应自然的能力。

随着农业的发展,原始手工业也逐渐发展起来,如纺织技术、陶器制作技术等。这些经验的不断积累，使生产劳动教育的内容更加丰富了。氏族公社时期，人们已经掌握了手工业生产技能，制陶、纺织、玉器、建筑等方面均已发展到一定水平，能够根据所居之所与环境而开展相应的手工业活动。例如，《路史·后纪卷五》中记载，嫘祖曾"始教民育蚕，治丝茧以供衣服"。《吴越春秋》也记载："尧遭洪水，人民泛滥，遂高而居。尧聘弃使教民山居，随地造区，研营种之术。"这些教民养蚕治丝、营种之术等方面的记载，均反映了原始社会时期生产劳动教育的活动史实。例如，从浙江河姆渡遗址出土许多木制机件，可以判断出，距今 7000 年前，长江下游原始居民开始运用踞织机纺织了。

二、生活习俗教育

由于生产力发展水平有限，氏族成员往往择善而居，建立起氏族村落，并形成了约定俗成的生活规范和行为准则，开展了生活习俗教育。西安半坡遗址是一个典型的氏族村落，发掘面积约 5 万平方米，四五十座房屋排列有序，其中有一座 160 多平方米的大房子，显然是公共活动场所，也是氏族首领对氏族成员进行社会教化的地方。

氏族公社时期，生活习俗教育涉及范围较广，不仅有氏族公共事务教育，还涉及婚姻、尊老、民俗、人伦及成年礼等社会生活各个方面。例如，在岁时节令的民俗教育方面，颛顼时期，"乃命南正重司天以属神，命火正黎司地以属民，使复旧常，无相侵渎，是谓绝地天通"①。由此可见，当时已有"南正"和"火正"之官职来专门负责天文历法。尧也专门派人职司观察天象，"乃命羲和，钦若昊天，历象日月星辰，敬授人时"②。通过对日月星辰运行规律的观察而"以闰月定四时成岁"。由此可窥见，三代以前，人们已注重对天文知识的梳理，并将之传授给社会民众，以至于有"三代以上，人人皆知天文。七月流火，农夫之辞也。三星在天，妇人之语也。月离于毕，戍卒之作也。龙尾伏辰，儿童之谣也"③的说法。

在婚姻制度方面，进入氏族公社后，人们逐渐认识到族内婚姻对后代智力和体力的危害，"男女同姓，其生不蕃"，因此由血缘群婚发展为族外婚和对偶婚，族外婚导致氏族社会的形成，对偶婚则诞生了母系社会，妇女在社会中享有崇高的地位。早在原始社会时期，"在原始民族中间存在着一套决定两性间相互关系的复杂的规矩"④。进入父系氏族社会后，婚姻上出现一夫一妻制，"与之相适应的人伦道德教育也产生了变化，开始着重培养父权思想，宣扬男尊女卑的道德观念，以及维护一夫一妻制习俗"⑤。成年礼也是氏族公社时期的重要传统习俗，男女达到成人的年龄后，要举行"成丁礼"仪式，氏族对成人的年龄界定不一，早则 13 岁，迟至 20 岁。例如，拔牙风俗是成年礼的一种表现，通过考古发现，在新石器时代的大汶口、西夏侯、大墩子等地区，拔牙习俗较为常见。例如，在大汶口文化的中心分布区中，拔牙者所占比例高达 60%～70%。⑥

---

① 《国语·楚语》
② 《尚书·尧典》
③ ［清］顾炎武：《日知录集释》，上海：上海古籍出版社 2014 年版，第 695 页。
④ 钟敬文：《民俗学概论》，上海：上海文艺出版社 1998 年版，第 172 页。
⑤ 李国钧，王炳照：《中国教育制度通史》第一卷，济南：山东教育出版社 2000 年版，第 29 页。
⑥ 王巍：《中国考古学大辞典》，上海：上海辞书出版社 2014 年版，第 188 页。

三、原始宗教教育

"人类文化都是以宗教开端,且每依宗教为中心。人群秩序以及政治,导源于宗教,人的思想知识以至各种学术,亦无不导源于宗教。"①中国的宗教教育活动起源甚早,可追溯至原始社会时期的信仰崇拜活动。人类最初的宗教教育是以多元化、多样性的信仰崇拜活动反映出来的,宗教教育活动亦是以此而得以体现。原始宗教教育主要有自然崇拜、图腾崇拜、祖先崇拜、鬼神崇拜、生殖崇拜和巫术占卜等多种形式。

在自然崇拜方面,人们通过自然崇拜活动既表达其对自然恩赐的感谢,同时也显示出对自然的敬畏之情。而其教育活动则是通过崇拜仪式得以传承的,通过具体崇拜活动的开展,向人们施加教育影响,传达感恩与敬畏之情。自然崇拜教育活动是一种最古老的信仰崇拜,在原始社会时期社会民众中非常流行。综观自然崇拜教育活动,主要有四类,即天体崇拜、自然现象崇拜、生物崇拜和无生物崇拜。② 天体崇拜主要是对日、月、星、辰等方面的崇拜;自然现象崇拜主要是对风、雨、雷、电、火等方面的信仰崇拜;生物崇拜主要有动物神崇拜和植物神崇拜;无生物崇拜主要包括对山川、丘陵、山木等的信仰崇拜,并通过一定的祭祀仪式来表达感恩与敬畏。

在图腾崇拜方面,图腾崇拜是史前社会最古老、最普遍的原始崇拜方式,是在自然崇拜的基础上发展起来的一种原始宗教教育活动形式。图腾崇拜是将某种超自然的物种作为对象进行祭拜的活动,是氏族或部落共同认同的神圣象征,以其特定的对象、仪式要求全体成员"服从仪规并产生能够增进、强化社会团结的感情"③。原始社会时期,各个氏族、部落都有自己的图腾,例如龙、凤、熊、罴、虎、豹、鹰、太阳、月亮等等,这成为氏族、部落重要的徽记和象征。图腾崇拜活动是人类从事生产生活活动所导致的必然结果,是凝聚氏族、部落成员的重要文化符号。

在祖先崇拜方面,祖先崇拜是中国古代社会教育的重要内容和形式,是人类把已故祖先加以神化的过程,这也是伴随着人们灵魂观念的产生而逐渐发展的一种宗教教育活动形式。在某种意义上,祖先崇拜与图腾崇拜有一定的相通相似之处,"祀祖不过祀图腾的接续"④。例如,《礼记·祭法》中记载:"有虞氏禘黄帝而郊喾,祖颛顼而宗尧;夏后氏亦禘黄帝而郊鲧,祖颛顼而宗禹;殷人禘喾而郊冥,祖契而宗汤;周人禘喾而郊稷,祖文王而宗武王。"⑤由以上记载可以看出,后世人民歌颂了祖先在生产生活、治理天下等方面的贡献与功德,并梳理了祖先谱系关系,成为后世了解、知晓祖先关系以及开展崇拜教育活动的重要载体。

在鬼神崇拜方面,由于人们当时对生老病死缺乏科学的认识,以为人的死亡只是肉体

---

① 梁漱溟:《中国文化要义》,《梁漱溟全集》第三卷,济南:山东人民出版社1990年版,第97页。
② 钟敬文:《民俗学概论》,上海:上海文艺出版社1998年版,第190页。
③ [美]科塔克,范可等译:《人性之窗:简明人类学概论》,上海:上海人民出版社2014年版,第358页。
④ 李玄伯:《中国古代社会新研》,上海:上海文艺出版社1988年影印版,第5页。
⑤ 《礼记·祭法》

的死亡，灵魂离开肉体后依然存在，在这种灵魂不死观念左右下，对死亡者制定了一套丧葬、祭祀仪式，包括随葬品、供奉品以及墓地选择、祭祀程序和时辰等都颇有讲究，既是对死者的怀念和崇敬，又是对后代莫忘前辈教诲的教育，体现出时人的灵魂观念与信仰。

在巫术占卜方面，巫术是原始宗教信仰的技术或表现形式，诸如祈求、诅咒、灵符、占卜等。"按巫术的性质可以区分为两大类：一类是对于善神的，利用尊敬、屈服、供献、讨好等手段，希望免灾降福，保护康宁；一类是对于恶鬼的，通过斥责、咒骂、威胁、驱赶等手段，以达到辟邪驱魔，保持太平。"① 巫师则是原始宗教的解释者、宣传者和执行者，他们通过严格的专门训练，深谙巫术，自称介于人与神之间，能通神去鬼，预知吉凶祸福，能为人治病送魂。为配合宗教活动，这些巫师还掌握大量的天文、地理、医药以及历史文化知识，可谓是远古时代文化知识的传承者。

四、原始艺术教育

原始艺术包括音乐、歌舞、绘画和雕刻等。氏族成员为活跃身心、欢庆丰收以及从事祭祀活动等，往往会用歌舞的形式表达。同时，为丰富社会生活，在日常生活及祭祀器皿上也往往附加精美的绘画和雕刻艺术。通过这些活动，既能传授相关的知识，又能宣扬生活习俗。

原始社会时期，人类已经开始制造乐器，其中发掘出的最早的乐器是骨笛和编磬。我国已发掘出的最早的骨笛是属于新石器时期的河南省舞阳县贾湖遗址骨笛，距今有8000多年的历史。编磬是一组石制打击乐器，由劳动工具演变而来，主要用于宗教活动。歌舞是当时比较大众化的一种艺术形式。歌唱最初源于人类集体劳动时，为协调大家的劳动动作、提高劳动效率、减轻疲劳而创作的劳动号子。随着社会的发展与进步，人们的社会生活愈加丰富，劳动号子便被赋予了更多的内容和含义，从最初简单的、有节奏的呼号，逐渐演变为大众化的艺术形式。舞蹈则是经过组织加工的优美形象，用形体动作反映人们生产和生活、表达情感的一种艺术形式。最初只是模仿男女劳动时的不同动作以及飞禽走兽的不同姿态，随着人们审美意识的不断增强以及表达愉悦心情的渴望愈加强烈，便逐渐演变为舞蹈这种大众艺术形式。无论是反映农耕的，还是体现渔猎的舞蹈，都是当时人们生活的再现。如今人们能够看到的我国南方少数民族地区的喜鹊舞、孔雀舞以及割麦舞、插秧舞等，都能体现出远古时期舞蹈的遗风。当时的舞蹈往往与歌唱或音乐紧密地结合在一起，于是形成了歌舞这种综合的艺术形式，在庆丰收、庆胜利、祭祀等活动中被广泛地运用着。

此外，氏族公社时期还开展了体格和军事训练。《吕氏春秋·仲夏纪第五》记载："昔陶唐氏之始，阴多，滞伏而湛积，水道壅塞，不行其原，民气郁阏而滞着，筋骨瑟缩不达，故作为舞以宣导之。"由此可见，在尧执政时，人们就已经用舞蹈的方式强身健体。与此同时，氏族部落之间不断发生战争，氏族成员不仅要身体强壮，还要懂得如何制造及使用武器，因而军事训练也成为一项重要的教育活动。据史所载："黄帝教熊罴貔虎以与炎帝战

---

① 孙培青：《中国教育史》，上海：华东师范大学出版社2008年版，第5页。

于阪泉之野,三战,然后得行其志。蚩尤作乱,不用帝命。黄帝乃征师诸侯,与蚩尤战於涿鹿之野,遂擒蚩尤。"①这说明,黄帝在与炎帝决战之前,就先对以熊、罴、貙、虎为图腾的四个氏族进行军事训练,对蚩尤的征讨也取决于部落之间的合作与军事训练。

第三节 夏、商、西周时期的教育

随着社会生产力的发展,私有制和阶级观念的形成,原始社会开始解体,并逐渐向奴隶社会过渡。公元前21世纪左右,中国历史上第一个奴隶制国家——夏朝建立,历时470多年,为奴隶制发展初期;夏灭商立,历时554年左右,为奴隶制发展期;逮至西周,奴隶制发展至全盛。在奴隶社会发展的同时,教育也呈现出相应的历史发展特点。

一、夏代的教育

夏朝,是中国历史上第一个奴隶制王朝,并已经进入有文字记载的文明时代。相较于原始社会时期,文字的发展,促使夏代教育发生了质的变化。在教育依然分化的夏代,教育成为维护奴隶制统治的重要手段,并被作为国家的重要事务。夏代时期,不仅设置了专门管理教化的政务官司徒,同时学校的设置也明确地分为中央和地方两级,"以射造士",形成了以军事教育为主的教育特色。

夏代在学校设置上,"序"和"校"是其基本形式。"序"是国学,属于中央一级;"校"是乡学,属于地方一级。

"序"是夏代的新型学校。"米廪,有虞氏之庠也。序,夏后氏之序也。"②序,最初是学习射箭的地方,"序者,射也"③,由于当时弓箭是重要武器,因此射箭成为最为重要的教学内容,故《文献通考·学校考》有"夏后氏以射造士"之称。同时,"序"有东序和西序之分,《礼记·王制》记载:"夏侯氏养国老于东序,养庶老于西序。"郑玄对此作注时指出:"东序、东胶,亦大学,在国中王宫之东;西序、虞庠,亦小学也,西序在西郊。"由此可见,"序"不仅是习射之地,也是养老敬老之处,并已经彰显了尊卑等级观念,人伦道德教育也成为其主要的教学内容。

"校"是夏代乡学的名称。《史记·儒林列传》记载:"乡里有教,夏曰校。"《孟子·滕文公上》也说:"校者,教也。"《说文解字》认为校"从木,交声"。而古代的"交声字"多含有教的意思,"校"字可解释为木囚,即用木棍或竹子围成兰格以为驯马之所,后来逐渐演变为习武或比武之地。与序相比,乡校等级较低。校,依然属于军事体育教育机构,与"序"重视习射相似,体现了夏朝"为政尚武"的政治理念,旨在培养能射善战的武士。

---

① 李昉:《太平御览》卷三百八《兵部三十九·战上》。
② 《礼记·明堂位》
③ 《孟子·滕文公上》

二、商代的教育

商王朝是公元前 16 世纪建立的奴隶制王朝,处于我国奴隶制的发展期。与夏代不同,商代注重敬事鬼神,重视"以乐造士"以及文化的发展,文字进一步成熟,教育也有了明显进步。尤其是甲骨文中所记载的内容极为丰富,涉及商代社会生活的诸多方面,记载了诸多有关学校的内容,成为商代教育的重要佐证。

(一) 商代的教育制度

商代的学校,在沿袭夏代的基础上而又有所创新,学校进一步分化。商代的学校,依然有国学与乡学之分。国学,位于国都,主要有"学"和"瞽宗";乡学,位于国都之外,主要有"序"和"庠"。

在国学方面,"学"和"瞽宗"均是商代开设的新型学校。关于"学",不仅古籍中有记载,而且有丰富的文物作为实证。商代的甲骨文中已经出现"学"字,即"✕(1 式)、✕、✕(2 式)、✕、✕、✕(3 式)、✕、✕、✕(4 式)"①,表明商代已有明确学校记载。同时,《礼记》中对此也有一定记载,如《礼记·王制》载曰:"殷人养国老于右学,养庶老于左学。"《礼记·明堂位》载曰:"殷人设右学为大学,左学为小学,而作乐于瞽宗。"据郑玄所注:"右学,大学也,在西郊;左学,小学也,在国中王宫之东。"表明商代已经依据学生入学年龄和教育程度而有右学左学或大学小学之分。瞽宗也是商代大学特有的名称,是贵族子弟祭祀祖先、学习礼乐的场所。《礼记·明堂位》记载曰:"瞽宗,殷学也。"瞽宗由乐师主持,主要以礼乐教育为主,由于乐教与宗教祭祀紧密相连,瞽宗的教学内容也逐渐丰富,包括乐教、礼教以及宗教和道德教育。

商代学校教育的明证

在甲骨文卜辞中发现有"教""学""大学"等字样,是商代已经有学校教育的明证。《说问解字》对甲骨文"教"的解释是上所施下所效也。大人画一些文字教小孩子记认,右边手拿戒尺,记认不清就小施忝罚,这就是"教"。

商代的乡学主要是庠和序。据史书记载,商代均设置有庠、序等教育机构,且都是承袭前代的做法。朱熹对《孟子》所注称:"庠以养老为义,校以教民为义,序以习射为义,皆乡学也。"庠,主要是对年轻一代进行孝悌、敬老等伦理道德教育;序,主要是进行军事训练、道德教育和礼乐教育等。

(二) 商代的教育内容

商代学校由国家管理,主要是培养尊神重孝、勇敢善战的未来统治者,据此要对受学

---

① 王贵民:《从殷墟甲骨文论中国古代学校教育》,《人文杂志》1982 年第 3 期。

弟子进行多方面的教育和训练,主要内容有伦理道德教育、军事教育、礼乐教育和书数教育。

第一,伦理道德教育。商代重视祭祀,"国之大事,惟祀与戎"①,将祖先进行神化,注重祖先祭祀,"殷人尊神,率民以事神,先鬼而后礼,先罚而后赏,尊而不亲;其民之敝,荡而不静,胜而无耻"②。商代时期,尊神与孝祖属于同一事,尊神孝祖成为其基本的行为准则,尤其是"孝"更成为奴隶主贵族最为强调的道德准则。

第二,军事教育。军事教育的主要内容就是射箭和驾车,甲骨文的卜辞中有许多是关于习射技术方面的,其中涉及的"射""三百射"都是当时教习射的武官。另外,邻国也派子弟前往殷商学习军事技术,此事见于郭沫若《殷契粹编》所载:"丁酉卜,其呼以多方小子小臣其教戒。"驾车则是学习如何驾驭车马。

第三,礼乐教育。商代重视事鬼敬神,经常举行祭祀活动。商代在举行的各种活动中,非常流行卜辞,在甲骨卜辞中,关于祖先的卜辞就达 15 000 余条③,由此可窥见商代对祖先崇拜的重视程度。特别是在《诗经》中,《商颂》5 篇均是记载了商代时期对祖先的崇拜、颂扬与祭祀。例如,《诗经·那》是对成汤的祭祀与赞颂,"奏鼓简简,衎我烈祖。汤孙奏假,绥我思成",以盛大的乐舞来彰显对祖先的尊崇,求得祖先的庇佑。

第四,书数教育。书主要是文字练习,数则是天文历法的学习。商代甲骨文的单字超过 3500 个,并出现一、十、百、千、万等计量单位,学习书写与计数成为年幼者学习的重要内容。《左传·僖公十五年》记载:"筮,数也。"书数既是文化知识教育的内容,也是宗教教育内容。可见,商代时"六艺"教育雏形已现。

三、西周的教育

西周时期,中国进入奴隶制的全盛期。教育作为国家的重要组成部分,也获得了发展的有利条件。西周的教育,在继承夏商两代的基础上而又有所发展,"周人尊礼尚施,事鬼敬神而远之,近人而忠焉"④,强调遵守礼制,形成了"以礼造士"的时代特色。同时,西周沿袭了"学在官府"的特征,奴隶主贵族对文化教育高度垄断,建立了较为完备的教育体系。

(一)西周的教育制度

西周集前代学校之大成,建立了比较完备的学校教育制度,形成了国学与乡学系统。其中,国学又分为小学和大学。《礼记·王制》记载:"天子命之教,然后为学。小学在公宫南之左,大学在郊。天子曰辟雍,诸侯曰泮宫。"

---

① 《左传·成公十三年》
② 《礼记·表记》
③ 晁福林:《论殷代神权》,《中国社会科学》1990 年第 1 期。
④ 《礼记·表记》

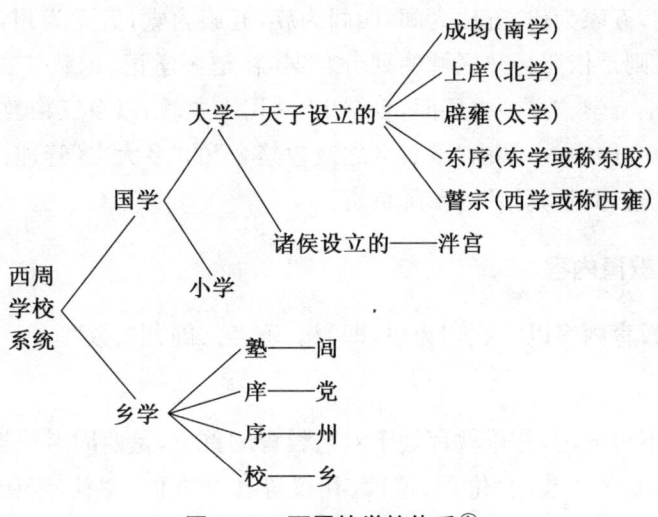

图1-1 西周的学校体系①

1. 小学

儿童年幼时在家庭中接受家庭教育,主要是学习基本的生活技能和习惯以及初步的礼仪规则。到入学年龄后,则进入小学,小学有贵胄小学和普通小学之分,入学年龄也有一定差异,一般是8至15岁,8岁是王侯太子入小学的年龄,10岁或13岁是公卿之太子、大夫元士之嫡子的入学年龄,15岁是众子及部分平民子弟的入学年龄。② 小学教育以德行教育为主,"古者年八岁出就外舍,学小艺焉,履小节焉"③。学习内容包括三德、三行、六艺、六仪等方面,修业年限为7年。

2. 大学

小学之上是大学,进入大学有资格限制,只有贵族子弟和经过严格选拔的优秀士人子弟才可以进入大学学习。大学的教育内容是学大艺,履大节,修业年限为9年。西周的大学设置较为完备,根据设置地点的不同而分别命名,主要有"五学",即由五部分组成。位于东面的称"东序"或"东学",由乐师主持,教授干戈、羽籥;西面为"瞽宗"或"西学",由礼官主持,教授礼仪;南面是"成均"或"南学",由大司乐主持,教授乐舞;北面是"上庠"或"北学",由诏书者主持,教授典书及政事;居中者为"辟雍"或"太学",四面环水,为周天子承天问道、举行典礼之地,由太师、太保、太傅主持,在五学中最为尊贵。除中央大学外,周代各个诸侯国亦设有大学,因半面邻水且仅有一学,被称之为"頖宫"或"泮宫",性质与辟雍相同。由此可见,西周时期的大学主要分为两大类,一类设于天子都城,一类设于诸侯都城。

3. 乡学

乡学即在城郊之外设立的地方学校。乡,是西周的地方行政单位,"王畿千里,有六

---

① 娄立志,广少奎:《中国教育史》,济南:山东人民出版社2008年版,第11页。
② 孙培青:《中国教育史》,上海:华东师范大学出版社2008年版,第19页。
③ 《大戴礼记·保傅》

乡、六遂。乡之制，五家为比，五比为闾，四闾为族，五族为党，五党为州，五州为乡"①。乡学的设立和分布，则是依照行政区域的划分。据《礼记·学记》记载："古之教者，家有塾，党有庠，术有序，国有学。"在中央层面，乡学由"掌司十二教，以乡三物教化万民而宾兴之"的司徒管理；在地方层面，乡学由"掌其乡之政教禁令"的"乡大夫"管理；具体的教育活动，由"掌其所治乡之教，而听其治"的乡师负责。

（二）西周的教育内容

西周时期的教育内容以"六艺"为主，即"礼、乐、射、御、书、数"。

1. 礼乐

礼与乐是密不可分的，礼乐教育处于六艺教育的首位，是西周道德教育的核心。"礼"的内容极为广泛，涵盖了政治、伦理、道德、礼仪等各个方面。"礼，经国家，定社稷，序民人，利后嗣者也。"②"礼"是立国的准绳，西周时期的"礼"，主要分为五类，即吉礼（祭祀）、凶礼（丧葬）、宾礼（交际）、军礼（征战）、嘉礼（吉庆），要求学生必须做到"以吉礼事邦国之鬼神祇""以凶礼哀邦国之忧""以宾礼亲邦国""以军礼同邦国"和"以嘉礼亲万民"。③ 同时，"礼"的学习还要注重应用，能够实际操练和具体执行。"礼"的作用在于"修外"，而"乐"则重在"修内"。"凡三王教世子，必以礼乐。乐所以修内也，礼所以修外也。礼乐交错于中，发形于外，是故其成也怿，恭敬而温文。"④"乐"主要包括歌诗、音乐和舞蹈等，乐教由大司乐负责，教授乐德、乐舞、乐语，融道德观念、诗歌舞蹈于乐教之中。

2. 射御

射御属于军事教育的范畴，射即射箭，御即驾车。"射"有"五射"的标准，即"白矢""参连""剡注""襄尺"和"井仪"，设置有专门的教练场馆"射宫"，并且射箭水平还决定着在贵族中的地位，以及是否会被选为武士或参与祭祀大典等。"御"有"五御"的标准，即"鸣和鸾""逐水曲""过君表""舞交衢"和"逐禽左"，贵族子弟到了一定年龄后就要接受训练，并且以能否"御"来区分长幼。如《礼记·曲礼下》称："问大夫之子，长，曰能御矣；幼，曰未能御也。"

3. 书数

书数是文化知识的教育内容，"书"指识字、写字，"数"指算术。西周时期，文字应用比较广泛，字体为大篆，书写工具为刀笔和竹木，且已出现用于文字教学的字书。"书"的学习内容主要是"六书"，即学习"象形、象事、象意、象声、转注、假借"，使学生知晓字之来源，明字之形义。"数"，一般先从1~10"数数"开始，进而学习"数日"，即学习记日法，从甲子记日学起；最后学"计"，即学习基本的计数和计算方法，包括十进制的文字记数方法和"筹

---

① 《周礼·地官司徒》
② 《左传·隐公十一年》
③ 《周礼·春官宗伯第三》
④ 《礼记·文王世子》

算""九数"的计算方法等。

(三) 西周的教育特征

西周时期，文化教育被统治者垄断，其教育制度是政教合一、官师合一，形成了"学在官府"的历史特征。"学在官府"这一教育特征的形成，有其客观的历史原因。

1. 唯官有书，而民无书

西周时期，社会生产力虽然得到一定发展，但其发展水平仍然有限。书册的制作和使用需要耗费大量的人力和财力，而平常百姓没有这个实力，只有官府才具有制作书册的财力和人力。与此同时，官府制作的书册均是孤本，无法流传至民间，平常百姓仅知书名，而无法阅读其内容。所以，西周时期，学术都由官府把持，有职官专守。

2. 唯官有器，而民无器

西周时期的礼、乐、舞、射等都是重要的学术，学习这些学科，不能仅是口耳相传，而要有大量的器物设备，才有条件进行实际操练和应用。而这些教学器物的制作和购置，均十分昂贵，一人一家没有条件完成，只有官府才具备条件。

3. 唯官有学，而民无学

在奴隶宗法制条件下，家业世代承袭，由于学术官守、官师合一，奴隶制贵族实现了对文化教育和学术的垄断。尤其是专门的学术，只在极小的范围里传授。同时，只有官学，没有私学，受教育权利被贵族子弟所垄断，庶人和平民则没有受教育的权利，受教育权依然掌握在统治阶层。

复习思考题

1. 教育是如何产生的？
2. 氏族公社时期的教育活动内容有哪些？
3. 简述西周教育制度的概况及特征。

第二章
春秋战国时期的教育

春秋战国时期是中国社会大动荡、大变革的时代,是我国由奴隶制社会向封建制社会过渡的时期。这一时期,文化教育发生了深刻变革,打破了奴隶主阶级对文化教育的垄断,"天子失官,学在四夷",官学走向衰落,私人讲学兴起,形成了"诸子蜂起,百家争鸣"的局面。其中,儒、墨、道、法对后世教育影响最大。与此同时,稷下学宫的创立与发展,成为这一时期学校教育的典范,形成了独特的办学特色,并产生了深远的历史影响。此外,《礼记》中的篇章《大学》《中庸》《学记》等,是儒家学派分化后又渐趋融合的产物,其中关于教育的基本主张对我国古代教育思想产生了深刻的影响。

【学习目标】

1. 掌握官学衰败和私学兴起的原因及其历史影响。
2. 熟练掌握稷下学宫的办学性质、特点和历史影响。
3. 重点掌握孔子、孟子、荀子和墨子的教育思想。
4. 重点掌握《大学》《中庸》《学记》中的教育基本理论。

第一节　春秋战国时期的教育变革

自公元前771年周平王迁都洛邑(今洛阳),至公元前221年秦并六国,前后历时五百余年,史称东周,周王室日渐衰微,诸侯争霸,出现了"礼乐征伐自诸侯出"和"陪臣执国命"的历史现象。在此期间,又分为春秋(前770—前476)和战国(前475—前221)两个历史发展阶段,随着铁制农具和牛耕技术的推广,新兴地主阶级逐步形成,社会出现剧烈的变革。随着政治、经济的剧烈变革,教育也随之变化,其主要标志是教育重心下移,官学衰落,私学勃兴。

一、官学衰废与私学兴起

中国正式的官学教育产生于奴隶社会时期,发展至西周时期,已经建立了较为完备的官学体系。但到西周末年至春秋战国时期,随着政治、经济的变革,官学教育逐渐走向衰落,形同虚设。究其原因,主要有:一是世袭制度导致奴隶主贵族不重视教育。奴隶主贵族的世袭制度,使贵族子弟无须学习即可成为统治者,导致他们养尊处优、缺乏学习动力,进而影响了奴隶主贵族的办学和求学积极性。周大夫原伯鲁声称:"可以无学,无学不害,不害而不学,则苟而且。"①这种思想的流传,影响了奴隶主贵族对教育的重视与办理,官学衰落成为必然。二是王权衰落,学校荒废。春秋时期,王权衰落,处于"礼崩乐坏""天下无道"之局面,传统礼制遭到破坏,以"礼、乐"为核心的传统教育已功用不大,国学、乡学的官学教育体系走向崩解,诚如黄绍箕所说:"周室东迁,王纲解纽,学校庠序废坠无闻。"②学校教育中"弦诵之声"鲜有而无闻。三是战事频繁,旧有的文化教育垄断被打破。《毛诗》所谓"乱世,则学校不修"。春秋时期,诸侯国之间以及诸侯国内部的争霸战争不断,统治者无暇顾及学校,"学校不修,学子既无所归宿,故亦无相见之所,此之谓学校废"③。在此背景下,官学难以维系,奴隶主贵族对文化教育的垄断被打破,并开始向民间流传,"天子失官,学在四夷","学在官府"的局面不复存在。

与官学衰落形成鲜明对比的是私学兴起,在官学衰落的同时,私学作为新的教育形式开始产生并勃兴。私学,大约发端于春秋中叶,繁荣于春秋末期,鼎盛于战国中期,衰落于战国末期。私学起于何时、首创何人,均无确考。据史籍所载,早期办理私学并产生一定影响力的有邓析、少正卯、孔子及墨子等人,尤以孔子的儒家私学影响最大。私学的兴起与发展,有其复杂的背景,主要原因有:一方面,"学在官府"被打破,学术下移。由于社会的紊乱和剧烈动荡,官学无以为继,失去了原有的政治经济基础,从而为私学的发展提供

---

① 《左传·昭公十八年》
② 黄绍箕:《中国教育史》,上海:商务印书馆1925年版,第35页。
③ 范处义:《诗补传》卷七。

了空间;同时,在官学的执教者,为了维系生存,被迫带着文献资料以及器皿流散到民间,为私学的兴起奠定了师资基础。另一方面,士阶层的兴起,受到统治阶层的重视,促进了文化教育的发展。士,作为四民之首,在学术下移的历史潮流中越来越受重视。无论是各诸侯国的统治者,还是新兴的地主阶级,均意识到"得士则昌,失士则亡"的历史规律,争相养士用士,养士之风开始形成,使社会上的众多自由民争相从事士的职业。若要成为士,须学习文化和从师受教,文士队伍逐渐扩大,成为春秋时期推动教育发展的重要力量,私学也就因此而兴起发展,并为百家争鸣开辟了园地①。

二、百家争鸣与私学发展

私学的发展和养士之风的盛行,促进了战国时期百家争鸣局面的形成与发展,诸子百家私学得到空前发展,各私家学派开门授徒、著书立说,宣扬自身的理论学说,并不断开展争鸣,进行着理论探讨和争论,促进了战国时期教育及思想的发展与繁荣。

百家争鸣发端于春秋时期,所谓"百家争鸣",是表示当时学术思想繁荣的说法。"百家"乃是虚指,汉初司马谈总括为儒、墨、道、法、名、阴阳六家。西汉末年,刘歆在《七略·诸子略》中,将先秦诸子学派分为儒、道、阴阳、法、名、墨、纵横、杂、农、小说家十家,鉴于小说家属于艺文,故去掉小说家称为"九流",遂有"九流十家"之说。在诸家私学中,影响最大且与教育密切相关的主要是儒、墨、道、法四家。儒、墨两家并称为"世之显学",孔子死后"儒分为八"、墨子死后"墨离为三",他们的弟子也持续从不同方面继承和发展了各自学派的私学事业和思想主张。

春秋战国时期的私学,对中国古代教育的发展有很重要的贡献,是我国教育史上的一个创举和历史性变革,具有与官学截然不同的特征。第一,私学打破了"学在官府"的传统,促进了"学术下移"和学校的独立化进程。官学由国家主办和管理,私学则由社会或个人设立,冲破了"天子命之教,然后为学"的旧传统,使学校从官府中解放出来,与政治活动有所分离;教师不再是"官师合一",而是逐渐成为具有一定独立性的社会职业;教育内容与社会生活建立了较为密切的联系,不再仅仅局限于"六艺",改变了官学的死板、僵化风气,加之私学的思想自由,在争鸣中发展、在交流中互鉴,有效推动了中国古代学术的繁荣与发展,培养出不少有贡献、多规格的学者和治术人才。第二,自由受教,扩大了教育对象。孔子首倡"有教无类",并有效实践,打破了奴隶主贵族对文化教育的垄断,促进了教育的平民化发展,成为各家私学一致遵循的原则。在自由受教的原则下,平民享有了受教育权,教育对象由少数贵族扩大到普通平民,使学校教育和人才培养的社会基础得以拓展,促进了文化知识在广大民间社会的传播与弘扬。第三,在教育理论和教育经验方面积累了丰富的经验和理论基础,为封建社会时期的教育奠定了重要基础。各私家学派在办理实践过程中,不断拓展完善思想学说,并积累了丰富的实践经验,尤其是各私家学派所编撰的《论语》《老子》《墨子》《孟子》《荀子》等经典著作,以及《大学》《中庸》《学记》《弟子职》等教育论著,都蕴含了丰富的教育思想,具有光辉的成就,对中国教育史乃至世界教育

---

① 孙培青:《中国教育史》,上海:华东师范大学出版社2008年版,第27页。

史均有重要贡献,并为封建社会时期的教育发展奠定了重要的理论基础。第四,私学成为一种新的教育组织形式,是官学的重要补充,对后世产生了深远影响。乱世之中,官学不修之时,私学成为满足社会各界对文化教育和人才需求的重要补充,其多目标、多规格的人才培养目标,有效适应了新兴地主阶级和封建制度的需要。在封建社会时期,官学与私学共同发展、相得益彰,成为广大民众自由就学的重要载体和学校教育体系的重要组成部分,影响深远。

三、齐国的稷下学宫

稷下学宫是战国时期齐国的著名高等学府,它既是战国时期百家争鸣的中心,也是齐国文化教育的标本和中国古代高等学府的典范。稷下学宫因设于齐国都城临淄(今山东省淄博市)稷门之外而得名。战国时期,齐国拥有优越的军事、政治、经济条件,加之养士之风的影响,稷下学宫创办于齐桓公当政时期,发展于齐威王时期,兴盛于齐宣王、齐湣王时期,至秦灭齐时,稷下学宫也随之终结,前后历时约150年之久。稷下学宫是中国教育史上的重要创新,其规模之宏大、性质之特殊、特色之鲜明、影响之深远、管理之独特,以及学术之丰富、人才之培养等,在整个中国古代乃至世界教育史上极为罕见,对中国教育和思想文化的发展产生了深远影响。

从性质上来看,稷下学宫是一所由官家举办、私家学术大师主持的特殊形式的学校,集讲学、著述、育才活动为一体并兼有咨政议政作用的高等学府。一方面,为"览天下诸侯宾客,言齐能致天下贤士"①,稷下学宫实施"不治而议论"的办学方针,给学者相当高的政治地位和物质待遇,充分发挥学者、教师的思想自由和咨政作用,使其有效扮演了齐国政府的"智囊团""思想库"角色。同时,稷下学宫由私家学术大师——祭酒负责主持,各家各派自主开展教学与学术活动,容纳百家、思想自由,彰显出其私学特色。另一方面,稷下学宫的办学目的是"招致贤人""得士以治之",这就决定了它是一所以学术活动为主要任务的高等学府。主要表现在以下几个方面:一是在自由讲学方面。稷下学宫容纳了各私家学派,讲学活动是最为主要的活动。由于各家各派集中于一地,为求学者打破学派壁垒提供了机会,学生可以广泛求学、学无常师。稷下学宫通过定期举行学术集会,进行学术演讲、讨论、辩论等学术交流,促进了各私家学派的交流与融合。二是在研究著述方面。各私家学派为宣扬其思想主张而纷纷著书立说,学者们边讲学、边研究、边著述,不断完善和宣扬自身的学术思想,为后世留下了大量著作。据《汉书·艺文志》记载,与稷下有关的著作就有《孙卿子》《公孙固》《田子》《邹子》《捷子》《邹子终始》《申子》《尹文子》《宋子》等,涉及儒、道、法、名、阴阳等各家,另有集体合作成果如《管子》等。这些著述既是学术思想的体现,也是学术研究的成果,体现出稷下学宫的学术性特色。三是在育才方面。各家各派通过讲学和著述,培养了学派的传人和时代所需要的人才;同时,稷下学宫严格的教育管理方式、浓厚的学术研究氛围、优厚的物质条件,为人才培养创造了良好的大环境。四是

---

① 《史记·孟轲荀卿列传》

在咨政议政方面。"齐稷下先生喜议政事"①,稷下先生"不治而议论""不任职而论国事"②,"各著书言治乱之事,以干世主",积极围绕政治发表自己的主见,成为齐国统治者的谋士和政治顾问。因此,稷下学宫具有鲜明的政治色彩,干政议政作用突出。

从特点上来看,稷下学宫发扬和综合了官学、私学的办学形式与优势,形成了学术自由、待遇优厚和学无常师等特点。在学术自由方面,稷下学宫对于各家各派,既不独尊,亦不排斥,各家各派通过自由、公开辩论的形式,竞相争鸣、以理服人,在辩论中促进了彼此思想学术的发展,推动了战国时期学术思想的繁荣发展。在待遇优厚上,主要体现在政治礼遇和物质待遇两个方面。在政治礼遇方面,"不治而议论"是齐国君主所给予的政治待遇,在著述讲学的同时又可以干政议政。在物质待遇上,齐国君主根据学者的学术水平、名望资历,将其划分为若干等级给予相应俸禄,使其生活无忧而专心治学,例如稷下先生位列上大夫者达 76 人。在学无常师方面,稷下学宫打破了各私家学派的门户之见,学生既可以听自己老师的课,也可以自由选择听其他老师的课,这样使得学生可以广泛地学习各种思想学说,打破了学术藩篱,扩大了学生的知识面,使学生的思想得以解放和活跃。此外,稷下学宫对学生的管理是较为严格的,形成了中国教育史上第一个比较完备的学生守则——《弟子职》,全文不足 800 字,对学生的品德、仪表、尊师、学习、生活和课余等均提出了基本要求和准则。

总之,稷下学宫是中国古代教育史上高等学府的典范,影响深远。它促进了战国时期思想学术的繁荣发展,彰显了中国古代知识分子的独立人格和创造精神,创造了一个出色的教育典范。稷下学宫是战国时期的文化丰碑和教育典范,开创了中国古代将私学和官学相结合的办学形式,促进了中国古代文化教育的发展。

第二节 儒家教育思想

春秋战国时期,在诸子百家中,儒家是影响最大的一个学派。儒家学派,春秋时期应运而生,战国时期蔚然大宗,弟子门徒众多,著述丰厚,思想影响深远,自汉代独尊儒术之后,成为中国封建社会的主导思想。纵览先秦时期,儒家学派的重要代表是孔子、孟子、荀子,儒家学派由孔子首创,孔子死后"儒分为八",其弟子分散全国各地而继续发展和弘扬儒家思想。

一、孔子的教育思想

孔子(前 551—前 479),名丘,字仲尼,春秋末期鲁国曲阜(今山东曲阜)人,为儒家学派的创始人,被后世誉为"万世师表",是影响深远、享誉世界的教育家和思想家。孔子一

---

① 刘向:《新序》。
② 《盐铁论·论儒》

生致力于授徒讲学,开创了私人讲学之风,修订"六经",整理和保存了中国古代文化典籍。孔子的思想学说由其弟子整理成《论语》,这是研究孔子教育思想的主要资料。

(一)论教育作用

孔子继承了三代以来重视教育的优良传统,将教育作为立国治国、兴国安邦的重要手段,认为教育对人的发展和社会发展具有重要作用。

孔子认为教育对社会发展有重要作用,详细论述了教育与政治、经济、军事、行政、法律之间的关系,将教育视为国家治理的重要手段和要素。尤其是,孔子在中国历史上最早论述了教育与经济的关系,提出了"庶富教"理论。《论语·子路》记载:"子适卫,冉有仆。子曰:'庶矣哉!'冉有曰:'既庶矣,又何加焉?'曰:'富之。'曰:'既富矣,又何加焉?'曰:'教之。'"由此可看出,孔子认为,人口、财富和教育是立国治国的三大要素,并论述三者之间的先后顺序:先要有众多的人口和劳动力,然后发展经济使国民富裕,最后则是在人口和经济基础上发展教育。同时,孔子主张施行德政,"为政以德",对此他主张教育是为政之本,认为教育与政治、行政和法律等具有密切关系。《论语·为政》记载:"或谓孔子曰:子奚不为政?子曰:《书》云:'孝乎惟孝,友于兄弟,施于有政。'是亦为政,奚其为为政?""道之以政,齐之以刑,民免而无耻;道之以德,齐之以礼,有耻且格。"由此可见,孔子视教育为一种政治活动,主张以"德治"对民众进行道德引导、礼教规范,使之能够知耻明礼,服务于国家社会的发展。

在教育对人的发展方面,孔子认为教育有决定性的作用,他在中国历史上首次提出了"性相近也,习相远也"①的论断,"性"即先天素质,"习"即后天习染。他认为,人的本性是很接近的,没有太大差别,人的发展之所以有较大的差别,是学习和教育的结果。这一论断的提出,否定了奴隶主贵族和平民之间的天赋差异论,为人人接受教育的可能性和必要性奠定了理论基础。在人性论中,孔子将人分为上、中、下三个等级:"生而知之者,上也;学而知之者,次也;困而学之,又其次也。困而不学,民斯为下矣。"②"中人以上,可以语上也;中人以下,不可以语上也。"③但是,孔子并不认为有"生知"和"上智"的存在,即使是尧舜之类的圣人也都是通过后天勤学而成的。因此,孔子重视教育与人的发展的关系,强调人的后天学习与教育,人人都要接受教育。

(二)论教育对象

关于教育对象的问题,针对奴隶主贵族"有教有类"的现实,孔子提出"有教无类"的教育主张。"有教无类"即不分贵贱、贫富、智愚、种族、国别、年龄等,人人都可以入学受教育,力图打破奴隶主贵族对文化教育的垄断,扩大受教育对象。孔子在教育实践中实行

---

① 《论语·阳货》
② 《论语·季氏》
③ 《论语·雍也》

"有教无类"的方针和理想,广泛地吸收学生,"自行束脩以上,吾未尝无诲焉"①。史料表明,其弟子至少来自齐、鲁、宋、卫、秦、晋、陈、蔡、吴、楚、燕等十多个诸侯国;弟子的成分也颇为复杂,除少数奴隶主贵族子弟外,大部分是庶民子弟,有穷居陋巷、箪食瓢饮的颜渊和身著芦衣、受冻挨饿的闵子骞,生活捉襟见肘的原宪和"衣若悬鹑"的子夏,鄙家出身的子张和商人背景的子贡,以及"野人"子路等等,都属于地位低下的平民阶层。这使孔子私学具有广泛的社会性和开放性。

孔子的"无类"虽然仍有限制条件,但他在中国教育史上首次提出"有教无类"的办学方针和理想,打破了贵贱、贫富和种族的界限,冲破了奴隶主贵族对文化教育的垄断,满足了平民入学的愿望,适应了社会发展的需要和历史进步的潮流,有力地推动了学术下移。

(三)论教育目标

孔子从"为政在人"的政治立场出发,主张教育要培养"圣人""君子"和"士"。"圣人"是理想中的人才,超出现实生活。孔子更看重的是"君子"的培养,即德才兼备的可从政的贤才。《论语》中谈到"君子"的就有107处,如"子路问君子。子曰:'修己以敬。'曰:'如斯而已乎?'曰:'修己以安人。'曰:'如斯而已乎?'曰:'修己以安百姓。修己以安百姓,尧、舜其犹病诸。'"②由此可见,孔子对"君子"的品格提出了较高要求,首先要做好"修己""修身"的功夫,即德的修养,以达到"仁者不忧,知者不惑,勇者不惧"。"修己"的目的在于"安人"和"安百姓",即才的训练。"君子"实际上就是德才兼备的治国安民之才。"士"属于统治者的辅佐人才,即处理政务的贤能之士。孔子所主张培养的"士"也是要德才兼备的。在"德"方面,"士"要能志道、弘道,即"士志于道"③;在"才"方面,"士"要能够处理政务,即"行己有耻,使于四方,不辱君命,可谓士矣"④。

孔子重视通过教育从平民中培养政治人才,这种人才培育的路线,简括为"学而优则仕"。"仕而优则学,学而优则仕"⑤比较准确地概括了孔子的教育目的,主张将学习与从政紧密联系起来,这与其任人唯贤主张、"举贤才"的主张相一致。孔子主张"仕而优则学,学而优则仕",在当时具有很强的针对性,有力地冲击了"氏以别贵贱,氏以别智愚"的宗法观念,提倡"任人唯贤",反对"任人唯亲",这在当时具有很大的进步性,反映了封建制兴起时的社会需求,并对此后两千多年封建社会的学校教育、选士制度和世人观念等产生了深远影响。当然,这种思想也有其负面影响,即把求学作为踏入仕途的手段,使学习目的狭隘化,形成了中国古代社会"万般皆下品,惟有读书高""两耳不闻窗外事,一心只读圣贤书"的传统。

---

① 《论语·述而》
② 《论语·宪问》
③ 《论语·里仁》
④ 《论语·子路》
⑤ 《论语·子张》

> **学而优则仕**
>
> 　　从"为政在人"的思想出发,儒家明确提出"不仕无义"的主张,鼓动统治者任用贤才,"学而优则仕"是这一教育活动旨趣的具体表达。"仕而优则学,学而优则仕"虽出自子夏之口,但确为孔子所认同。这句话包含了多重意思:一是学习为从政的必要准备,从政则是学习的重要目的;二是从政有余力便要去学习,学得驾轻就熟就须从政;三是学习与从政之间没有非此即彼的截然分野,二者是相互贯通的;四是揭示和体现了儒家学与用的关系构想,反映了孔子通过教育改造社会的办学目的。"学而优则仕"是孔子"举贤才"主张在教育上的体现,直接冲击了贵族世袭制度,体现了"用人唯贤"的原则精神。

(四)论教育内容

　　为了培养德才兼备、文武兼备的从政君子,孔子在继承西周"六艺"的基础上,构建了丰富、完整的教育内容体系。在孔子的教育内容中,主要分为道德教育和知识教育两个方面,尤重道德教育。《论语·述而》载:"子以四教:文、行、忠、信。"又"志于道,据于德,依于仁,游于艺"。《论语·学而》云:"弟子入则孝,出则悌,谨而信,泛爱众而亲仁,行有余力则以学文。"由此可见,在孔子的教育内容中,道德教育是占第一位的。同时,孔子又重视知识教育,一再强调要"博学于文","不学诗无以言","不学礼无以立",要求弟子要"多闻""多见""每事问""不耻下问"以及多识"鸟兽草木之名"等。此外,孔子的教学科目主要是"六艺"教育,即礼、乐、射、御、书、数,以此来培养能文能武的人才。

　　孔子教学的基本教材是其编订的"六经",即《诗》《书》《礼》《乐》《易》《春秋》。《诗》即《诗经》,是中国最早的诗歌选集,目的是让学生了解西周时期的政治生活、风土人情,增进个人品德修养等;《书》即《尚书》,属于中国最古老的历史文献汇编,记载了夏、商、西周时期的政治史实和历史经验,目的是让学生学习历史文献而宣扬、恢复周道;《礼》又称《士礼》,传于后世称《仪礼》,也是孔子最为重视的教学内容,记载了西周时期的宗法制度、道德标准和礼仪规范,目的是使学生学会礼的形式,理解礼的实质,加强个人修养;《乐》是关于音乐的书,是各种美育教育形式的总称,要求学生"立于礼""成于乐",礼乐结合为政治服务;《易》即《周易》,是一部卜筮之书,分为《易经》和《易传》两个部分,具有儒家特色的哲学思辨;《春秋》是我国现存的第一部编年史,是孔子根据鲁史记、周史记等史料而修订的,属于历史教材,记载了当时鲁国的政治、经济、敬事、天文、地理、灾异等方面的材料。

　　总体而言,孔子的教育内容偏重社会人事、政治和道德,轻视自然科学知识与生产技能的传授。

(五)论教学方法

　　孔子在私学教育的长期实践中,积累了丰富而有效的教学经验,所提出的教学方法和原则,至今仍有借鉴意义。具体如下:

1. 因材施教

孔子是中国历史上首倡并成功运用因材施教的教育家。因材施教的关键和前提是要全面了解学生,孔子了解学生的方法主要是谈话法和观察法,在谈话和观察中熟悉并掌握学生的个性特点,如"柴也愚,参也鲁,师也辟,由也喭"①"由也果,赐也达,求也艺"②等,并能够根据学生的特点和能力施教,如"求也退,故进之;由也兼人,故退之"③,以此来因材施教,补偏救弊,发展学生之特长,促进学生个性化发展。

2. 启发诱导

孔子是世界上最早提出和阐说启发式教学的教育家,比古希腊教育家苏格拉底的"助产术"还要早几十年。启发诱导方法的使用,前提是要调动学生的积极性和能动性。孔子十分重视调动学生的积极性,他主张:"不愤不启,不悱不发,举一隅不以三隅反,则不复也。"④朱熹注解为:"愤者,心求通而未得之意;悱者,口欲言而未能之貌。启,谓开其意;发,谓达其词。"⑤也就是说,只有当学生专注于某一个问题并积极进行思考但仍未得其要领时,或已得要领却不能正确表述时,教师应适时地加以诱导引发,帮助学生端正思维的方向以求得真知。对学生进行启发诱导之后,还应注重学生的独立思考,培养和锻炼其逻辑思维能力,孔子进而提出"由博返约""推己及人"和"叩其两端"等方法,循循善诱而使学生得到解决问题的答案。孔子的启发式教学,有效地培养了学生的思考能力,深受学生称赞:"夫子循循然善诱人,博我以文,约我以礼,欲罢不能。"⑥

3. 由博返约

由博返约的教学方法与原则,主要是解决教学的广度和深度的关系问题,或者说解决知识掌握的广博与精专的问题,孔子主张"博学于文,约之以礼"⑦。博是指知识的广博性,要多方面、多元化地掌握具体知识,"博"的方法主要是"每事问""无常师""不耻下问"等;约是指立足一个中心,将所学到的许多零散的知识连贯起来形成系统的知识体系,避免知识的杂乱无章,"约"的方法是"一以贯之"⑧,以简驭繁。博和约是辩证统一的关系,在追求学问时要做到广博与精专的结合。

4. 学、思、行结合

学、思、行结合主要是解决学习与思考、行动之间的关系问题,孔子认为,学是学习的首要环节,可以说,学是基础,思是关键,行是目的。关于学与思,孔子精辟地阐述了学与

---

① 《论语·先进》
② 《论语·雍也》
③ 《论语·先进》
④ 《论语·述而》
⑤ 朱熹:《四书集注》。
⑥ 《论语·子罕》
⑦ 《论语·雍也》
⑧ 《论语·卫灵公》

思的辩证关系,他说:"学而不思则罔,思而不学则殆。"①因此,需要学思结合,将感性知识上升为理性知识,在学习知识的同时发展思维,切不可学而不思、空思不学。他以亲身体会告诫学生思而不学的不足:"吾尝终日不食,终夜不寝,以思,无益,不如学也。"②同时,他又强调思考的重要性,指出"君子有九思:视思明,听思聪,色思温,貌思恭,言思忠,事思敬,疑思问,忿思难,见得思义。"③也就是说,单纯的学或者思都是片面的,要将二者有效结合起来。此外,孔子强调要"学以致用",要把所学所思付诸实践,他指出:"诵《诗》三百,授之以政,不达;使于四方,不能专对;虽多,亦奚以为?"④"君子耻其言而过其行"⑤,"君子欲讷于言而敏于行"⑥,强调行的重要性,要求学生慎言谨行,将学与思、行深度结合起来。

此外,孔子在教学方法和原则上,主张要有好学乐学和实事求是的态度,具体则是要求学生要做到好学乐学,对知识要有浓厚的兴趣和学习的愿望;要有实事求是的态度,"知之为知之,不知为不知,是知也"⑦;要有不耻下问的态度,虚心向他人求教;要温故知新,重视"时习"和"温故",不断巩固旧知识,并在"温故"中探求新知识。

(六)论道德教育

道德教育在孔子私学中居首要地位,道德教育思想是孔子教育思想的核心。孔子道德教育的内容是以"礼"和"仁"为核心的,以"孝"为基础的。⑧"仁"是最高的道德准则,亦是做人的最高精神境界,主要表现为"爱人"和"忠恕";"礼"是道德规范、准则,是"仁"的外在表现形式,是协调社会关系的行为准则;"孝"是道德的根本,《论语·学而》云:"君子务本,本立而道生。孝弟也者,其为仁之本与!""孝"是"礼"与"仁"的最基本要素,以"孝"为基础和起点,进而达到君臣之忠、兄弟之悌、朋友之信的道德目标。在此基础上,孔子还总结出来一套行之有效的道德教育原则和方法,包括立志乐道、克己自省、身体力行和改过迁善。

第一,立志乐道。立志是前进的动力,孔子教育学生要立志有恒、乐道志道,要求学生"志于道""志于仁""志于学","笃信好学,守死善道",不可迷恋、沉迷于物质享受,要安仁乐道,要"谋道不谋食","忧道不忧贫"。

第二,克己自省。孔子主张在处理社会和人际关系时要严格要求自己,善于进行自我省察和自我批评,"躬自厚而薄责于人",严以律己、宽厚于人,自省自克,凡遇问题要"求诸己","克己复礼为仁",培养自己的道德自觉。

---

① 《论语·为政》
② 《论语·卫灵公》
③ 《论语·季氏》
④ 《论语·子路》
⑤ 《论语·宪问》
⑥ 《论语·里仁》
⑦ 《论语·为政》
⑧ 王炳照等:《简明中国教育史》,北京:北京师范大学出版社2007年版,第35页。

第三,身体力行。孔子主张要知行统一、言行一致,提倡身体力行,要求学生"言忠信,行笃敬,虽蛮貊之邦行矣。言不忠信,行不笃敬,虽州里行乎哉"①。同时,孔子主张"慎言",尤其强调要少说多做,"敏于事而慎于言","讷于言而敏于行"。孔子反对"言过其行",认为"巧言令色"之人是很少有仁德的,提倡"力行近乎仁"。

第四,改过迁善。孔子认为,完人是罕见的,人人都有其优缺点,关键是养成正确对待缺点、错误的态度。对此,他主张"过则勿惮改","过而不改,是谓过矣";同时,还要择善而从,具有"择善从之,见恶戒之"的精神,多学习别人的优点,对于别人的缺点要引以为戒。

(七) 论教师

孔子非常重视教师的作用,在自身长期的教育实践基础上,对教师提出了多方面的要求。

第一,学而不厌,诲人不倦。孔子认为,"学而不厌,诲人不倦"是教师应具备的首要条件和精神。"学而不厌"是指教师必须要先学好,学好是教好的基础和前提,教师必须通过不断学习加强修养和提升水平,具有活到老、学到老的精神,正如他所指出"加我数年,五十以学《易》,可以无大过矣"②。"诲人不倦"是教师最宝贵的品格,也是教师的最高境界,"教不倦,仁也"③。教师要将自己的知识毫无保留地教给学生,无论遇到何种困难,都要坚持教学。

第二,爱护学生,无隐无私。孔子将"仁者爱人"的精神用之于学生身上,密切关注着学生的品德、学业、生活以及健康等。同时,对学生保持信心,平等地对待每一位学生,反对盲目服从教师,要求学生"当仁,不让于师"④。

第三,以身作则,为人师表。孔子强调对学生要言教与身教相结合,并且身教重于言教。他把以身作则作为教育原则,对教师提出严格要求:"其身正,不令而行;其身不正,虽令不从。""不能正其身,如正人何?"⑤主张教师要利用自己的言传身教、以身示范,影响学生的品格和举止,否则会失去教师的威信,弱化教育的作用。

第四,重视启发,教学相长。孔子在教学过程中注重启发式教学,强调"举一反三""闻一知十""触类旁通",要求教师要充分调动学生的积极性和主动性,引导学生思考。同时,孔子认识到师生之间切磋学问、砥砺品格的重要性,认为师生之间、教与学之间可以教学相长,彼此之间可以共同学习和互动启发。

二、孟子的教育思想

孟子(约前 372—前 289),名轲,字子舆,战国中期邹(今山东邹城)人,中国古代著名

---

① 《论语·卫灵公》
② 《论语·述而》
③ 《孟子·公孙丑上》
④ 《论语·卫灵公》
⑤ 《论语·子路》

的思想家和教育家,被尊称为"亚圣"。孟子受业于子思的门徒,得孔子学说嫡传,历史上把子思和孟子视为一派,即思孟学派,在传承和弘扬孔子思想中做出了重要贡献。孟子继承和发展了孔子学说,开创了主观唯心主义一派,对封建社会的统治理念和伦理道德产生了深远影响。孟子的教育思想散见于《孟子》一书,今存7篇,是研究孟子教育思想的重要材料和依据。

(一)"性善论"与教育作用

孟子是"性善论"的代表人物,"性善论"是孟子唯心主义哲学体系的重要组成部分,亦是其教育思想的理论基础。孟子认为,人性生而为善,人生而就有不学而能的"良能"和不虑而知的"良知"。孟子指出,人先天就具有四种善端,即恻隐之心、羞恶之心、恭敬之心和是非之心。经扩充之后,四种善端分别表现为仁、义、礼、智四种品质。他指出:"恻隐之心,人皆有之;羞恶之心,人皆有之;恭敬之心,人皆有之;是非之心,人皆有之。恻隐之心,仁也;羞恶之心,义也;恭敬之心,礼也;是非之心,智也。仁义礼智,非由外铄我也,我固有之也,弗思耳矣。"①由此可见,孟子肯定了性善的先天性,人具有的四种善端"犹其有四体也",这种"我固有之"的善性善端能否得到保存和良好发展,"人之所以异于禽兽者几希,庶民去之,君子存之"②,善性善端的保存和扩充,关键是要靠后天的教育和环境。因此,孟子从"性善论"出发,认为人人都可以通过教育而成为君子、圣人,"人皆可以为尧舜"③。

孟子从"施仁政"的政治主张和"性善论"的哲学思想出发,论述了教育对社会发展和人的发展所具有的作用。从教育的社会作用来说,孟子认为主要在于"得民心"。"施仁政"的目的在于"得民心",而教育又是"得民心"的最有效手段。他说:"善政不如善教之得民也。善政,民畏之;善教,民爱之。善政得民财,善教得民心。"④由此可见,孟子比较了"善政"和"善教"的不同作用,相较而言,"善教"能够真正使民心悦服,且作用更为有效。因此,孟子认为办好教育能够唤醒人的内在自觉,从而才能得民心而施行仁政。从教育的个体作用来看,孟子认为教育对人的发展就是保持、扩充人固有的"善性",即"求放心"。"恻隐之心,仁之端也;羞恶之心,义之端也;辞让之心,礼之端也;是非之心,智之端也。"⑤"端"是指事物的开头或缘由,虽然孟子仁、义、礼、智"四端"是生而有之,但依然处于萌芽阶段,需要通过教育恢复、保存和发展,"学问之道无他,求其放心而已矣"⑥。

(二)论教育目的

根据对教育作用的认识,孟子认为教育的目的就是"明人伦"。他说:"设为庠序学校以教之。庠者,养也;校者,教也;序者,射也。夏曰校,殷曰序,周曰庠,学则三代共之,皆

---

① 《孟子·告子上》
② 《孟子·离娄下》
③ 《孟子·告子下》
④ 《孟子·尽心上》
⑤ 《孟子·公孙丑上》
⑥ 《孟子·告子上》

所以明人伦也。人伦明于上,小民亲于下。"①所谓的"明人伦",即宣传和构建父子、君臣、夫妇、兄弟、朋友的五种伦常关系,即"父子有亲,君臣有义,夫妇有别,长幼有序,朋友有信"②。由此可见,孟子"明人伦"的教育目的,就是要维护上下尊卑的社会秩序和道德观念,为人的社会关系构建一定的道德准则。在"五伦"的关系中,孟子尤为看重父子和长幼的关系,也就是重视"孝悌"之道,要求"入以事其父兄,出以事其长上",主张教育的内容就是要"申之以孝悌之义"③,并以此为中心建立了一套道德规范体系,即仁、义、礼、智、信,是为"五常"。无论是"五伦"还是"五常",都是为了维护宗法制社会和上下尊卑社会秩序。孟子"明人伦"的教育目的,明确概括出了中国古代学校教育的目的,并影响了此后两千多年的中国古代教育。

(三) 论理想人格

孟子的理想人格是"大丈夫"。所谓"大丈夫",他指出:"居天下之广居,立天下之正位,行天下之大道。得志,与民由之;不得志,独行其道。富贵不能淫,贫贱不能移,威武不能屈,此之谓大丈夫。"④教育的目的和理想就在于塑造"大丈夫"的理想人格。对此,孟子提出了诸多道德修养的方法,具体如下:

1. 持志养气

"持志"就是要立志、"尚志",坚持崇高远大的志向,确立"居仁由义"的志向,具备"杀身成仁"和"舍生取义"的信念;"养气"是指"吾善养吾浩然之气"⑤,重在培养意念和情感。孟子指出:"夫志,气之帅也。气,体之充也。夫志至焉,气次焉。故曰:持其志,无暴其气。"⑥就此来看,孟子认为"志"与"气"是紧密联系的,二者互为因果,"志壹则动气,气壹则动志也"⑦,强调的是理智和情感的统一结合。

2. 存心寡欲

孟子认为,人固有的仁义礼智四种善端要靠存养和扩充,而欲望则是其主要障碍。孟子说"养心莫善于寡欲"⑧,他认为加强内心修养的最好办法是减少欲望,严格要求自我,摒除外在诱惑,以免失去先天具有的善性善端。

3. 反求诸己

反求诸己是指"厚责于己",在加强自我修养时,应自省自问,严以律己。孟子说:"爱

---

① 《孟子·滕文公上》
② 《孟子·滕文公上》
③ 《孟子·梁惠王上》
④ 《孟子·滕文公下》
⑤ 《孟子·公孙丑上》
⑥ 《孟子·公孙丑上》
⑦ 《孟子·告子下》
⑧ 《孟子·尽心下》

人不亲,反其仁;治人不治,反其智;礼人不答,反其敬。行有不得者,皆反求诸己。"①对此,孟子提出"慎独"的道德修养方法,要求做到自我反省、自我监督和自我评价,这是道德修养的最高境界。

4. 意志磨砺

孟子认为,人的"浩然之气"和道德修养需要依靠坚强的意志和艰苦的磨炼:"天将降大任于斯人也,必先苦其心志,劳其筋骨,饿其体肤,空乏其身,行拂乱其所为,所以动心忍性,增益其所不能。人恒过,然后能改,困于心,衡于虑而后作。"②就此来看,孟子认为,身心的艰苦磨炼有助于意志的坚强,同时,人还要有忧患意识,时时保持警惕,具有"生于忧患,死于安乐"的意识,保持"如临深渊,如履薄冰"的状态。

5. 改过迁善

孟子继承和发展了孔子的改过迁善思想,既鼓励人们要改过自新,所谓"虽有恶人,斋戒沐浴,则可以祀上帝"③,又主张要积极学习他人的善言善行,"闻过则喜""见善则迁",提倡"与人为善"。此外,"羞恶之心,义之端也",孟子认为,人要有羞耻之心,犯了错误要及时觉悟和改正,鄙视那种"无耻之耻",即"人不可无耻,无耻之耻,无耻矣"。

(四)论教学

孟子的认识论倾向于唯理论,在教学思想中强调"思"的重要性,重视人的主观能动性。具体的教学思想如下:

1. 深造自得

在教学过程中,孟子重视培养学生的思考能力,注重发挥学生的主动精神,他说:"君子深造之以道,欲其自得之也。自得之,则居之安。居之安,则资之深。资之深,则取之左右逢其源。故君子欲其自得之也。"④学习者须刻苦钻研、深切体会,对所学内容应有自己的深刻理解,不可盲目信从权威和书本,"尽信《书》,则不如无《书》"⑤。

2. 盈科而进

孟子认为教与学是一个逐渐积累的过程,应遵循学习者及教学的规律,循序渐进,不可急于求成,违背了规律,则"其进锐者,其退速"⑥。他以流水为例,"流水之为物也,不盈科不行",以此来说明"盈科而后进,放乎四海"的道理,否则,"其进锐者,其退速"。他还拿宋人"揠苗助长"的寓言故事,来告诉人们自然规律是不可违背的,必须依规律行事。

3. 教亦多术

孟子继承和发展了孔子因材施教的教育思想,主张针对不同情况的学生采取不同的

---

① 《孟子·离娄上》
② 《孟子·告子下》
③ 《孟子·离娄上》
④ 《孟子·离娄下》
⑤ 《孟子·尽心下》
⑥ 《孟子·尽心下》

教法。他指出:"君子之所以教者五:有如时雨化之者,有成德者,有达财者,有答问者,有私淑艾者。此五者,君子之所以教也。"①即教学过程中要根据学生的特点和个性,采取多样多元的方法,因人而异。

4. 专心有恒

孟子强调学习过程中要专心致志、有恒心,集中注意力,不可三心二意。他以下棋为比喻,来说明学习者专心与否,其结果也会大相径庭。他说:"今夫弈之为数,小数也。不专心致志,则不得也。弈秋,通国之善弈者也。使弈秋诲二人弈,其一人专心致志,惟弈秋之为听。一人虽听之,一心以为有鸿鹄将至,思援弓缴而射之,虽与之俱学,弗若之矣。为是其智弗若与?曰:非然也。"②因此,孟子认为,学习上的差异不取决于人的天资,而是能否专心致志。同时,孟子还主张学习要持之以恒,反对"一曝十寒"和做事半途而废,他说:"虽有天下易生之物也,一日暴之,十日寒之,未有能生者也。"

5. 启发引导

孟子认为,教育者在教学中有一定的作为,要注意启发学生思维,并为学生指明努力的方向。他说:"大匠不为拙工改废绳墨,羿不为拙射变其彀率。君子引而不发,跃如也。中道而立,能者从之。"③即教育者在教学过程中要引而不发,引导学习者认识外界事物,启发学生思维。

三、荀子的教育思想

荀子(约前313—前238),名况,字卿,战国末期赵(今山西南部)人,是先秦儒家最后一位传经大师,也是先秦思想的集大成者。荀子年轻时曾两次在稷下学宫讲学,在列大夫中"最为老师",被尊称为"卿","三为祭酒"。在学术思想方面,他综合了先秦时期诸子百家的思想学说,创造了唯物主义的天命观和认识论。荀子著书数万言,现存《荀子》一书,共32篇,是研究荀子思想的重要材料。

(一)"性恶论"与教育作用

荀子批判了孟子的"性善论",提出了"性恶论"思想。他指出:"凡性者,天之就也,不可学,不可事。礼义者,圣人之所生也,人之所学而能,所事而成者也。不可学,不可事,而在人者,谓之性;可学而能,可事而成之在人者,谓之伪,是性伪之分也。"④"性"是先天具有的、与生俱来的,"伪"是人为、后天的努力。人性之所以为"恶",他说:"今人之性,生而有好利焉,顺是,故争夺生而辞让亡焉;生而有疾恶焉,顺是,故残贼生而忠信亡焉;生而有耳目之欲,有好声色焉,顺是,故淫乱生而礼义文理亡焉。"⑤在荀子看来,人的性情欲望是

---

① 《孟子·尽心上》
② 《孟子·告子上》
③ 《孟子·尽心上》
④ 《孟子·性恶》
⑤ 《荀子·性恶》

人性趋向恶的原因,那么化恶为善、止恶则需要礼教与法治的结合:"故必将有师法之化,礼义之道,然后出于辞让,合于义理,而归于治。"

因此,荀子提出了"性伪合""化性起伪"的教育作用论。荀子认为,人的道德观念、知识才能等不是生而有之的,而是后天"积伪"和教育的结果,在后天的环境、教育和个体努力的共同作用下,可以化恶为善,"涂之人可以为禹"。关于"化性起伪"的教育作用论,荀子认为需要发挥教育、环境和人的主动性,即"学""渐""积"。在"学"上,荀子指出:"我欲贱而贵,愚而智,贫而富,可乎?曰:其唯学乎。"①强调了教育对人的发展的重要作用和意义,人只要努力向学,就可以实现人生的改变。在"渐"上,或称之为"注错",即环境对人的影响,荀子说的"越人安越,楚人安楚,君子安雅。是非知能材性然也,是注错习俗之节异也"②"蓬生麻中,不扶而直。兰槐之根是为芷,其渐之滫。君子不近,庶人不服,其质非不美也,所渐者然也"③等等,均是强调了环境对人的发展所产生的影响,因此,他要求"君子居必择乡,游必就士,所以防邪僻而近中正也"。在"积"上,或称之为"积靡",即个人努力、主动性。荀子人为,人性的改变是长期教育和个人努力的结果,个体只有通过不断的主观努力,"善假于物",才能逐渐积累起知识和道德,所谓"圣可积而至","涂之人"只要能长久地"积靡",那么"以可为禹"。

(二)论教育目标

"学恶乎始,恶乎终?……其义则始乎为士,终乎为圣人。"④这反映出荀子的教育目的就是要培养"士"和"圣人"。出于礼法兼治的政治理想和王霸并用、德力结合的"仁义"学说,在教育目标上,荀子主张培养能够推行"礼法"结合思想的"贤能之士",即具有儒家学者身份且长于治国理政的官僚。荀子在《儒效》篇中将人划分为几个层次,即俗人、俗儒、雅儒、大儒。

俗人"不学问,无正义,以富利为隆",以之治国理政的话,"则万乘之国亡"。俗儒为最低一级的儒者,这类人徒然学得儒者的外表,对"先王"之道和礼义仅是教条诵读,"逢衣浅带,解果其冠,略法先王而足乱世术,缪学杂举,不知法后王而一制度,不知隆礼义而杀《诗》《书》",且衣冠世俗、人格低下,以之来治国理政"则万乘之国存"。雅儒能"法后王,一制度,隆礼义而杀诗书;其言行已有大法矣,然而明不能齐法教之所不及,闻见之所未至,则知不能类也;知之曰知之,不知曰不知,内不自以诬,外不自以欺,以是尊贤畏法而不敢怠傲",这类人不侈谈"先王",懂得取法"后王",知晓礼义诗书精神,尊贤畏法,光明坦荡,是荀子所要培养的最基本的人才,以之治国理政"则千乘之国安"。大儒能"法先王,统礼义,一制度,以浅持博,以古持今,以一持万,苟仁义之类也……则举统类而应之,无所拟怍,张法而度之,则暗然若合符节",这类人知识广博,知通统类,能够以已知知未知,自如

---

① 《荀子·儒效》
② 《荀子·荣辱》
③ 《荀子·劝学》
④ 《荀子·劝学》

地应对新事物、新问题和治理好国家,以之治国理政"则百里之地久,而后三年天下为一,诸侯为臣",这是荀子教育的最高目标。

(三) 论教育内容

与孟子的"性善论"和"内发说"不同,荀子主张"化性起伪",强调知识、礼义和道德的不断积累,这是"外铄"的过程。因此,荀子非常重视读经,尤其是注重将儒家的经书典籍作为教育内容,"始乎诵经,终乎读礼"。荀子认为,各经自有其不同的作用,他指出:"《书》者,政事之纪也;《诗》者,中声之所止也;《礼》者,法之大分,类之纲纪也。故学至乎《礼》而止矣。夫是之谓道德之极。《礼》之敬文也,《乐》之中和也,《诗》《书》之博也,《春秋》之微也,在天地之间者毕矣。"①在各经中,荀子重视《礼》《乐》,尤其是《礼》,认为《礼》是学习的总纲,视"礼"为自然与社会的最高法则。

(四) 论教学

荀子重视"外铄",在学与思的关系上,强调"学",在教学中重视对学生学习态度、方法和思想的指导与培养。

1. 闻、见、知、行的教学认识过程

这是荀子所倡导的认识过程。荀子将教学或学习过程具体化为闻、见、知、行四个过程,并将"行"视为学习的最终目标,并且每个过程都有其充分的意义,如此构成了一个完整的教育认识过程。荀子说:"不闻不若闻之,闻之不若见之,见之不若知之,知之不若行之。学至于行之而止矣。行之明矣,明之为圣人。"②由此可见,闻见是学习的起点、基础,即感性知识的获得;知则是运用思维把握事物的内在联系、本质,"知通统类";行则是学习的终点,是教学、学习过程的完成,实行的知识才会有更正确的理解③。

2. 积微见著

荀子认为,人的知识和道德都是一个逐渐积累的过程,积少成多,积善成德,只要保持恒心、锲而不舍,都可以获得好的发展,所谓"积土成山,风雨兴焉。积水成渊,蛟龙生焉。积善成德,而神明自得,圣心备焉。故不积跬步,无以至千里;不积小流,无以成江海。"④

3. 虚壹而静

这是荀子所倡导的学习态度。所谓"虚",指"虚心",就是不要先入为主,不以已有的知识或见解阻碍认识新事物,接受新知识、新观点;所谓"壹",是指不以一种知识或见解排斥另一种知识或见解,专一研究某一问题,就全力以赴,不一心二用,心猿意马;所谓"静",是指不能用毫无根据的梦想和感情冲动扰乱人的理智和正常的思维活动。虚怀若谷、精

---

① 《荀子·劝学》
② 《荀子·儒效》
③ 毛礼锐,沈灌群:《中国教育通史》(第 1 卷),济南:山东教育出版社 1985 年版,第 340 页。
④ 《荀子·劝学》

神专注、头脑清醒,学习才能取得成效。①

4. 兼陈中衡

这是荀子所倡导的思维方法。荀子认为,由于客观事物的复杂性,人们在学习过程中常会被表面现象所蒙蔽,即"蔽于一曲而闇于大理",只有"解蔽"才能获取真知。为此,荀子提出"兼陈万物中悬衡"的主张,所谓"圣人知心术之患,见蔽塞之祸,故无欲无恶,无始无终,无近无远,无博无浅,无古无今,兼陈万物而中悬衡焉"②。所谓"兼陈",即将事物的方方面面都展示出来,全面认识事物;所谓"中悬衡",即通过比较权衡,来确定事物内在规律和联系。

5. 善假于物

荀子认为,前人所积累的知识或者经验是人们学习的重要工具,学习时要善于充分吸收前人的长处和成果,以助益于自身的发展与提高。"登高而招,臂非加长也,而见者远;顺风而呼,声非加疾也,而闻者彰。假舆马者,非利足也,而致千里;假舟楫者,非能水也,而绝江河。君子生非异也,善假于物也。"③

(五) 论教师

在先秦诸子中,荀子是最重视教师的,倡导尊师。

首先,提出"天地君亲师"说。荀子首次将教师提高到与天地、先祖并列的位置,"天地者,生之本也;先祖者,类之本也;君师者,治之本也。无天地恶生?无先祖恶出?无君师恶治?三者偏亡焉,无安人"④,视教师为治国之本,确立了教师在社会上的崇高地位。

其次,突显教师的作用。荀子认为,教师是礼法、礼义的化身,师法是使礼义转化为个人品质的捷径⑤;同时,荀子将尊师与国家兴亡盛衰紧密联系起来,进一步突显了教师的作用:"国将兴,必贵师而重傅;贵师而重傅,则法度存。国将衰,必贱师而轻傅;贱师而轻傅,则人有快,人有快则法度坏。"⑥

再次,严格教师标准。荀子竭力提倡尊师,同时也对教师提出了严格要求,他说:"师术有四,而博习不与焉。尊严而惮,可以为师;耆艾而信,可以为师;诵说而不陵不犯,可以为师;知微而论,可以为师。"⑦即当教师有四条标准和要求,一是要有尊严而令人敬畏,二是德高望重且经验丰富,三是要有传授知识的能力且讲授有条理,四是见解精深、能微言大义。

最后,师生关系。荀子关于师生关系的论述主要体现在两个方面:一方面,具有民主

---

① 王炳照等:《简明中国教育史》,北京:北京师范大学出版社2007年版,第53页。
② 《荀子·解蔽》
③ 《荀子·劝学》
④ 《荀子·礼论》
⑤ 孙培青:《中国教育史》,上海:华东师范大学出版社2008年版,第78页。
⑥ 《荀子·大略》
⑦ 《荀子·致士》

精神的师生关系。荀子继承了孔子"当仁不让于师"的思想,"非我而当者,我师也;是我而当者,我友也;谄谀我者,吾贼也"①;同时,荀子鼓励学生奋进,认为学生可以超越老师,提出了"青,取之于蓝,而青于蓝;冰,水为之,而寒于水"②的著名论断。另一方面,强调教师的绝对权威,片面要求学生的绝对服从。荀子指出,"言而不称师谓之畔,教而不称师谓之倍,倍畔之人,明君不内,朝士大夫遇诸涂不与言"③,要求学生要无条件地、绝对地服从教师的指导。

第三节 墨家教育思想

春秋战国时期,儒家和墨家成为两个著名的学派,韩非将二者并称为"显学":"世之显学,儒墨也。"④墨家的创始人墨子(约前468—前376),名翟,宋国人,一说鲁国人。墨子出身微贱,自称"贱人",曾求学于孔门后学,因反对儒家重礼厚葬等繁文缛节,故而创立了与儒家相对立的墨家学派。墨家学派代表了当时的"农与工肆之人",代表着小生产者的利益,同时墨家学派有严格的纪律、侠义之风和牺牲精神,也是一个纪律严明、具有宗教色彩的政治集团。墨家教育思想以自然科学知识、生产技术教育和逻辑思维等为主要特色,其教学方法也独具特色。现在研究墨子和墨家学派的资料主要是《墨子》一书,现存53篇,为墨子的学生及后学所作。

一、素丝说与教育作用论

墨子曾"学儒者之业,受孔子之术",在对教育作用的认识上,与儒家一样,均非常重视教育对社会和个体发展的作用。墨子重视教育的社会作用,从"兴天下之利,除天下之害"的社会政治理想出发,试图建立"兼相爱、交相利"的社会,主张推行教育,通过"有力者疾以助人,有财者勉以分人,有道者劝以教人"⑤,建设一个平等互助的"兼爱"社会。为此,墨子主张通过教育的实施引导人们"知义",进而完善社会,"天下匹夫徒步之士少知义,而教天下以义者功亦多"⑥。

同时,墨子重视环境对人的影响,他以素丝和染丝为例,提出了著名的"染丝说"("素丝说")。墨子认为,人性如同待染的素丝,之所以不同,是由于后天的环境和教育所影响的。对此,墨子指出:"染于苍则苍,染于黄则黄,所入者变,其色亦变。五入必而已,则为

---

① 《荀子·修身》
② 《荀子·劝学》
③ 《荀子·大略》
④ 《韩非子·显学》
⑤ 《墨子·尚贤下》
⑥ 《墨子·鲁问》

五色矣。故染不可不慎也！"①即有什么样的环境和教育，便造就什么样的人。但是，墨子并非环境决定论者，他强调要发挥人的主动精神，认为决定人的富贵贫贱和差别的不是"天命"使然，而是后天的"力"之强与不强。因此，墨子提出"强力为学"和"强力教人"的主张，强调了人的主动精神对个体发展的作用。

二、论教育目的

墨子的教育目的是培养"贤士"或"兼士"，即能够"兴天下之利，除天下之害"的人。对此，墨子提出了"兼士"的三条具体标准，即"厚乎德行""辩乎言谈"和"博乎道术"。所谓"厚乎德行"，即道德高尚，"兼士"要具有"兼爱"的品质，能够以兴天下之利、除天下之害为己任，不分彼此、亲疏、贫富，均能做到"饥即食之，寒即衣之，疾病侍养之，死丧葬埋之"②。所谓"辩乎言谈"是指思维论辩能力强，能善于辞令，掌握谈话、论辩的方法和技巧，能够"上说下教""强说人"，推行"兼爱"主张。所谓"博乎道术"，是对"兼士"的知识技能要求，要求"兼士"既知识广博，又要有实际技能，能够投身于社会实践活动，有兴利除害的实际能力。

三、论教育内容

墨家的教育内容以"兼爱"思想为核心，重视道德教育、文史教育以及科学和技术教育，注重培养人的逻辑思维能力，与儒家相比，其在教育内容有重要突破，构建了一套富有特色的教育内容体系。

1. 政治和道德教育

为了实现"兼爱"社会的建设，墨子重视对弟子进行政治和道德教育，提出"十大主张"，养成兼士高尚的道德品质和坚定的政治信念。具体措施如下：通过"兼爱"实现人与人之间的平等与和睦；通过"非攻"去除非正义战争；通过"尚贤"破除世袭特权，实现贤人政治；通过"尚同"统一人们的视听言行；通过"节用""节葬""非乐"制止费民、耗财；通过"非命"鼓励人们自强不息；通过"天志""明鬼"约束统治者谨慎行事。③

2. 科学和技术教育

科学和技术教育是墨家教育内容的重要特色，目的在于帮助兼士锻炼实践技能。《墨子》一书中，记载了大量几何学、力学、光学、声学等自然科学知识，并记载了墨家对自然科学知识所开展的实验与探究，使这些自然科学知识有了重要的科学依据与实验基础，"这样有条理的、完整的记载，文虽八条，寥寥数百字，确乎可称二千多年前世界上伟大的光学著作"④。

在技术教育方面，墨家私学重视技能传授，例如《墨子》中记载了诸多战争攻防器械的

---

① 《墨子·所染》
② 《墨子·兼爱下》
③ 孙培青：《中国教育史》，上海：华东师范大学出版社2008年版，第62页。
④ 詹剑峰：《墨子的哲学与科学》，北京：人民出版社1981年版，第142页。

制造与传授,《备城门》《备水》《备穴》《备突》《旗帜》《号令》《杂守》《备高临》等篇,都是实际作战技能以及攻防器械制作的实录。例如,在城门门闩的制作中,《墨子》记载了制作技巧:"门植关必环锢,以锢金若铁镎之。门关再重,镎之以铁,必坚。梳关,关二尺,梳关一莧,封以守印。"①

3. 文史教育

墨子"通六艺之论",读过"百国春秋",重视《诗》《书》《百国春秋》的教学,否定"礼""乐"教育,与儒家的六艺教育有显著区别。

4. 逻辑思维教育

墨家重视逻辑思维能力的教育和训练,以使兼士能言善辩,推行自己的政治主张。一方面,墨子认为知识有三种来源,即亲知、闻知和说知,并在此基础上,提出了检验知识和言谈的衡量标准——"三表"法。第一表是"有本之者",立论时要"上本之于古者圣王之事",即依据历史经验和教训;第二表是"有原之者",立论时要"下原察百姓耳目之实",即依据民情民意;第三表是"有用之者",立论时要"发以为刑政,观其中国家百姓人民之利",即要在实践中检验立论正确与否。另一方面,墨家强调思维和论辩准则,在中国古代逻辑学上首次提出"类""故"的概念,并提出"察类明故"的命题,使学习者学会运用类推和求故的方法。

四、论教学方法

墨家的教育富有特色,激励师生主动、创造,与相对保守的儒家形成鲜明对比。

1. 主动

墨子不同意儒家的"叩则鸣,不叩则不鸣"的消极等待态度,主张教师在教学中要有积极主动的态度,即"强说人","叩则鸣,不叩亦鸣"。所谓"虽不叩,必鸣者也","今求善者寡,不强说人,人莫之知也"②。假如人们不来请教,墨子又提出要送教上门,即"行说人",所谓"行说人者,其功善亦多。何故不行说人也"。

2. 创造

墨子不同意儒家"述而不作,信而好古"的保守态度,主张"古之善者则述之,今之善者则作之,欲善之益多也"③,认为对古代文化中善的东西要很好地加以继承,同时又要创造出新的东西,这样会使善的东西日益增多。这种"述而且作"的教育方法,体现了墨子对待文化遗产的态度,也彰显了他重视创造的教育方法。

3. 实践

墨家强调实践,"强为"的特征非常明显。墨子提出"合其志功而观焉"④,即从动机和

---

① 《墨子·备城门》
② 《墨子·公孟》
③ 《墨子·耕柱》
④ 《墨子·鲁问》

效果的统一评价人的行为,即重在行、实践。墨家强调"士虽有学,而行为本焉"①,在教育内容中亦体现出墨家教学方法的实践性。

4. 量力

在中国教育史上,墨子首次明确地提出"量力"的教学方法,要求施教时考虑到学生的力之所能及,具有两方面的含义:一是就学生的精力而言,切勿贪多务得;二是就学生的知识水平而言,应量其力而教,适当调整教学内容,即要根据学生的实际水平,对学生要"深其深,浅其浅,益其益,尊其尊"②。即深者教之以深,浅者教之以浅,强者增之,弱者减之,体现出墨子对教学规律的独到见解和把握。

墨家,作为与儒家有一定渊源而又相互对立和抗衡的学派,其教育思想中包含了诸多合理成分,尤其是对自然科学、生产技术和逻辑思维能力的教育,均是中国教育史上首先提出和实施的,丰富了中国古代教育思想的宝库,成为中国教育史上独特而宝贵的遗产。

第四节 道家和法家的教育思想

道家和法家是战国时期的重要私家学派。道家的创始人是老聃,代表人物为老子、庄子,其核心是"道",注重研究宇宙本体、事物规律和本质,对中国传统文化产生了深远影响。法家的思想渊源较早,代表人物上可始于郑子产和管仲,后有李悝、吴起等人,战国末期的韩非是法家思想的集大成者,主张法治教育,提出了"以法为教,以吏为师"的教育主张。

一、道家的教育思想

道家学派始于春秋末期而盛于战国,创始人老子(约前571—前471),又称李耳、老聃,字伯阳,楚国人,知识广博,富有智慧,与儒家入世的"有为"思想不同,老子主张"自然""无为",著有《老子》(又称《道德经》)。道家的另一位代表人物是战国时期的庄子,与老子并称"老庄"。庄子(约前369—前286),名周,宋国人,是先秦时期道家教育思想的集大成者,继承并发展了老子的学说,鄙弃名利,崇尚自然,追求精神和人格的逍遥与独立,代表作《庄子》,现存33篇。

(一) 论教育作用

老子认为,"道"是万物之源,"道生一,一生二,二生三,三生万物"③,人类的一切活动都应该遵循"道",教育也应以"道"为根本,"唯道是从"。道的本质特性在于自然无为,因

---

① 《墨子·修身》
② 《墨子·大取》
③ 《老子》四十二章

此，教育也不是在人身上施加文明影响的过程，恰恰相反，应该是把得之于社会的影响逐渐损弃的过程，固曰"为学者日益，为道者日损"①。庄子则提出，"名"和"知"是人生的两大凶器，人不应以有限的生命去追求无限的知识，那样只会使人身心疲惫而徒劳无功。教育的作用在于使人"复归于朴"，也就是回到婴儿般的无知无欲状态。

在道家看来，通过教育使人回归于朴具有重要的社会意义，人类文明不断进步的过程，实际上也就是人类不断堕落的过程，"大道废，有仁义，智慧出，有大伪，六亲不和，有孝慈，国家昏乱，有忠臣"②。因此，老子主张"无为"，倡导"行不言之教"。教育不能凭主观意愿强有所为，而是要依据事物的发展规律，创造条件，促进事物发生变化，无为而无不为，如此才能促进个人发展，并进而实现社会的长治久安。

（二）论理想人格

老子修道的目的在于与道同隐，居而忘名，与儒家的人才培养指向形成鲜明对比。老子主张"复归于朴""复归于婴儿"，顺归自然本性，其理想人格是无为，具体表现为"无为贵柔""知足""不争"和"不敢为天下先"。③

庄子则进一步发挥了老子的思想，在《逍遥游》中将理想人格定义为"至人""神人""圣人"和"真人"，"至人无己，神人无功，圣人无名"，提倡"无己、无功、无名、无情"，追求逍遥境界。这种特立独行的理想人格，不仅破除了名利的束缚，也摆脱了生死的忧虑，心灵自由，不为万物所役，尽情遨游于天地间，体悟生之快乐。庄子无视世俗社会的价值标准，将精神的绝对自由作为人一生的理想追求，引人沉思，对于提醒人们不断思考教育目的的合理性，具有极大的启发。

（三）论学习方法

道家虽然主张"绝学无忧"④，但并非完全排斥学习，他们只不过是反对人们去学那些有违自然的人为的知识。基于此，道家对于如何学习，也提出了独特的见解。

1. 致虚

致虚，就是排除一切人为的影响，按照事物的本来面目去认识事物，不能在认识事物之前就有了先入为主的观念。老子说："致虚极，守静笃。万物并作，吾以复观。夫物芸芸，各复归若何根。"⑤为了做到虚静，必须清除杂念，"不自见，故明；不自是，故彰；不自伐，故有功；不自矜，故长"⑥。摆脱了固执己见、自以为是、自我炫耀、自高自大等问题，人的心灵就会一片清明，最终达于成功。

---

① 《老子》四十八章
② 《老子》十八章
③ 王炳照等：《简明中国教育史》，北京：北京师范大学出版社2007年版，第67页。
④ 《老子》十九章
⑤ 《老子》十六章
⑥ 《老子》二十四章

2. 观双

所谓观双，就是要用辩证的眼光看待事物，看到事物之间的相互依存与相互转化的关系，避免执其一端，以偏概全。老子提出了很多相对的范畴，如刚柔、祸福、荣辱、虚实等。这些范畴最终都归结于"无"和"有"的相互对立与统一："无名，天地之始；有名，万物之母。故常无，欲以观其妙；常有，欲以观其徼。此两者同出而异名，同谓之玄。"①

3. 闻之疑始

道家善于怀疑，认为对于任何事物都应持怀疑批判态度。例如，庄子对孔子及其六经的怀疑与批判，他指出："今子修文武之道，掌天下之辩，以教后世；缝衣浅带，矫言伪行，以迷惑天下之主，而欲求富贵焉，盗莫大于子。天下何故不谓子为盗丘，而乃谓我为盗跖？"②在庄子看来，圣贤与盗贼并无差别，六经是前代人们社会活动的结果，六经与人的活动的关系如同步履与足迹，既然发展是不可阻挡的，那么为何要用过去的足迹来限制今天的脚步呢？同时，他提醒人们，学习要善疑，不可对书本、传统和圣人亦步亦趋。③

二、法家的教育思想

法家是战国时期重要学派之一，代表着新兴的社会势力，主张以法治国，致力于"耕战"。在教育理论方面，虽然没有达到儒墨诸家的造诣，但亦有许多独到之处。战国时期，法家的代表人物是商鞅（约前390—前338）和韩非（约前280—前233）。

（一）绝对的"性恶论"与教育作用

与荀子的"性恶论"不同，法家坚持绝对的"性恶论"。早在《管子》一书中，就提出趋利避害是人之常情："凡人之情，见利莫能勿就，见害莫能勿避。"④商鞅坚持了这种看法，认为人都是贪图名利、好逸恶劳、计较得失的。所谓"民生则计利，死则虑名"，"人情好爵禄而恶刑罚"。韩非则更为极端，不仅认为人"不免于欲利之心"⑤，且断言人心总是利己而害人的，人与人之间是一种利害关系，甚至常存"计算之心"。

在绝对的"性恶论"指导下，法家认为人性都是"利己"和"自为"的，那就无法指望人们自觉为善，只能设法令人不得为非。在韩非看来，对人性的转变和改造，道德感化是没有意义的，只有依靠法治教育："严家无悍虏，而慈母有败子，吾以此知威势之可以禁暴，而德厚之不足以止乱也。"⑥因此，韩非主张"务法"："夫圣人之治国，不恃人之为吾善也，而用其不得为非也……故不务德而务法。"⑦在这里，韩非过分强调法制对人性的约束，认为只有实施法治

---

① 《老子》一章
② 《庄子·盗跖》
③ 孙培青：《中国教育史》，上海：华东师范大学出版社2008年版，第85页。
④ 《管子·禁藏》
⑤ 《韩非子·解老》
⑥ 《韩非子·心学》
⑦ 《韩非子·显学》

教育才能改造人性,维护封建统治:"正明法,陈严刑,将以救群生之乱,去天下之祸。"①

(二)教育目标:培养"耕战""能法"之士

法家作为新兴地主阶级的代表,过度地强调"法"和"耕战",主张以法治国,在教育目标上则是要培养"能法""耕战"之士。对此,商鞅指出要"禁游宦之民而显耕战之士"②,对儒生等游宦之民严加禁止和打击,提出要培养"耕战之士",培养和选拔标准则是"任其力不任其德"③"不贵义而贵法"④。此外,商鞅还设立各种奖赏和官职,鼓励社会民众以耕战为荣。

韩非在继承商鞅等法家思想的基础上,在教育目标上反对"所养非所用,所用非所养",从治国理政的高度,将教育目标定位于培养"智术之士""能法之士""耿介之士",并对这些不同的培养目标提出了相应的要求:"智术之士,必远见而明察,不明察不能烛私;能法之士,必强毅而劲直,不劲直不能矫奸……智术之士,明察听用,且烛重人之阴情;能法之士,劲直听用,且矫重人之奸行。故智术、能法之士用,则贵重之臣必在绳之外矣。是智、法之士与当途之、人不可两存之仇也。"⑤

(三)禁"二心私学"与"以法为教,以吏为师"

"二心私学"是法家对其他私家学派的称呼。在法家看来,自春秋以来的私学及养士之风等不利于思想的统一,认为各私家学派乃是思想混乱及不统一的根源,所谓"儒以文乱法,侠以武犯禁,而人主兼礼之,此所以乱也"⑥。对此,商鞅提出要"贱游学之人","禁游宦之民",并用"壹教"取而代之:"所谓壹教者,博闻、辩慧、信廉、礼乐、修行、群党、任誉、清浊,不可以富贵,不可以评刑,不可独立私议以陈其上。坚者被,锐者挫。"⑦即不允许诸如"博闻"之类的人等有言论自由,不允许有私家学说或学派的存在。韩非则认为私家学派的存在意味着"乱上反世",并将私家学派称之为"二心私学"。并要求对"二心私学"要"禁其行""破其群""散其党"。

为了推行"法治",法家提出要"废先王之教",尤其是要抛弃儒家所提倡的仁义礼智之教,而实施以"耕战"为核心内容的法治教育,如商鞅提出要"更礼以教百姓""燔诗书而明法令"以及置官吏"为天下师"。韩非继承和发展了商鞅的观点,指出:"今修文学、习言谈,则无耕之劳而有富之实,无战之危而有贵之尊,则人孰不为也?是以百人事智而一人用力,事智者众则法败,用力者寡则国贫,此世之所以乱也。故明主之国,无书简之文,以法为教;无先王之语,以吏为师。"⑧在法家看来,"法"是行为准则和依据,百姓和官吏都要知

---

① 《韩非子·奸劫弑臣》
② 《韩非子·和氏》
③ 《商君书·错法》
④ 《商君书·画策》
⑤ 《商君书·慎法》
⑥ 《韩非子·五蠹》
⑦ 《商君书·赏刑》
⑧ 《韩非子·五蠹》

法守法，只要人人依法行事，国家就会强盛。故商鞅称"法令者，民之命也，为治之本也"。也就是说，"以法为教"是对教育内容的表达和界定，而"以吏为师"就是一种教育手段，通过官吏来解释法令，并向民众实施法治教化，显然是一种社会教育，而非真正意义上的学校教育。法家强调法治教育有其合理的一面，其弊端在于忽略了知识教育或学校教育。

第五节 《礼记》中的教育思想

《礼记》是战国末至汉初儒家学者关于"礼"的著作汇编，是儒家学派分化又融合后的产物，与《周礼》《仪礼》合称为"三礼"。由戴德选编而成的，称为《大戴礼记》，共85篇；由其侄戴圣选编的，称为《小戴礼记》，共49篇。《小戴礼记》在唐代时被列于五经，后被收入《十三经注疏》，也就是流传至今的《礼记》。《礼记》中不少篇章内容都与教育有关，诸如《礼运》《王制》《内则》《文王世子》等，而与教育关系最为密切的就是《大学》《中庸》《学记》和《乐记》等篇。

一、《大学》中的教育思想

《大学》原是《礼记》中的一篇，是儒家学者论述大学教育的论著，着重探讨了"大学之道"，与阐释大学教育之法的《学记》互为表里。

（一）"三纲领"

《大学》开篇指出，大学教育的纲领是"大学之道，在明明德，在亲民，在止于至善。"这是儒家对大学教育目的和为学做人目标的纲领性表达。"明明德"，就是使人们先天的善性得到明复和发扬；"亲民"，是指凡事都要推己及人，把个人之善转化为他人之善，尤其是推及到民众之善，朱熹因此主张将"亲民"改作"新民"；"止于至善"，是大学教育的终极目标，所谓"至善"是指"为人君止于仁，为人臣止于敬，为人子止于孝，为人父止于慈，与国人交止于信"。这是对封建社会君臣父子等伦理纲常最明确的概括和表述。

（二）"八条目"

为实现"三纲领"，《大学》把大学教育的程序和步骤概括为八个条目，即格物、致知、诚意、正心、修身、齐家、治国、平天下，八个条目前后相续，体现了过程和阶段的统一。这是根据大学教育的纲领、完成"修己治人"教育目的的一套完整程序或步骤。按照儒家的观点，"修己"是"治人"的前提，"治人"是"修己"的目的，这就是封建教育的实质。[1]

"格物""致知"是"为学入手""大学始教"，是大学学习的起点，格物是指学习儒家的

---

[1] 王炳照等：《简明中国教育史》，北京：北京师范大学出版社2007年版，第75页。

"六德""六行""六艺"之类,致知是在格物基础上的提高;"诚意""正心",着眼于个人道德的完善,诚意是指人的意念和动机的纯正,要求"诚于中",正心则是要求保持认识的中正。"修身"是"八条目"的中心环节,是人的综合修养的过程,格物、致知、诚意、正心都是为了"修身",只有完成"修身"才能齐家,然后才能治国、平天下:"自天子以至庶人,一是皆以修身为本。""齐家、治国、平天下"是个人完善的最高境界,也是修身之后造福社会的三大目标,"齐家"是要将个人的知识及道德惠及家族所有成员,只有"家和"才能万事兴;"治国"是齐家的扩充和深化;"平天下"又是治国的进一步扩大,如此则可以达到"一家仁,一国兴仁;一家让,一国兴让"。"八条目"反映了儒家实施德政、仁政的政治理念,体现出较强的逻辑性,构建了儒家的道德教育体系。

二、《中庸》中的教育思想

《中庸》和《大学》一样,也是《礼记》中的一篇,共计33章,基本内容是阐发儒家的人生哲学和修养问题,基本思想是阐述儒家折中调和的思想,即中庸之道。

(一) 教育的本质与作用

《中庸》开篇就提出:"天命之谓性,率(循)性之谓道,修道之谓教。"即性是先天固有的,道需要循性而行,教则是要修治此道。也就是说,人生而就有善之本性,应该对此进行保存和发扬,善性的保存和发展则需要教育的作用。

(二) 学习过程

《中庸》将学习过程具体概括为五个阶段,即"博学之,审问之,慎思之,明辨之,笃行之"。"博学"即广泛地学习,丰富知识、开阔视野;"审问"即对所学习的内容要问其真伪,善于提出疑问、发现问题;"慎思"即对所迷惑或质疑的问题要进行认真的分析思考;"明辨"即通过思考解决所存在的问题,辨明区别和联系;"笃行"即将获得的道德观念及知识付诸行动。学、问、思、辨、行的顺序,是一个完整的、前后相续的、缺一不可的教学或学习过程,体现了中国古代教学思想的基本特征,是对先秦儒家教育教学思想的高度概括,朱熹将其视为"为学之序"列入《白鹿洞书院揭示》,对后世产生了深远影响。

(三) 道德准则:中庸

中庸的思想由孔子提出。孔子认为,中庸是最高的道德准则。《中庸》指出,中庸是无偏无倚的中和状态,"两端执其中",同时附之以"中和"的意思。"中和"即"喜怒哀乐之未发,谓之中;发而皆中节,谓之和。中也者,天下之大本也;和也者,天下之达道也。致中和,天地位焉,万物育焉"。可见,"中和"是天地万物运行的基本法则,因而人的喜怒哀乐等必须"致中和",道德修养、为人处世等皆须坚持中庸之道,"君子中庸,小人反中庸",唯有如此,才能最终实现"天地位焉,万物育焉"。

(四) 个人修养途径

《中庸》指出，个人修养的教育途径是"自诚明"与"自明诚"以及"尊德性"与"道问学"，即"自诚明，谓之性。自明诚，谓之教。诚则明矣，明则诚矣。"由此可见，个人修养主要是通过内与外两条途径进行完善。即一是充分发掘人的内在天性，达到对外部世界的体认，即"自诚明"，因其是从本心的向内省察而做的修养功夫，故又称"尊德性"；二是通过对外部世界的求知，达到内在本性的发扬，从而达到能够化育万物的最高境界"诚"，即"自明诚"，因其是从外部的求知学习而下功夫，故又称"道问学"。两条途径是相辅相成的，"故君子尊德性而道问学，致广大而尽精微，极高明而道中庸"。

三、《学记》中的教育思想

《学记》是《礼记》中的一篇，一般认为是思孟学派的作品，是先秦时期儒家教育理论和教学经验的总结，全文仅1200多字，是中国古代最早的一篇专门论述教育教学问题的论著，亦有"教育学的雏形"[①]之美誉。

(一) 论教育作用

《学记》开篇就明确提出了教育的作用，即"建国君民"和"化民成俗"。《学记》简明扼要地说明了教育的社会作用和对人的发展的作用，认为教育的社会作用在于"建国君民"，即"建国君民，教学为先"，揭示了教育是立国治国之根本的理论问题；就人的发展来说，《学记》指出："君子如欲化民成俗，其必由学乎！""玉不琢，不成器；人不学，不知道。"以美玉为例，把教育的过程比喻成一种对人性进行加工、雕饰的过程，每个人通过教育都可以形成良好的道德和智慧，将人的发展与社会、国家发展紧密联系起来，凸显教育的移风易俗、在国家治理中的作用，强调了教育为社会政治服务的目的。

(二) 论教育制度与学校管理

在教育制度方面，《学记》提出了关于学制的设想，并规定了具体的学年数。《学记》以托古的方式拟订了一个从地方到中央的理想的学制系统，即"古之教者，家有塾，党有庠，术有序，国有学"，按照行政区划规定了学校教育的类型。同时，《学记》还提出了学年编制的设想，把大学教育划分为"小成"与"大成"两个阶段，"小成"的学习年限为7年，"大成"则是在"小成"基础上继续学习2年。

在学校管理方面，《学记》主要从开学、入学、视学和考试等层面提出了具体规定。大学要举行隆重的开学典礼，所谓"大学始教，皮弁祭菜，示敬道也。宵雅肄三，官其始也。入学鼓箧，孙其业也。夏楚二物，收其威也。未卜禘不视学，游其志也。时观而弗语，存其心也。"由此可见，天子不仅要率百官莅临学宫参加开学典礼，且定期到学宫视学，祭祀"先圣先师"，以励后学，体现出国家或统治者对教育的高度重视；同时，指出了学生入学后的

[①] 毛礼锐：《中国教育史简编》，北京：教育科学出版社1985年版，第247页。

学习内容以及管理方式。在考试方面，《学记》规定每隔一年考查一次，并规定每个阶段的考核内容，即"比年入学，中年考校。一年视离经辨志；三年视敬业乐群；五年视博习亲师；七年视论学取友；谓之小成。九年知类通达，强立而不反，谓之大成。夫然后足以化民易俗，近者说服而远者怀之。此大学之道也。"整个考试制度和具体内容，均体现了对学生学业知识和思想道德的要求，体现出循序渐进、德智并重的特点。

（三）论教育、教学原则

教育、教学原则是《学记》中的重要内容，所占篇幅较大，是其精华与重点所在。

1. 教学相长

《学记》提出："虽有嘉肴，弗食不知其旨也；虽有至道，弗学不知其善也。是故学然后知不足，教然后知困。知不足，然后能自反也；知困，然后能自强也。故曰教学相长也。""教学相长"的本意并非指"教"与"学"双方的相互促进，而是仅指"教"这一方的以教为学，说明教师教导他人的过程也是一种学习的过程。后人将"教学相长"做了引申，将其视为教学过程中教师、学生双方的互相促进、共同提高。

2. 豫时孙摩

《学记》总结了长期教育教学中成败的经验教训，概括出"教之所由兴"和"教之所由废"的重要规律，指出："大学之法，禁于未发之谓豫，当其可之谓时，不陵节而施之谓孙，相观而善之谓摩。此四者，教之所由兴也。发而后禁，则扞格而不胜；时过然后学，则勤苦而难成；杂施而不孙，则坏乱而不修；独学而无友，则孤陋而寡闻。燕朋逆其师，燕辟废其学。此六者，教之所由废也。"这里包括了四项具体原则，都从正反两面进行分析，指出成功与失败的经验和教训。"豫"，即预防性原则，"禁于未发之谓豫"，要求教师要未雨绸缪，估计学生可能会产生的各种不良倾向，否则，当不良倾向已经发生再去教育和矫正时，就会倍感困难；"时"，即及时性原则，"当其可之谓时"，要求把握学习的最佳时机，适时而学，适时而教，否则，"时过然后学，则勤劳而难成"；"孙"，即循序渐进原则，"不陵节而施之谓孙"，教学要遵循一定的顺序和客观规律，包括教学内容、学生年龄和认知水平的顺序等，否则，"杂施而不孙，则坏乱而不修"；"摩"，即学习观摩原则，"相观而善之谓摩"，学习中要相互观摩、切磋研究，合作、共同学习，取长补短，共同进步，否则，"独学而无友，则孤陋而寡闻"。

3. 藏息相辅

《学记》认为教学与学习要做到上课与自习相结合，课内与课外相结合。"大学之教也，时教必有正业，退息必有居学。不学操缦，不能安弦；不学博依，不能安诗；不学杂服，不能安礼。不兴其艺，不能乐学。故君子之于学也，藏焉修焉，息焉游焉。夫然，故安其学而亲其师，乐其友而信其道，是以虽离师辅而不反也。""藏"是指课内学习，即"正业"；"息"是指课外学习、课外训练，即"居学"。《学记》认为课内学习与课外练习须兼顾而相互补充，教学安排要张弛有度。同时，课外练习应当适量，并与正课学习有机配合，学习与休息兼顾，让学生感到学习的乐趣。

4. 长善救失

《学记》认为："学者有四失，教者必知之。人之学也，或失则多，或失则寡，或失则易，或失则止。此四者，心之莫同也。知其心，然后能救其失也。"即学生在学习过程中，往往会出现"多、寡、易、止"四种缺点："多"即贪多务得，知识过于庞杂；"寡"即片面专精，知识面狭窄；"易"即浮躁轻心，把学习看得太容易，自满自足；"止"即畏难不前，夸大困难。对此四者，教师要能够根据学生的不同心理倾向和个性差异，帮助其发扬优点、克服缺点。

5. 启发诱导

《学记》将启发诱导原则称之为"喻"，"君子之教，喻也"。关于"喻"，《学记》指出："道而弗牵，强而弗抑，开而弗达。道而弗牵则和，强而弗抑则易，开而弗达则思。和易以思，可谓善喻矣。"即教师要善于引导学生而不牵着学生鼻子走，勉励而不强迫，启发、帮助学生打开思路而不直接提供答案，让学生有思考余地，促进学生积极主动思考，只有做到这些，才能称之为"善喻"。

（四）论教学方法

《学记》对于教学方法也有诸多论述，主要有：

第一，讲解法。即"约而达""微而臧"及"罕譬而喻"。《学记》认为，教师讲解要简明扼要，言简意赅，通俗易懂，富有启发性。

第二，问答法。教师的提问应先易简，后难坚，要循着问题的内在逻辑；答问则要随其所问，有针对地作答，恰如其分、适可而止，无过与不及，"善问者如攻坚木，先其易者，后其节目，及其久也，相说以解。不善问者反此"。

第三，练习法。《学记》认为，学习要从最基本、最简单的工夫练习开始，打好基础；同时根据学习的内容安排必要的练习，并须有规范、逐步进行，"良冶之子，必学为裘。良弓之子，必学为箕。始驾马者反之，车在马前。君子察于此三者，可以有志于学矣"。

第四，类比法。即"古之学者，比物丑类。"学习要注意通过类比的方式，由此及彼，触类旁通，举一反三，从而达到对更多事物的认识，扩大知识面，训练学生的思维。

综上所述，《学记》内容非常丰富，论述深刻，它所提出的教育教学思想，对今天的教学、学习仍具有借鉴意义。《学记》为中国教育理论的发展树立了典范，标志着中国古代教育思想专门化的形成，是中国教育理论发展的良好开端。

复习思考题

1. 私学兴起的原因及对教育的贡献有哪些？
2. 试述孔子教育思想的基本内容。
3. 比较分析先秦时期诸家学派的"人性论"主张。
4. 《学记》中的教育主张有哪些？
5. 分析墨家教育思想的主要特色。
6. 简述稷下学宫的办学性质和特点。

第三章
秦汉魏晋南北朝时期的教育

　　秦汉是中国历史上统一的中央集权封建国家形成和确立的时期，亦是封建教育逐渐发展而定型的时期。秦朝是我国历史上第一个中央集权的封建王朝，其颁布的一系列旨在加强控制与统一的文教政策，是以法家思想为指导建立起来的，目的是维护中央集权的封建统治。汉虽袭秦制，却重用儒家思想，"罢黜百家，独尊儒术"，使儒家思想成为主流思想，也成为汉代教育的主体内容。东汉末年，中国由统一转为分裂，长期的战乱和分裂使中国社会处于剧烈震荡态势，社会各方面均遭受巨大破坏，文化教育也深受重创，学校教育废置无常，特别是官学，在数量上大大减少，学校教育总的趋势走向衰落，呈现出时兴时废的状态。与此同时，也出现了一些新型的学校。此外，由于战乱的影响，两汉以来占统治地位的纲常名教思想受到了极大冲击，玄学盛行，佛教和道教开始广泛传播，反映在教育思想上，形成儒家经学思想与玄学教育思想、佛道教育思想交相辉映的局面。由于官学废弛，家庭教育实践相对繁荣，故出现了以颜之推为代表的家庭教育思想。

【学习目标】

1. 了解秦汉魏晋南北朝时期的文教政策及其产生的历史背景。
2. 了解秦汉魏晋南北朝时期学校教育制度的发展和变革。
3. 掌握察举制、九品中正制的主要内容。
4. 重点掌握董仲舒、王充和颜之推的教育思想。

第一节 文化教育政策

文化教育政策是官方意识形态和治理思想在文教领域的体现,是文教发展的制度性、政策性保障。秦朝是中国历史上第一个统一的中央集权的封建国家,为维护和巩固封建统治,秦朝统治者以法治国,实行文化专制政策。秦灭汉兴,汉初统治者吸取秦亡的教训,以"黄老之学"为指导思想而实行"无为之治",逮至汉武帝时期,随着国力的恢复发展,"罢黜百家,独尊儒术",确立了儒家思想的主导地位,为封建社会文化教育活动的实施奠定了基础。魏晋南北朝时期,长期的分裂割据局面,形成了多元的政治格局,加之道教、佛教的兴起与发展,使这一时期的文教政策呈现出新的特色,并对隋唐以后的文教政策产生了深远影响。

一、秦代的文教政策

公元前221年,秦始皇统一六国,建立了中国历史上第一个统一的中央集权的封建国家。为适应帝国统一的需求以及传承以法家思想治国的传统,分别制定了书同文、行同伦以及禁私学、以吏为师等多项文教政策,开启了中国教育史上文教政策制定及实施的先河。

(一)书同文、行同伦

"书同文""行同伦"的文教政策是统一文字、融合文化和化民易俗的重要举措。"车途异轨,律令异法,衣冠异制,言语异声,文字异形"①,当时的通行文字极不统一,文字的使用也存在较大差异,严重阻碍了政令推行和文化交流。因此,文字统一成为秦朝统治者的迫切需求。为"普施明法、经纬天下",秦统一之时,秦始皇就督促丞相李斯、中车府令赵高、太史令胡毋敬着手整理文字,"罢其不与秦文合者",对"大篆"和"古文"两种字体加以改造,创造出笔画更为简单易写的"小篆"字体,成为秦朝的标准文字,为政令的推行和文化教育的实施扫除了障碍,创造了有利条件。随后,狱吏程邈又依据民间流传的字体,整合出更为简便的新书体"隶书",被官方采用、推广。与此同时,由于六国风俗各异,不利于国家的统一和治理,"古者,民各有乡俗,其所利及好恶不同,或不便于民,害于邦。是以圣王作为法度,以矫端民心,去其邪僻,除其恶俗"②,因此,秦朝统治者提出以"黔首改化,远迩同度"为目的的"行同伦"政策,以此来统一风俗习惯。不仅颁布法令加强制度保障,秦始皇更是五次巡行全国,立石刻碑,宣扬法治和伦理教育,以达对民风民俗的统一、民心民力的聚同。

---

① 许慎:《说文解字·序》。
② 睡虎地秦墓竹简整理小组:《睡虎地秦墓竹简》,北京:文物出版社1990年版,第13页。

秦朝实施的"书同文""行同伦"政策,对维护国家统一、巩固国家统治具有重要意义,对形成统一的文化心理、民风民俗和道德规范等具有积极作用,对后世的文化教育产生了深远影响。

(二)设三老以掌教化

地方官员作为社会基层的管理者,在教育的推行和管理中发挥着关键作用。秦朝时期,在地方上设置"三老"掌管教化:"乡有三老、有秩、啬夫、游徼。三老掌教化;啬夫职听讼,收赋税;游徼徼循禁贼盗。县大率方百里,其民稠则减,稀则旷,乡、亭亦如之。皆秦制也。"①"三老"是一种执掌教化的乡官,一般由民间拥有一定文化知识、具有一定威信的人担任,负责向乡民宣传封建统治的思想、法度、伦理和纲纪等内容。"三老有秩","秩"意指俸禄,因此,"三老"享受国家的公职待遇,属于正式官员序列,还充当着地方教师的重要角色,他们根据秦王朝的意图对黎民百姓进行法制教育、耕战教育、尊卑贵贱的思想教化以及匡正民俗的社会教化。"三老掌教化"的政策对于维护秦王朝的统治具有重要意义,基层社会的法治教育、思想教化由此被国家直接控制,这与上述"行同伦"的文教政策是一脉相承的。

(三)禁止私学、吏师制度

秦朝统一后,为了加强中央集权的封建专制,对私学采取了严厉禁止的措施;同时,为了实现以法治国的目的,秦朝以法家思想为指导,重在培养知法、守法、执法的封建官吏,又采取了以法为教、以吏为师的政策。"颁挟书令""禁私学""禁游宦""以吏为师"等文教政策,成为其主要内容,以此来便于推行统一的政令。

在禁止私学方面,以李斯为代表,他批评儒家曰:"今诸生不师今而学古,以非当世,惑乱黔首。"且诸生"入则心非,出则巷议,夸主以为名,异取以为高,率群下以造谤",是造成思想界混乱的主要原因。因此,李斯建议:

> 古者天下散乱,莫之能一,是以诸侯并作,语皆道古以害今,饰虚言以乱实,人善其所私学,以非上之所建立。今皇帝并有天下,别黑白而定一尊……臣请史官,非秦记皆烧之;非博士官所职,天下敢有藏诗书百家语者,悉诣守尉杂烧之;有敢偶语诗书者,弃市;以古非今者,族;吏见知不举者,与同罪;令下三十日不烧,黥为城旦。所不去者,医药、卜筮、种树之书。若欲有学法令,以吏为师。②

李斯提出,除博士官之外,其他人员均不得私藏及议论诗书,除"医药、卜筮、种树之书"外,其余百家之书均在焚毁之列,以此"别黑白而定一尊",统一思想而使天下稳定,"挟书令"也便成为秦朝禁私学、以吏为师文教政策的肇始,不仅结束了春秋战国以来百家争鸣的局

---

① 《汉书·百官公卿表第七上》
② 《史记·秦始皇本纪》

面,还使当时的私学及弥足珍贵的文献书籍遭受重创。同时,在"焚书"的第二年,由于儒法矛盾尖锐,公元前212年爆发了残暴的"坑儒"事件,坑杀诸生460余名,体现出秦朝的文化专制和思想禁锢。

在吏师制度方面,战国时期,秦国就有以吏为师、轻视礼乐的传统。秦统一六国之后,关于如何治理国家,儒法两家政见不一,曾有过严重的争论和分歧。为别黑白而定一尊于法治,李斯提出禁私学、行吏师制度,"以吏为师"最终作为秦国的一项重要文教政策被明确下来。"以吏为师"同秦代"以法为教"的基本国策一脉相承。所谓"以吏为师",就是直接跟随官吏做私从学徒,学习律令,学习期间要受到吏师的役使,学业完成后按规定录用为吏。政府专门设置学习法律文书的学校——"学室","非史子也,毋敢学学室,犯令者有罪",规定"史子"必须进入学习法律知识,学成后被任命为从事文书工作的刀笔小吏。

二、汉代的文教政策

秦灭汉兴,汉朝是继秦朝之后的统一王朝,在文教政策方面,分为两个阶段,即汉初的"黄老之学"和汉武帝之后的"独尊儒术"。汉初的60余年,统治者吸取秦亡的教训,以"黄老之学"为指导,推行"无为"政策,重视教育的育才和化民作用;至汉武帝时期,随着国力的恢复发展,推崇儒家思想,确立了"独尊儒术"的文教政策。

(一)"黄老之学"与汉初文教政策

从汉朝建立至汉武帝即位,称之为汉初。汉初统治者以道家思想为指导,推崇"黄老之学",实行无为而治,与民生息。在文教政策上,则主要体现在以下方面:一是废止"挟书令",汉惠帝四年(前191年)三月"除挟书律",允许民众自由携带、收藏和讨论诗书典籍,为汉初文化教育的发展与繁荣奠定了基础。二是重视知识分子,汉初统治者对知识分子十分重视,屡下求贤诏,招纳贤士,"不通经术知古今之大礼,不可以为三公及左右近臣"①。三是开放私学,汉初,废除了秦朝对私学的禁令,私学得以发展,各私家学派的思想得到恢复和发展,民间教育活动逐渐兴起。例如,"汉定,伏生求其书,亡数十篇,独得二十九篇,即以教于齐鲁之间。学者由是颇能言《尚书》,诸山东大师无不涉《尚书》以教矣。"②

(二)"独尊儒术"文教政策的确立

公元前140年,汉武帝即位。为谋求政治、经济和文化思想上的大一统,汉武帝多次下令举贤良,以对策的形式选拔优秀知识分子。董仲舒前后三次回答汉武帝的策问,其中的三条建议成为汉武帝时期的三大文教政策。

一是"推明孔氏,抑黜百家"。董仲舒从《春秋》大一统的观点出发,论证了儒家思想在维护封建统治中的地位,在《举贤良对策》中指出:"诸不在六艺之科,孔子之术者,皆绝其

---

① 《史记·梁孝王世家》
② 《史记·儒林列传》

通,勿使并进。邪辟之说灭息,然后统纪可一而法度可明,民知所从矣。"①自确立"独尊儒术"以后,以孔孟为正宗、经董仲舒重新改造过的新儒学上升为国家政策与文化教育的统一指导思想。同时,公元前136年,汉武帝"置五经博士",将诗、书、礼、易、春秋等儒家典籍尊崇为"经",教学目的、内容与教材达成统一,经学教育成为学校教育的主导。"罢黜百家,独尊儒术"的文教政策和统治策略,使儒家思想重新登上历史舞台,成为维护中国封建统治长达两千多年的主导思想。

二是兴太学以养士。为了培养和选拔精通儒经并能"尊王明伦"的治术人才,汉武帝采纳了董仲舒和公孙弘的建议,于元朔五年(前124年)下诏在长安设太学,置博士弟子;同时令郡县察举孝廉秀才,供朝廷选用。"兴太学,置明师,以养天下之士,数考问以尽其材,则英俊宜可得矣。"②即由政府兴办教育,直接掌握教育大权,培养贤才。

三是改革选士制度。董仲舒主张建立选士制度而任贤使能,他指出:"臣愚以为使诸列侯、郡守、二千石各择其吏民之贤者,岁贡各二人以给宿卫,且以观大臣之能;所贡贤者有赏,所贡不肖者有罚。夫如是,诸侯、吏二千石皆尽心于求贤,天下之士可得而官使也……毋以日月为功,实试贤能为上,量材而授官,录德而定位,则廉耻殊路,贤不肖异处矣。"③汉武帝接纳了董仲舒的建议,"令郡国举孝廉各一人";公元前107年,令各州每岁各举"秀才"(东汉时称茂才)一人。从此以后,以"材""德"为标准的察举制度真正开始。汉代的察举科目繁多,大致分为两类,即岁举和特举。岁举,即常科,主要是孝廉、秀才,州举秀才、郡举孝廉;特举,即特科,主要包括贤良方正科、明经科、明法科、童子科等。孝廉、秀才两科是汉代察举的主要科目,每年选举一次。其中,孝廉是最重要的科目,以儒家"孝为立身之本,廉为从政之方"而设立,对社会影响很大,形成了"在家为孝子,出仕做廉吏"的社会风尚。秀才科是对有卓异品行者和突出贡献的官吏进行选拔,侧重于才干方面。明经科主要察举通晓经学之才,童子科主要是选拔15岁以下"博通经典者",学童"能讽书九千字以上,乃能得为史"。

察举利弊

汉代察举制推行近400年,在相当一段时间内起着积极作用,造就了两汉人才辈出、功业大盛的局面,汉代之所以能成为中国古代历史上一个繁荣昌盛的时代,与汉统治者察举得人有密切关系,察举制对汉代的政治、经济和文化教育的繁荣发展有着积极贡献。但是,在历史发展中,察举制也出现了很多问题,逐渐表现出其弊端。

在积极意义方面,主要有:重视人才,"举贤才",改变了选士标准;实行奖惩严明的察举责任制,颁布了健全、严格的察举法规;制定了察举的标准,即德、学、法令、谋

---

① 《汉书·董仲舒传》
② 《汉书·董仲舒传》
③ 《汉书·董仲舒传》

略;荐举和考试相结合,打开了平民从政的大门,重视品行才绩,广开才路,不拘一格;促进了儒家思想的传播和发展。

在消极意义方面,主要有:选举大权为权门势家所把持,多途求贤保持了特权,贿选成风,"拜门奔竞,货赂嘱托";官员察举不力,名实不符,人才流失,"举秀才,不知书;察孝廉,父别居;寒素清白浊如泥,高第良将怯如鸡";重德轻才,使评价带有虚伪性和主观随意性。

四是整理古籍,厘定文字。汉代统治者"大收篇籍,广开献书之路":"汉兴,改秦之败,大收篇籍,广开献书之路。迄孝武时,书缺简脱……于是建藏书之策,置写书之官。下及诸子传说,皆充秘室。"①朝廷还派专人求遗书于天下,很多大儒和官吏都受命终生从事这一浩繁的工作,搜集、缮写、藏书、校订,百年之间出现了"书积如山"的盛况。汉灵帝熹平四年,即公元175年,为统一全国经书的文字体例,政府在太学门前以顾问、篆书和隶书镌刻了石经46块碑,对纠正俗儒的穿凿附会、臆造别字及维护文字的统一发挥了重要作用,同时在汉字字体由隶变楷的过渡中也起了桥梁的作用。此外,"熹平石经"使全国的经学教材得以统一。

三、魏晋南北朝时期的文教政策

魏晋南北朝(220—589),是我国历史上由统一转为分裂和长期战乱的时期,政权更迭频繁,战乱频多。政治格局多元,社会生态紊乱,文化教育事业也遭到重创。虽然学校教育总体衰落,但在文教政策的指导下,这一时期既承袭汉代尊崇儒术之风,又开启唐宋兼用佛道之先,因而这又是一个"继汉开唐"②的时代,在中国教育活动史上留下灿烂的一页。

一是尊孔崇儒。魏晋南北朝时期,虽然政权更替不断,但在文教政策上依然以儒家思想为主导,继承了汉代尊孔崇儒的传统,主要有尊孔读经、重教兴学、重视考课等。在尊孔读经和重视考课方面,魏文帝曹丕初在东宫,常"集诸儒於肃城门内,讲论大义,侃侃无倦"。即位后"又使诸儒撰集经传,随类相从,凡千余篇,号曰皇览"③。两晋时期,崇儒倾向更为明显,晋武帝时期,力主"尊儒尚学",称"夫儒学者,王教之首也",并诏封孔子后代,还发布崇儒兴教诏令,称儒教为"正典"。南北朝时期,通过设孔庙、祭孔、褒奖孔子后裔、在国学设置经学博士、讲经及整理儒经、观石经、重用儒士等举措进一步尊孔崇儒。在重教兴学方面,这一时期,虽然官学数量减少了,但统治者不乏兴学设教的热情。曹操曾发布兴学令:"丧乱已来,十有五年,后生者不见仁义礼让之风,吾甚伤之。其令郡国各修文学,县满五百户置校官,选其乡之俊造而教学之,庶几先王之道不废,而有以益于天下。"④

---

① 《汉书·艺文志》
② 范文澜:《中国通史简编》,北京:人民出版社1965年版,第412页。
③ 《三国志·魏书·文帝纪》
④ 《三国志·魏书·武帝纪》

吴景帝孙休即位后,于永安元年(258年)发布办学诏令,指出"古者建国,教学为先,所以道世治性,为时养器也"①等等。

二是兼重佛老。魏晋南北朝时期,佛教引入、道教兴起,玄学思想传播,影响社会民众的普遍思想,这也成为这一时期文教政策和文教事业发展的重要特色。在推崇佛老方面,三国时期的孙权建立舍利塔,"以始有佛寺,故号建初寺"。东晋时期,晋武帝"立精舍于殿内,引诸沙门以居之"②,甚至是从高僧支昙籥受五戒,"敬以师礼"。南北朝时期,统治者通过建造寺观、重用僧道、讲经说法等方式加以推崇,例如南齐齐高帝萧道成时期,任陶弘景为相,并"引为诸王侍读,除奉朝请",他虽在朱门,但"闭影不交外物,唯以披阅为务。朝仪故事,多所取焉"③等等。在玄学思想方面,玄学主要是《老子》《庄子》《周易》三种学说,玄学思潮的兴起,使士大夫阶层重视清谈之风,三国时期,玄学、清谈之风跃居主流;两晋时期,门阀政治逐渐确立,统治者更是推崇玄学思想;南北朝时期,政权的更迭,加之少数民族政权的建立,民族的多元化和融合是社会发展的趋势,文教政策呈现出多元性,形成了儒释道共同发展的局面。

总而言之,虽然魏晋南北朝时期政治及社会情形十分复杂,但崇儒重教仍是主流,基本上保持了两汉时期以儒治国的传统;同时,佛、道和玄学的兴起与传播,对儒家思想的主流地位产生了冲击。魏晋南北朝时期,佛、道的兼重,是这一时期文教政策和教育事业的重要特色,儒释道共同发展始于该时期,并对隋唐以后的文教政策及学校教育发展产生了深远影响。

第二节 学校教育制度

以武定国的秦王朝,结束了春秋战国以来的纷乱局面,在文化教育上实施专制,强调法治教育。两汉时期,确立了儒学独尊地位,中央官学制度逐步形成,且经学教育活动异常活跃。魏晋南北朝的370年间,中央官学时兴时废,但在建制、教学内容、教学方法以及学校类型上的变革,使得中央官学教育在两汉的基础上又有所发展。

一、秦代的学校教育制度

秦朝时期,中央官学与地方官学、官学教育与社会教育界限模糊。在"以吏为师,以法为教"的文教政策指引下,此时学校教育的内容便是法令,形成了吏师制度和官学博士制度,以培养事君的官吏,维护君主权利的集中与至尊。"学室"乃秦朝在政府机关附设的严格管理弟子学习的场所。《秦律十又八种·内史杂》规定:"令赦史毋从事官府。非史子

---

① 《三国志·吴书·孙休传》
② 《晋书·孝武帝》
③ 李延寿:《南史》卷七十六《陶弘景》

也,毋敢学学室,犯令者有罪。"学室的教师由官府中的各级官吏兼任,以保证法律解释的标准性和权威性。"史子"是学室中的学生,即史的学徒或称弟子,亦称"学僮"。学室以各种政府律令政策作为教学内容,以使"史子"知法守法。

秦朝的官学博士制度是其政治体制和教育制度的重要组成部分,较为完善,具有较为系统的编制,人数70有余。"吏,谓博士也"①,据《汉书·百官公卿表》记载:"博士,秦官。掌通古今,秩比六百石,员多至数十人。"他们正式参与议政、制礼、出使等重要的政治活动,是中央政权的重要组成部分,同时兼任教授弟子之职,传授典章文化,为国家培养吏治人才,由此具有了官学的性质。② 当时博士的职责主要有:掌通古今、待问咨询、议礼议政、编撰故籍、充任吏师教授弟子等。

秦朝的私学教育禁绝于史载,赓续于民间。秦统治者认为私家学派的存在导致思想的纷乱,私学教育内容与"以法为教"的文教政策相悖,不利于维护统治阶级的权威。李斯言:"私学而相与非法教,人闻令下,则各以其学议之,入则心非,出则巷议……如此弗禁,则主势降乎上,党与成乎下,禁之便。"③由此,私学于秦朝禁废。秦朝虽然采取了各种严厉措施取缔私学,但并未禁绝,一些学者隐匿民间,继续从事着私学教育活动,在民间的局部地区,如齐鲁一带仍然存在私人讲学的传统。秦始皇为了加强中央集权,禁锢人们的思想意识,采取了禁私学、焚书坑儒等极端措施,但私学教育活动一直持续着,直至秦末战乱之时,私人教学活动仍然继续传播着儒家学说,具有较强的生命力。

二、汉代的学校教育制度

汉朝统治者在确立了独尊儒术文教政策的同时,也逐步建立起从中央到地方的学校体系与相应的教育行政管理体制。汉朝官学分为中央官学和地方官学两种,私学则有"蒙学"和"精舍"等。汉代的官学和私学都得到了空前的发展,学制系统已初具规模,为以后历代封建王朝的学校教育制度奠定了初步基础。

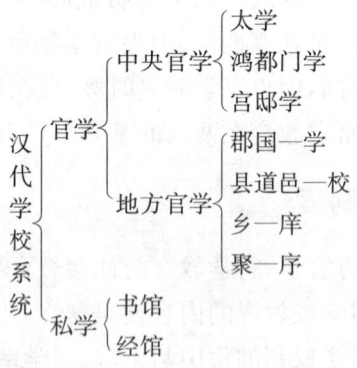

图 3-1 汉代学校系统

---

① 崔适:《史记探原》卷3。
② 曲铁华:《中国教育发展史纲》,长春:东北师范大学出版社2006年版,第30页。
③ 《史记·秦始皇本纪》

(一) 中央官学

汉代的中央官学主要有太学、鸿都门学和宫邸学(亦称"四姓小侯学")。

1. 太学

元朔五年(前124年),汉武帝采纳董仲舒的建议,为博士置弟子,太学正式设立,标志着我国封建社会官立大学制度的确立。太学创设之初,置博士弟子50人,昭帝时太学生增至百人,宣帝时增至200人,元帝时增至千人,成帝时增至3000人,可见当时的太学,规模相当宏大,成为汉代的最高学府。平帝时,王莽辅政,于元始四年(4年)为太学生建筑校舍,能容学生万人,这是我国历史上大规模地建筑大学校舍的开始。东汉时期,光武建武五年(29年)重建太学于洛阳南门外,校内设有内外讲堂,长十丈,宽三丈,门前并有石经四部,太学的规模比西汉时期更大了。东汉中期以后,政治动乱,学校时兴时衰。顺帝时修缮太学,造240房,1850室。太学生来源,除太常所择及郡国选送外,又增加公卿子弟及明经下第两种,太学生人数大增。

(1) 太学的教师和学生。太学的正式教师是博士,其主要职责是"掌教弟子",以教学为主。博士的挑选相当严格,一般由当时深孚众望的博学鸿儒担任。太学的学生称博士弟子,到东汉时简称"太学生"或"诸生"。博士弟子的来源主要有两条途径:一是由太常直接选送,凡年在18岁以上,学行端正的学生,即正式的太学生。二是郡国、县、道、邑选送,标准是"好文学,敬长上,肃政教,顺乡里,出入不悖"①,选拔后送到京都太学,是一种非正式的特别生。

(2) 太学的教学内容和形式。太学的教学内容是单一的儒家经典,设置博士的经学有14家,即"鲁诗""齐诗""韩诗""欧阳书""大夏侯书""小夏侯书""大戴礼""小戴礼""施氏易""孟氏易""梁邱易""京氏易""严氏公羊""颜氏公羊",且都属于今文经学。太学初建时,学生人数较少,大多采用个别或小组教学。此后,随着太学规模的扩大,学生众多而博士有限,因此太学采取了以下几种教学形式:一是会集诸生做大型学术报告,称为"都授";二是遣高徒代为授课,这些精英弟子称为"都讲生";三是聘请兼职教师前来授课,这些人中既有知名儒者,也有官僚集团内的博学之士。此外,太学教学重视师法、家法,这是汉代经学教育的一大特点。师法是从师承关系来说的,讲老师所传之法或先师代代相传的教义;家法则是从学说本身而言的,侧重于传经内容,也就是大家所公认的关于某一部经典的、在不违背师法的前提下而形成的一家之言。

(3) 太学的考试和太学生的出路。太学的考试基本采用"设科射策"的形式。"策"即教师(主考)所出的试题,"射"即以射箭的过程来形象描写学生对试题的理解和回答过程,"科"即教师(主考)用以评定学生成绩的等级标记,从优到劣依次分为甲科、乙科(有时也细分为甲、乙、丙三科或上第、中第、下第等)。根据学生的等级而进行授官,通常甲科(上第)为郎中,乙科(中等)为太子舍人,丙科(下等)为文学掌故。太学考试的年限和设科的

---

① 《汉书·儒林传》

标准有所变更,西汉时期是一年一试,东汉时期基本上两年一试,设科标准则完全以通经多少为依据。

2. 鸿都门学

鸿都门学创设于东汉灵帝光和元年(178年)二月,因校址在洛阳的鸿都门而得名,是中国古代最早,也是世界上最早的一所传授书法绘画艺术的文艺专科学校。鸿都门学的创设,是统治阶级内部斗争的产物,宦官为了培养拥护自己的知识分子、投汉灵帝所好而创设,鸿都门学讲究辞赋、小说、绘画、书法等,意在对抗太学的经学。

> **鸿都门学**
>
> 鸿都门学的学生由州、郡、三公择"能为尺牍、辞赋,及工书鸟篆者"举送,开设辞赋、小说、尺牍、字画等课程,专习辞赋书画,"意在用文学艺术来对抗太学的腐朽经学"。由于部分诸生出身寒微,被蔡邕讥之为"有类俳优",杨赐斥之为"群小",阳球嗤之为"皆出于微蔑,斗筲小人",而最高统治者却能"待以不次之位","出为刺史、太守,入为尚书、侍中,乃有封侯赐爵者"。这是因为鸿都门学是东汉中后期外戚和宦官斗争的产物,宦官为了壮大势力以维护自己的统治,对鸿都门学的学生特别优待,他们入学后享有俸禄,相当于正式吏员;毕业后,多给予高官厚禄,或出任地方最高长官刺史、太守,或在朝廷中枢部门任职,甚至封侯赐爵。例如,乐松曾历任侍中、侍中祭酒、奉车都尉等职;"郄俭、梁鹄……各受丰爵不次之宠"。鸿都门学一时非常兴盛,曾招"至千人焉"。光和元年(178年)十二月,为了提高鸿都门学的地位,灵帝甚至"诏敕中尚方为鸿都文学乐松、江览等三十二人图象立赞,以劝学者"。①

3. 宫邸学

汉代的宫邸学有两种:一是专为皇室及贵族子弟、外戚集团而开设的贵胄学校,即创始于东汉明帝的"四姓小侯学"。明帝"崇尚儒学,自皇太子、诸王侯及大臣子弟、功臣子弟,莫不受经。又为外戚樊氏、郭氏、阴氏、马氏诸子立学于南宫,号'四姓小侯',置五经师"②。其教学内容以《孝经》为主,辅以《尚书》等儒学内容,是外戚享有教育特权的体现,也是加强皇权的需要。二是汉安帝时期临朝施政的邓太后所设立的宫廷贵胄学校,诏征"济北、河间王子男女年五岁以上四十余人,又邓氏近亲子孙三十余人"③入学,勉励弟子"上述祖考休烈"。此外,中央官学中还设有以宫人为教育对象的宫廷学校,属于专门教授宫人经书、天文、算学等知识的贵族专门学校。

---

① 赵国权:《中国教育活动通史》(第二卷),济南:山东教育出版社2017年版,第110页。
② 《后汉书·明帝纪》
③ 《后汉书·邓皇后纪》

(二)地方官学

两汉时期的地方官学都称之为郡国学,肇端于"文翁兴学"。汉景帝时期,蜀郡太守文翁到成都后,感于蜀地地方偏僻、文化落后,便选择属下聪颖吏员10余人,到京都向博士学习,学成后回蜀郡,授予官职。同时,文翁还在成都设立学宫。汉武帝时期,着力兴办太学,对于地方教育关注甚少,致使地方官学并不发达。平帝元始三年,朝廷才颁布地方官学制度,"郡国曰学,县、道、邑、侯国曰校。校、学置经师一人。乡曰庠,聚曰序。序、庠置《孝经》师一人"①。可见,地方官学分为四级,即学、校、庠、序,建制齐备。东汉时期,儒风流化,从皇帝到县邑小吏,均为习经儒者,因而对于修缮学宫、提倡兴学较为重视,由此郡国学校得以普遍建立,出现了"四海之内,学校如林,庠序盈门"②的盛况,掀起兴办地方官学的高潮。然而,两汉时期,地方官学尚处于初创阶段,朝廷除了发布几道诏令予以提倡外,很少过问,正如毛礼锐等所言:"汉代地方官学的主要任务在于奖进礼乐,推广教化,不是像我们今天所理解的那种进行经常性教学的学校。它没有正规的课程设置,有的学官只有在一年的某些时节召集一些知识分子讲经,也有些知识青年常常自动地、个别地到学官那里问业。地方官学对中央官学并没有从属的关系,师资也较差。所以从严格意义上说,汉代的学校并没有形成一个真正的系统,却为后代学校制度的进一步发展,奠定了初步基础。"③

(三)私学

汉初百废待兴,学校教育亦无暇顾及,所谓"喟然兴于学。然尚有干戈,平定四海,亦未皇庠序之事也"④。由此,汉统治者解除私学禁令,鼓励民间兴办私学。秦时隐匿于民间的儒生学者及其门人弟子,纷纷开办私学讲经授徒,私学得到快速发展。总体而言,两汉时期私学发展较为兴盛。

汉代私学的学生,分为著录弟子与及门弟子两种。所谓"著录弟子",即在名儒学者门下著其名,不必亲来受业,所以著录弟子能多至万人。"及门弟子"是直接跟随老师受教的,往往有数百或上千人,经常采用弟子转相传授的教学方法。如汉代大儒马融,"门徒四百余人,升堂进者五十余生,乃使商业弟子,以次相传,鲜有入其室者"⑤。

汉代私学教育一般包括蒙学教育、专经准备和专经深造三个层次。蒙学阶段以习字书为主,教育场所主要是书馆,教师称为"书师",书馆有两种类型,一种是"书师"以家室为授课场所,另一种是富贵人家聘"书师"前来执教,本家或本族学童在家受教,也叫"家馆"。蒙学阶段所学内容多为《仓颉篇》《博学篇》《凡将篇》《急就篇》《元尚篇》等识字、习字教材,

---

① 《汉书·平帝纪》
② 范晔:《后汉书》卷40《班彪传附子固传》,引班固《东都赋》。
③ 毛礼锐,邵鹤亭,瞿菊农:《中国古代教育史》,北京:人民教育出版社1979年版,第189页。
④ 《汉书·儒林传》
⑤ 《后汉书·马融传》

通称"字书"。专经准备阶段的教育场所为乡塾,教师称为塾师,教育内容以《论语》《孝经》为主,同时进行道德和立志教育,这一阶段是为专经阶段的学习奠定基础。专经深造阶段,学生一般选择当时的儒学大家进行专经学习与研究,为进入仕途做准备。东汉时期专经深造阶段的私人教学规模扩大,名师辈出,逐渐形成了稳定的教学组织形式,讲学场所多命名为"精舍"或"精庐",这种教育组织形式为后世书院的产生及其教学特点的形成奠定了基础。

三、魏晋南北朝的学校教育制度

魏晋南北朝时期,政局动荡,国祚短暂,安定与统一的时间极为短暂。此时的学校教育,因朝代更迭频繁而时兴时废,在战乱中求生存,在生存中求发展。受此影响,魏晋南北朝的学校教育废置无常,似断又续,但也使得这一时期的学校设置和制度建设呈现出一些新的态势。由此,魏晋南北朝处于汉唐学校教育发展高峰期的夹缝之中,承前启后,继汉开唐。

(一) 五经课试法

魏文帝曹丕即位后,将兴修太学作为一项重要事业。尤其是在黄初五年(224年)四月,不仅"立太学",还令刘劭参照东汉左雄的考课法,为太学设计制定了"五经课试法",规定:初入学者为"门人"(预备生),学满两年考试并能通一经者为"弟子"(正式学生),不通罢遣;"弟子"继续在太学攻读经文,每二年或三年增通一经,即予以考试。通二经者,可补文学掌故的官缺,未能通过考试者,可随下班补考,补考通过二经者,亦得为文学掌故;文学掌故满两年并能通三经者,擢其高第为太子舍人,不得第者,也随下次复试,复试通过者亦为太子舍人;太子舍人学两年并通过四经考试者,擢其高第为郎中,未及格者并听再试,试通亦叙用①。这项法令,规定了太学生的学习内容;定期考试制度,便于区分学生的学业程度;同时还安排了仕进的阶梯,将育才与选才合二为一,将求学与入仕联系在一起,对于太学的稳定和发展起到了一定积极的作用。

(二) 九品中正制

魏晋南北朝时期,由于门阀士族集团的兴起,士族地主把持政权,以门阀的高低分配政治权利,排斥普通民众和庶族地主知识分子,形成了具有浓重贵族色彩的选士制度,即"九品中正制"。"九品中正制"创立于曹魏时期,220年,曹丕即位后采纳吏部尚书陈群的建议,实行"九品中正制"。

"九品中正制"的主要内容是郡邑设小中正,州设大中正,由司徒选择"贤有识鉴"的现任中央官员兼任,并规定中正必须是本地人,以便于真实了解当地士人情况,且必须是德充才盛者。中正官负责查访与之同籍的士人,了解其家世源流,整理其现实的德才表现,并做出简明扼要的评价。中正官提供的材料主要由"品"和"状"两部分组成,"家世"为

---

① 杜佑:《通典》卷五十三《礼十三》。

"品","德才"称"状",中正官注明士人"品状"后而评定其等第,等第共分九种,即上上、上中、上下、中上、中中、中下、下上、下中、下下。中正将所掌握的士人的品状造成表册,定期交给司徒,以供吏部选拔人才之用,吏部根据品位分别授以与之相符的官位。一般来说,品第越高,授予的官职越大。

"九品中正制"创立之初,评议人物的标准是家世、道德和才能,"盖以论人才优劣,非谓世族高卑"①,品第人物以才德为主要依据,而不仅仅关注门第家世,在一定程度上扭转了两汉以来选士制度的弊端,对门生故吏结党营私的风气有所纠正,中央对选举大权的控制得到加强,国家确实选拔了一些优秀人才。但是,随着世家大族势力的扩大,把持了中正之职,品第士人的标准渐渐出现忽略德行、突出门第的倾向,出现了"上品无寒门,下品无势族"②,"公门有公,卿门有卿"③的局面,影响了人们的学习积极性和教育的发展。

(三) 西晋创设国子学

西晋以前,魏国曾立过太学,魏文帝于黄初五年(224年)于洛阳正式恢复太学,学制仍沿用汉代旧制。此时,在统治阶级内部形成了一个特权阶层即门阀贵族,为显示门第优越,区分士庶之别,咸宁二年(276年),晋武帝下令设立国子学,在太学之外又设国子学,"定置国子祭酒、博士各一人,助教十五人,以教生徒"④。惠帝元康三年(293年),明确规定官至五品以上的弟子许入国子学,而太学则成为六品以下子弟的求学之所。这是我国古代于太学之外专为士族子弟另设国子学之始,也是门阀世族阶层所享有的政治特权在学校教育制度上的反映。这种国子学与太学的分立,使中央官学在办理上突破了太学的单一模式,转换为国子学和太学并立的双轨精英教育模式,直接影响了南北朝以后的学校教育制度。

(四) 北魏建立郡国学校制度

北魏由于政局相对稳定,因此学校教育也相对发达。北魏重经学,设有国子学、太学,创立四门小学,又开皇亲之学。在地方普遍建立郡国学校教育制度为北魏首创,也是中国历史上地方官学制度建立的开始。相州刺史李訢亦上疏请求,仿效前朝"于州郡治所各立学官,使士望之流、冠冕之胄,就而受业,庶必有成。其经艺通明者,贡之王府"⑤。献文帝便命当时在朝廷参决大政的高允召集中书省、秘书省大臣商议制定具体实施方案,高允在上表中根据各地实施情况,规定了教职生员人数,提出"大郡立博士二人、助教四人、学生一百人,次郡博士二人、助教二人、学生八十人,中郡立博士一人、助教二人、学生六十人,下郡立博士一人、助教一人、学生四十人"⑥。同时还规定了博士和助教的资格为"博

---

① 《宋书·恩幸传序》
② 《晋书·刘毅传》
③ 《晋书·王沉传》
④ 《晋书·职官志》
⑤ 《魏书·李訢传》
⑥ 《魏书·高允传》

士取博关经典,世履忠清,堪为人师者,年限四十以上。助教亦与博士同,年限三十以上。若道业夙成,才任教授,不拘年齿"。学生的资格为"郡中清望,人行修谨,堪循名教者",但又要"先尽高门,次及中第"①。献文帝诏从之,于是年九月诏立乡学,这是北魏为州郡立学所订的第一个学令。在中国古代,由朝廷颁行这样的地方官学学制也是第一次。故学者有称"郡国立学,自此始也"②。

(五)专科学校的萌芽

专科学校即以专业或学科而设置的官学,魏晋南北朝时首开一系列专科学校。主要如下:

在律学方面,三国魏明帝时办理有崇文馆和律学,卫觊奏请置律博士,教授刑律,招收律学弟子员,这是我国古代法律专科学校的开始。后秦姚兴在长安设律学,召集各郡县没有任专职的官员学习,选成绩优良的回到郡县任狱讼官。南朝梁武帝天监四年(505年)也增设"律博士",设置律学专门学校。魏以后的西晋、东晋、宋、齐、梁、陈、北魏、北齐、北周均设有律博士,此皆发源于魏。

在书学方面,西晋武帝时立"书博士",设弟子员,教习书法,"立书博士,置弟子教习,以钟、胡为法"③,书博士"掌教文武官八品以下及庶人子之为生者,以石经、说文、字林为专业。余字书,亦兼习之。石经三体书,限三年业成,说文二年,字林一年"④,这是我国古代书法专科学校的开始。

在医学方面,刘宋时官方首开医学教育,据《唐六典》卷十四《太常寺》"医博士"条下注的记载,确证实刘宋医学教育的存在,称"宋元嘉二十年,太医令秦承祖奏医学,以广教授"。可见,在宋文帝元嘉二十年(443年)就已设置医学,开医学专科人才培养之先例。

同时,魏晋南北朝时期还设置了"四馆"和"总明观"。关于"四馆",南朝宋文帝元嘉十五年(438年)开办了儒、玄、史、文四个学馆,即专门研究儒经的"儒学"、研究佛老的"玄学"、研究历史的"史学"、研究词章的"文学"。宋文帝使儒学与玄学、史学、文学并立之举,打破了两汉以来儒学独尊的局面,被后世称之为分科教育的开始。关于"总明观",泰始六年(470年),宋明帝鉴于国学为战争所废,诏令立总明观(又称东观),置祭酒,设儒、道、文、史四科(亦有儒、道、文、史、阴阳五科之说,阴阳科后因无人而废),总明观近似综合性质的大学和研究院,于公元485年废止。

魏晋南北朝时期的专科学校虽然存在的时间不长、未形成完备的制度,但这种分科的教学制度,突破了儒学独尊的藩篱,扩大了国家的办学形式,对隋唐时期的专科学校发展是有直接影响的,也可以说这是后代分科大学的开端。

---

① 《魏书·高允传》
② 《魏书·高允传》
③ 《晋书·荀勖传》
④ 《大唐六典·国子监》

(六) 私学和家庭教育的发展

魏晋南北朝时期政局紊乱,日渐衰退,复杂多变的政局使得统治者无暇顾及教育,已有的教育政策也难以延续,官学教育衰败的同时,私学开始兴盛,这一时期的私学教育活动生机勃勃。私学教育则借机应运而生,不少不慕名利、绝意仕途的知识分子或设学于乡里,或执教于都市,或讲学于山林,或隐匿于寺庙、道观,私学教育活动异彩纷呈,在一定程度上推动了魏晋南北朝时期私学教育的发展,为各个政权特别是各少数民族政权培养了大批精通儒家经典的治术人才。例如魏国的隗禧"就之学者甚多"①,蜀国的向朗"潜心典籍,孜孜不倦……开门接宾,诱纳后进,但讲论古义,不干时事,以是见称。上自执政,下及童冠,皆敬重焉"②。

这一时期的童蒙读物也有所发展。梁武帝时,周兴嗣所撰的《千字文》,拓取王羲之遗书不同的字一千个,编为四言韵语,以"天地玄黄,宇宙洪荒"开头,依次叙述有关天文、博物、历史、人伦、教育、生活等方面的知识,是以识字教育为主,兼有封建思想教育和常识教育的综合性课本。

这一时期的宗族和家庭教育也有所发展,帝王本身重视家教,门阀士族家教繁荣,家教思想也较为活跃。嵇康、诸葛亮、王肃、王羲之、陶渊明、王僧虔、徐勉等名士硕儒,都试图以自己的学识和人生观教育影响子弟,留下了许多值得重视的教育思想。颜之推的《颜氏家训》深刻总结了当时的教子经验,集各种家教思想之大成,第一次形成了系统的家庭教育思想,并创造了"家训体"这一家教文献形式,在中国古代家庭教育史上具有划时代意义。

第三节 董仲舒的教育思想

董仲舒(前179—前104),广川(今河北景县)人,是西汉最著名的儒家学者,有"汉代孔子"之称。他自幼对《公羊春秋》与《易经》有特别研究,学识渊博。汉景帝时曾任博士,汉武帝即位后,他接受汉武帝的策问,得到赏识,先后担任江都王刘非和胶西王刘瑞的国相。公元前121年,去职居家,潜心著书讲学。他的教育思想主要体现在《春秋繁露》和《汉书·董仲舒传》中的《举贤良对策》里。

一、论三大文教政策

汉初统治者以"黄老之学"而实施"无为"政治,虽然给了人民休养生息的机会,但也导致了种种社会矛盾。逮至汉武帝即位,面对种种社会矛盾和弊端,奉行何种政策必须有所

---

① 《三国志·魏书·钟繇华歆王朗传》
② 《三国志·蜀书·霍王向张杨费传》

抉择。针对汉武帝的策问,董仲舒为适应谋求封建大一统的政治需要,以儒家学说为基础,提倡"任德教",发挥礼乐教化的作用,施行德治。对此,董仲舒指出:

> 凡以教化不立而万民不正也。夫万民之从利也,如水之走下,不以教化堤防之,不能止也。是故教化立而奸邪皆止者,其堤防完也;教化废而奸邪并出,刑罚不能胜者,其堤防坏也。古之王者明于此,是故南面而治天下,莫不以教化为大务。立太学以教于国,设庠序以化于邑,渐民以仁,摩民以谊,节民以礼,故其刑罚甚轻而禁不犯者,教化行而习俗美也。①

董仲舒呼吁统治者行礼乐、重教化、任德教,并在《举贤良对策》中具体设计了三大文教政策,为汉武帝时期及以后文教政策的确定、学校教育制度和选士制度的形成奠定了重要基础。

(一) 兴太学以养士

汉武帝在策问中指出自己"尽思极神,功烈休德未始云获也"。对此,董仲舒认为,这是没有贤才辅佐的结果。针对当时人才不足的情况,他建议汉武帝不但要"求贤",而且更重要的是要"养士"。他指出:"夫不素养士而欲求贤,譬犹不琢玉而求文采也。故养士之大者,莫大乎太学;太学者,贤士之所关也,教化之本原也。今以一郡一国之众,对亡应书者,是王道往往而绝也。臣愿陛下兴太学,置明师,以养天下之士,数考问以尽其材,则英俊宜可得矣。"②董仲舒针对人才问题,从维护封建大一统的立场出发,提出"兴太学以养士"的政策,将太学视为人才培养和推行教化的场所与手段。

(二) 重选举以取士

针对当时人才选拔和使用不当的现象,董仲舒提出要改革选士制度,建议由各级官员选拔人才。对此,他说:"臣愚以为使诸列侯、郡守、二千石,各择其吏民之贤者,岁贡各二人,以给宿卫,且以观大臣之能;所贡贤者有赏,所贡不肖者有罚。夫如是,诸侯、吏、二千石皆尽心于求贤,天下之士可得而官使也。遍得天下之贤人,则三王之盛易为,而尧、舜之名可及也。毋以日月为功,实试贤能为上,量材而授官,录德而定位,则廉耻殊路,贤不肖异处矣。"③

(三) 罢黜百家,独尊儒术

针对当时"师异道,人异论,百家殊方,指意不同"的学术混乱局面,为实现文化、思想领域的"大一统",董仲舒主张将思想文化的统一建立在儒家学说的基础上。他从《春秋》

---

① 《汉书·董仲舒传》
② 《汉书·董仲舒传》
③ 《汉书·董仲舒传》

大一统的观点出发,"《春秋》大一统者,天地之常经,古今之通谊也",提出罢黜百家、独尊儒术的主张,建议"诸不在六艺之科,孔子之术者,皆绝其道,勿使并进",如此才可以收到"邪辟之说灭息,然后统纪可一而法度可明,民知所从矣"之效果。

董仲舒提出的三大文教政策,均被汉武帝所采纳,儒家思想作为封建社会的主流思想正式登上历史舞台,他的文教政策思想对整个封建社会历朝历代的文教政策产生了深远影响。

二、论教育作用

董仲舒以儒家思想为理论基础,从教育对人性的作用和对社会的作用两个方面对教育作用进行了论述。

(一) 教育对人性的作用

董仲舒继承了先秦儒家通过人的本性来说明教育的重要性和必要性的思想。在人性论问题上,他调和了孟子的"性善论"和荀子的"性恶论",将人性进行了神学化,将"性"界定为"生之自然之资",认为人性是"天"创造人类时所赋予的一种先验的素质,这种素质具有善的可能性,也具有恶的可能性。人的先天善质只是提供了成为善的潜在可能和内在依据,必须通过人为的教育,才能使它变为善的现实:"今万民之性,待外教然后能善,善当与教,不当与性。""性如茧如卵。卵待复而为雏,茧待缲而为丝,性待教而为善。"①正因为"性待教而为善",所以"为之立王以善之,此天意也"。

董仲舒还明确地提出了"性三品"说。他把人性分为"圣人之性""中民之性"与"斗筲之性"。所谓上品的"圣人之性",是天生的"过善"之性,这种"过善"之性是其他人先天不可能、后天又不可及的,这指的是封建帝王以及周公孔子一类人物,天委派他们制礼乐、立法度,统治教化万民。他把封建帝王说成是"过善"之性,这与他维护绝对王权的威信、加强中央集权制的思想是一脉相通的。所谓下品的"斗筲之性",谈不上有什么"善质",生来就是"恶"的,近于禽兽,教化无用,只能采用刑法对付他们。"中民之性"代表万民之性,方可"名性"。"中民之性"就是"有善质而未能善",只有通过王者的教化才能成"善",但不可以教化成为圣人。这部分人是当时政治和经济制度赖以存在的支柱,也是主要的教育对象,他把这部分人说成是"待王教而后善",目的是要为"任德教而不任刑罚"的治术主张提供人性论的依据。

(二) 教育对社会的作用

董仲舒鉴于秦王朝对于人民实行"严刑峻法"而迅速被推翻的历史教训,继承了儒家重德教、施仁政的治国思想,主张实行"德教",将教育视为实行德政的重要手段。他指出:

> 凡以教化不立而万民不正也。夫万民之从利也,如水之走下,不以教化堤防

---

① 《春秋繁露·深察名号》

之,不能止也。是故教化立而奸邪皆止者,其堤防完也;教化废而奸邪并出,刑罚不能胜者,其堤防坏也。古之王者明于此,是故南面而治天下,莫不以教化为大务。立太学以教于国,设庠序以化于邑,渐民以仁,摩民以谊,节民以礼,故其刑罚甚轻而禁不犯者,教化行而习俗美也。①

董仲舒重视礼乐教化对国家统治的作用,认为政治上首要的事情就是"德教",王者最重要的任务就是教化。他重视教育的社会作用,就是要用"三纲五常"的封建道德,对人民加强思想统治,化正风俗,提高人民的文化素养和道德自觉,使他们"从义向善,远利止恶",达到"变民风,化民俗""万民正"的目的。

三、论道德教育

在董仲舒的社会政治理想中,虽然主张德刑并用,但他更强调道德教化是根本,刑法只是治国的辅助手段,道德教育居于核心地位。"教,政之本也;狱,政之末也。"②

(一) 以"三纲五常"为核心的道德教育内容

"三纲五常"是董仲舒伦理思想体系的核心,也是董仲舒道德教育的核心内容。所谓"三纲",是指"君为臣纲、父为子纲、夫为妻纲"。董仲舒虽非第一个提出"三纲"的人,但他对"三纲"的合理性做了系统的辩护,并使之产生了深刻的影响,此后,臣忠、子孝、妻顺成为封建社会中最基本的伦理规范。

与"三纲"相配合的是"五常",即"仁、义、礼、智、信"。"五常"之说也早已提出,但董氏把它提升为与"三纲"并列的地位并做了重要的发挥。"三纲"是基本准则,"五常"是个体的道德观念。"三纲"与"五常"结合而形成了纲常体系,成为中国封建社会道德教育的核心内容。

(二) 道德教育的原则与方法

1. "以仁安人,以义正我"

董仲舒指出:"仁之法在爱人,不在爱我;义之法在正我,不在正人。"③他认为,在道德教育中,首先应注重自身修养的提高,"仁"侧重于宽以待人,"义"侧重于严以律己,"治我"要严,待人要宽,"躬自厚而薄责于外"。

2. "强勉行道"

他说:"强勉行道,则德日起而大有功。"意思是说,奋勉地努力进行道德修养,德性就一天比一天好,而且越发成功。他还强调"尽小慎微",采取"众少成多,积小致巨""渐以致

---

① 《汉书·董仲舒传》
② 《春秋繁露·为人者天》
③ 《春秋繁露·仁义法》

之""集善累德"的方法。

3. 重义轻利

董仲舒认为,道德教育的焦点在于分清"义"与"利":"天之生人也,使人生义与利。利以养其体,义以养其心。心不得义不能乐,体不得利不能安。义者,心之养也;利者,体之养也。体莫贵于心,故养莫重于义,义之养生人大于利。"①"利"满足人们的生理需求,而"义"则满足人们的心灵精神上的追求,二者本不可或缺,但对道义的追求应该高于对个人利益的追求。"正其谊不谋其利,明其道不计其功"是董仲舒对于这一道德原则的高度概括。

4. "必仁且智"

董仲舒在道德教育中还创造性地提出了"必仁且智"的原则,主张德育与智育的结合。他说,"莫近乎仁,莫急乎智……仁而不智,则爱而不别也。智而不仁,则知而不为也"②,既包含了德育与智育兼求的主张,也突出强调了道德修养过程中道德认知与道德情感的统一、以智求德的要求。

四、论教学方法

董仲舒重视教学,注重传授儒家经典,主张以"六经"培养人才。在他看来,"六经"各有所长,所发挥的作用也不同:"《诗》道志,故长于质;《礼》制节,故长于文;《乐》咏德,故长于风;《书》著功,故长于事;《易》本天地,故长于数;《春秋》正是非,故长于治人。"③因此,学者要"兼其所长",不可"偏举其详"。

(一) 善教圣化

他认为优秀的教师必须遵循"圣化"的原则,即"善为师者,既美其道,有慎其行,齐时早晚,任多少,适疾徐;造而勿趋,稽而勿苦;省其所为,而成其所湛,故力不劳而身大成。此之谓圣化,吾取之。"④他从要求教师以身作则开始,进而论及教学应该适时,注意受教育者的才性特长,注意从容引导,不急不缓。

(二) 强勉学问

他说:"事在强勉而已矣,强勉学问,则闻见博而知益明。"⑤他认为,为学贵在强勉努力,刻苦钻研,无论是治学还是修德,都要发挥"强勉"的精神,如此才能达到"博"与"明"的境地。

---

① 《春秋繁露·身之养莫重于义》
② 《春秋繁露·必仁且智》
③ 《春秋繁露·玉杯》
④ 《春秋繁露·玉杯》
⑤ 《汉书·董仲舒传》

(三) 节博合宜

他认为教学与学习要注意处理好"节"与"博"的关系,对于学生学习知识的范围,不能"太博",也不能"太节":"太节则知暗,太博则业厌。"①"太博"或者"太节",都会带来学习上的损失,应该节博合宜、节博结合、循序渐进。

(四) 专一虚静

他认为学习必须专心一致,始终好善求义,才能知"天道"。"目不能二视,耳不能二听,手不能二事。一手画方,一手画圆,莫能成……人孰无善? 善不一,故不足以立身。"②他认为要真正深入悟解,体会精微,必须专心致志、虚心沉静。他说:"夫欲致精者,必须静其形……形静志虚者,精气之所趋也。"③即学习时要头脑冷静,专心致志,虚心以求,学习才能达到致精的程度。

第四节 王充的教育思想

王充(约27—约100),字仲任,浙江上虞人,东汉杰出的唯物主义思想家和教育家。王充具有强烈的批判精神,不屈从于任何学术权威,对当时的谶纬神学和僵化教条的经学教育进行了深刻批判。王充著述很多,现存的只有《论衡》一书,是一部不朽的无神论著作,其宗旨是"铨轻重之言,立真伪之平"。后世学者对王充及其《论衡》评价颇高,有人将王充、王符和仲长统三人誉为"汉世三杰"。梁启超在《中国近三百年学术史》中称"王充《论衡》实汉代批评哲学第一奇书",钱穆则视之为"开魏晋新思想之先河"。

一、论人性与教育作用

王充从唯物主义观点出发,对人性进行了充分论述,论证和揭示了人性与教育、环境的关系,肯定了教育、环境对人的发展所具有的作用。

在人性论问题上,王充认为人性有善有恶。他指出:"论人之性,定有善有恶","人之性,善可变为恶,恶可变为善"。在他看来,人性之善恶主要是"禀气"不同所致,"禀气有厚薄,故性有善恶……人之善恶,共一元气,气有少多,故性有贤愚"④。王充的人性论也是属于性三品说,他把人性分为上、中、下三种,即有生来就善的人,是中人以上的人;有生来就恶的人,是中人以下的人;有无善无恶,或善恶混的人,是中人。王充认为,绝大多数人

---

① 《春秋繁露·玉杯》
② 《春秋繁露·天道无二》
③ 《春秋繁露·通国身》
④ 《论衡·率性》

属于中人之性,人性的善恶可变,教育对人性的发展具有重要作用。他指出"在化不在性","其善者,固自善矣,其恶者,故可教告率勉,使之为善","善则养育劝率,无令近恶,近恶则辅保禁防,令渐于善"①。也就是说,人性的善恶之变,重要的是教育,只要有适当的教育,没有不可改变、不可教育之人,即使生来就恶的人,也可以通过教育使之变为善。教育的作用就在于"变异故质","尽材成德"。

王充认为环境对人的影响极大,充分肯定了环境对人性发展的重要影响。"蓬生麻间,不扶自直;白纱入缁,不练自黑。彼蓬之性不直,纱之质不黑,麻扶缁染,使之直黑。夫人之性犹蓬纱也,在所渐染而善恶变矣。"②他以麻蓬、白纱为例,认为人的本性和麻蓬、白纱一样,由于所处环境的不同而导致其质性的变化,以形象的比喻强调了环境对人的发展所具有的作用。

从教育的社会作用来看,王充注重教育的去邪归正、移风易俗作用,"能使不良为良";同时,他也认识到教育在社会作用发挥过程中的长效性,"事或无益而益者须之,无效而效者待之"③。此外,王充也承认"有教而不善者"之存在,指出要"学校勉其前,法禁防其后",即既要发挥教育的作用,同时也要发挥刑法的禁防作用。就此来说,王充并未陷入教育万能论的窠臼,而是认为国家、社会的稳定发展,需要教育、法律的有效结合。

二、论教育目标

王充出身微贱,一生怀才不遇,因此对当时的人才选拔和任用制度的不合理现象深有感触。针对时人对儒生和文吏的争论,王充认为"二者长短,各有所宜",并指出"儒生治本,文吏理末,道本与事末比,定尊卑之高下,可得程矣",但是当时的世俗学问导致"儒者寂于空室,文吏哗于朝堂"。④ 因此,王充认为儒士优于文吏,"吏事易知而经学难见"⑤,他对"不能言事"而又"空虚无德"的文吏较为反感,这类人一旦居官,只会阿谀奉承和巧取豪夺以满足个人私欲,并结党营私,把持政权,真正德才兼备的儒士却被排斥在官场之外,"儒生无阅阀,所能不能任剧,故陋于选举,伏于朝廷"⑥。

王充从社会现实出发,针对培养人才的要求和标准,把人才分为四等,即儒生、通人、文人和鸿儒。他指出:"能说一经者为儒生;博览古今者为通人;采掇传书,以上书奏记者为文人;能精思著文,连结篇章者为鸿儒。故儒生过俗人,通人胜儒生,文人逾通人,鸿儒超文人。故夫鸿儒,所谓超之又超者也。"⑦可见,他的培养目标:第一是"鸿儒",因为"鸿儒"能独立思考、著书立说,具有创造性的理论思维能力,善于实践、敢于创新;第二是"文人",知识渊博,掌古论今,能把各种知识融会贯通,且能从事政治工作;第三是"通人",能

---

① 《论衡·率性》
② 《论衡·率性》
③ 《论衡·非韩》
④ 《论衡·程材》
⑤ 《论衡·程材》
⑥ 《论衡·程材》
⑦ 《论衡·超奇》

博览古今，但不能将知识运用于社会实践，缺乏理论思维能力；第四是"儒生"，仅有一部分知识，只比俗人稍高明一点，既不能"尽才"，又不能"成德"。总体而言，王充将培养"文人"和"鸿儒"作为教育目标，也就是把杰出的政治人才和学术人才作为教育的最高目标，这种培养创造性人才的理念是很有见地和针对性的。在中国教育史上，王充首次明确地提出教育应培养创造性的学术理论人才，是具有开创意义的。

三、论学习

王充主张"博通百家"的教学内容，强调人要善于学习，"其于道术，无所不包"①。对于学习，针对当时的不良学风，王充提出了独特的学习思想。

（一）"学之乃知，不问不识"

王充从唯物主义认识论出发，反对生而知之和知识的先验论，认为"知物由学，学之乃知，不问不识"②。他说，"天地之间，含血之类，无生知者"③，他反对那种认为圣人能前知千岁、后知万世的说法，认为"不学自知，不问自晓"的事是古今所没有的，人需要通过后天的学习获取知识。同时，在他看来，"闻见"是圣人积累知识经验的重要手段，是知识来源的重要途径，"如无闻见，则无所状"④，因此需要时时留心周围的事物而积累生活经验，同时也要通过书本等间接途径学习间接知识。

（二）"见闻为""开心意"与效验

王充在学习思想中，既重视感性知识的学习，又注重理性知识的深化，并主张以"有效""有证"来检验和衡量知识。

所谓"见闻为"，即感性知识。就是说，学习过程中首先要依靠耳闻、目见、口问、手做，去直接接触客观事物，这是认识的最根本的条件。他在《实知》篇中说："不目见口问，不能尽知也。"在《程材》篇中又说："齐部世刺绣，恒女无不能；襄邑俗织锦，钝妇无不巧。日见之，日为之，手狎也。"他认为不与外界事物相接触，就不能学得知识。

所谓"开心意"，即理性知识。就是说，学习不能停留在"见闻为"的感性认识阶段，王充认为只凭耳目，只能得到片面的、不完整的或不完全正确的知识，因此必须把感性知识加以深化提高。他说，"故是非者，不徒耳目，必开心意"⑤，即"铨订于内，以心意议"。这就是要求学习时要辨别真伪虚实，开动脑筋，进行理性思考而有独立见解，这样才能"知一通二，达左见右"⑥，分清是非，判定真假，"订其真伪，辩其虚实"⑦。

---

① 《论衡·知实》
② 《论衡·实知》
③ 《论衡·实知》
④ 《论衡·知实》
⑤ 《论衡·薄葬》
⑥ 《论衡·实知》
⑦ 《论衡·对作》

"效验"是指要对知识和认识的正确性进行衡量和验证,其标准是"有效"和"有证"。"事莫明于有效,论莫定于有证。"①"有效"就是认识与客观事实相符合,"有证"就是有确实的证据。王充的"效验"就是以实际效果检查知识真伪的论证功夫,要求做到"事有证验,以效实然"。他说:"凡论事者,违实不引效验,则虽甘义繁说,众不见信。"②这就是说,认识和理论必须符合客观事实,必须通过实际效果的检验,凡是符合事实效果的就是正确的,否则就是错误的。违背事实效果的思想理论,即使说得再好听再动人,也是不能令人相信的。"效验"的方法是"引物事以验其言行"③,即引用实际事物证实他的言论行动。

(三)问难与距师

在学习态度上,王充反对当时儒生喜好"褒古毁今""信师是古"的学习态度。因此,王充有针对性地提出"问难",并进而提出"距师"。"问难"即"师弟子相诘难",主张通过激烈辩论调动师生的思维积极性,促进师生双方的共同进步,使学生对所学内容领会更深,教师能够推陈出新,从而使学术"激而深切,触而箸明"④。"距师"即不可一味地盲从教师,而要打破唯师是从、唯书是从的心理,能够且敢于抗拒教师不正确的观点,"凡学问之法,不为无才,难于距师,核道实义,证定是非也"。他主张破除对教师、对古人的迷信,敢于问难求解,即使对孔子、孟子之言也不可盲从,"苟有不晓解之问,追难孔子,何伤于义?诚有传圣业之知,伐孔子之说,何逆于理?"⑤这种提倡独立思考,反对盲从和迷信权威、批判创新的治学精神,在一定程度上起着思想解放的作用。

第五节 颜之推的教育思想

颜之推(531—约595),字介,梁朝金陵(今江苏南京)人,出身于世代精于儒学的仕宦之家,著有《颜氏家训》二十篇,主要内容是用儒家思想教训子孙,故名《家训》,这也是我国封建社会第一部系统完整的家庭教科书,开"家训体"之先河,被后世誉为"家教规范"。这是他一生关于士大夫立身、治家、处事、为学的经验总结,反映了这个时代一部分教育史实,提出了士大夫家庭教育的普遍问题,在封建社会的家庭教育发展史上,有重要的影响。南宋学者陈振孙在《直斋书录解题》中称之为"古今家训,以此为祖";范文澜在《中国通史简编》中则称赞颜之推是"南北两朝最通博、最有思想的学者"。

---

① 《论衡·薄葬》
② 《论衡·实知》
③ 《论衡·自然》
④ 《论衡·问孔》
⑤ 《论衡·刺孟》

一、论士大夫教育

南北朝时期,士族地主教育走向没落,世族子弟不学无术,士大夫教育已经衰微。颜之推揭露世族子弟依仗门第高贵,游手好闲,庸碌无能,知识浅薄,体质衰弱,既不从事劳动,又不肯学习。他说:"或因家世余绪,得一阶半级,便自为足,全忘修学;及有吉凶大事,议论得失,蒙然张口,如坐云雾;公私宴集,谈古赋诗,塞默低头,欠伸而已","明经求第,则顾人答策"。① 他认为当时士大夫教育严重脱离实际,培养的人缺乏任事的实际能力。他对这种腐朽空泛的士大夫教育和浮伪之弊,揭露犀利,批判深刻,切中时弊,垂戒后世,在中国古代教育史上产生了深远的影响。为了扭转士风和学风,加强士大夫教育,颜之推提出"实学"的教育,以代替士大夫腐朽空泛的教育。

颜之推的"实学"教育目的,是"行道以利世""以利社稷"②,主张培养于国家有实际作用的治国人才,这些人才应专精一职,具有"应世经务"的能力。颜之推的"实学"教育内容主要包括两个方面:一是"德",即恢复儒家传统的道德教育,加强孝悌仁义的训导。二是"艺",即恢复儒家的经学教育,并兼及"百家之书",以及社会实际生活所需要的各种知识和技艺,诸如农、工、商等,以及琴、棋、书、画、医、射等各种技艺;同时,他主张"涉务",增广生活经验,注重经世致用的知识。值得注意的是,颜之推强调士大夫子弟要"知稼穑之艰难",学习一些农业生产知识,这与孔子轻视农业生产知识的态度有所不同。总之,通过实学教育所培养出来的人才,必须是"德艺周厚",具有"应世经务"能力,能够"利世""利社稷"的应用型人才。

二、论家庭教育

家庭教育是颜之推教育思想的重要组成部分,亦是其思想之精华所在。《颜氏家训》对家庭教育论述颇多,主要有以下几个方面。

(一)家庭教育要及早进行

颜之推十分重视儿童的早期教育,认为家庭教育应从胎教开始,纵然做不到胎教,也要及早从幼儿教起,越早越好。他说:"人生小幼,精神专利,长成已后,思虑散逸,固须早教,勿失机也。"③ 即儿童教育不要错过教育的最佳时机,及早从婴儿能认识外界的人与事的时候就开始,"当及婴稚,识人颜色,知人喜怒,便加教诲,使为则为,使止则止"④。这就是说,幼年时期性情纯洁,未染恶习,比较容易接受影响,塑造的可能性较大,所以说早期教育效果最佳。

---

① 《颜氏家训·勉学》
② 《颜氏家训·勉学》
③ 《颜氏家训·勉学》
④ 《颜氏家训·教子》

(二) 家庭教育的主要内容

颜之推的家庭教育内容主要包括语言教育、道德教育和立志教育。

在语言教育方面,颜之推认为儿童时期是学习语言的关键时期。在家庭教育中,他强调对子女进行语言教育时要注重语言的规范,要学习通用语言而非方言,这是父母的重要责任,不可轻视。他说:"云为品物,未考书记者,不敢辄名,汝曹所知也。"① 一事一物,若不经过查考,不敢随便称呼,以免以讹传讹。语言教育是基础,不从小对子女进行正确的语言教育,将对子女留下极不好的影响。

在道德教育方面,颜之推强调对儿童要进行以孝悌为中心的伦理道德教育和节俭教育。对儿童实施伦理道德教育要以"风化"的方式进行,即通过长辈的示范和身体力行,对儿童产生潜移默化的影响,"夫风化者,自上而行于下者,自先而施于后者也。是以父不慈则子不孝,兄不友则弟不恭,夫不义则妇不顺矣"②。因此,父母在家庭中要严格规范和约束自身的言行举止,为儿童树立良好榜样。在节俭教育方面,颜之推主张要丰俭适度,俭约有度,恒念物力惟艰,不可骄奢、亦不可吝啬,"生民之本,要当稼穑而食,桑麻以衣……今北土风俗,率能躬俭节用,以赡衣食。江南奢侈,多不逮焉"③。

在立志教育方面,颜之推主张士大夫阶层要教育其后代以实行尧舜的政治思想为指向,继承世代的家业,注重气节的培养,"时运之来,不求亦至","君子当守道崇德,蓄价待进",决不能将依附权贵、屈节求官作为生活目标。

(三) 家庭教育的原则方法

当时的儿童教育主要在家庭中进行,为有效实施儿童教育,颜之推提出了具体的家庭教育原则和方法。

1. 严慈结合

颜之推认为,家庭中对儿童实施教育时要严慈有度、严慈结合,不可偏废。他认为,对子女不可"无教而有爱",否则"捶挞至死而无威,忿怒日隆而增怨,逮于成长,终为败德。孔子云'少成若天性,习惯如自然'是也。俗谚曰'教妇初来,教儿婴孩',诚哉斯语"。④ 他强调教子要严,反对溺爱偏爱,主张对子女爱得其所,爱得其法,把爱护子女和教育子女结合起来。"父母威严而有慈,则子女畏慎而生孝矣"⑤,严格要求,勤于督训,爱得其所,教得其法,子女才能成器。

2. 均爱勿偏

颜之推在反对溺爱子女的同时,也反对偏爱子女。他说:"人之爱子,罕亦能均,自古

---

① 《颜氏家训·音辞》
② 《颜氏家训·治家》
③ 《颜氏家训·治家》
④ 《颜氏家训·教子》
⑤ 《颜氏家训·教子》

及今此弊多矣。贤俊者自可赏爱,顽鲁者亦当矜怜。有偏宠者,虽欲以厚之,多所以祸之。"①家庭教育中,切忌偏宠,偏宠孩子会造成子女间的矛盾,引起其他子女的反感。

3. 重视风化陶染

颜之推认为:"人在年少,神情未定,所与款狎,熏渍陶染,言笑举动,无心于学,潜移暗化,自然似之……是以与善人居,如入芝兰之室,久而自芳也;与恶人居,如入鲍鱼之肆,久而自臭也。"②颜之推注重环境习染对子女的影响,要求审慎地看待子女左右的人,以防导入歧途;同时要慎重地选择师友。发挥教育的积极影响,潜移默化,是家庭教育的重要一环。

三、论学习态度

颜之推对治学积累有丰富的经验,在前人和自己治学的基础上,总结提炼,对学习态度进行了系统论述。

(一)虚心务实

颜之推认为学习目的是"多智明达","所以求益",补自己的不足。故而反对玄学清谈之风,主张学习要虚心务实、博学广师,切不可自高自大、目空一切。"见人读数十卷书,便自高大,凌忽长者,轻慢同列……如此以学自损,不如无学也。"③

(二)珍惜时光

颜之推认为,人的一生都要学习,应珍惜时光。年幼"固须早教",少年也不可"失机",如果早年失学,"犹当晚学,不可自弃"④。他认为,人要不断学习,只要肯学习总能取得"开心明目"的效果。"幼而学者,如日出之光;老而学者,如秉烛夜行。"⑤因此,他告诫子孙要珍惜时光,倡苦钻研,有活到老学到老的精神,并赞扬了许多惜时苦学而有成就的人。

(三)重视实践

颜之推认为,学习上最重要的是"眼学",即通过亲眼直接观察获得知识。他说,"谈说制文,援引古昔,必须眼学,勿信耳受"⑥,他对专靠耳闻得来的学问持怀疑态度,认为耳闻未实,眼见为真。他反对士大夫那种"道听途说""以讹传讹""贵耳贱目"的学风。

(四)勤勉努力

颜之推强调学习要勤勉努力,反对"高谈虚论,左琴右书",反对"优闲"。他认为,即使

---

① 《颜氏家训·教子》
② 《颜氏家训·慕贤》
③ 《颜氏家训·勉学》
④ 《颜氏家训·勉学》
⑤ 《颜氏家训·勉学》
⑥ 《颜氏家训·勉学》

是迟钝的人,只要勤学不倦,也可以达到精通和熟练的程度,"钝学累功,不妨精熟"。只有勤勉,才能"博学";只有勤勉,才能对知识"皆欲根寻,得其原本"。

(五) 切磋互学

颜之推推崇《学记》的"独学而无友,则孤陋而寡闻",提倡在师友之间相互切磋,切不可"闭门读书,师心自是"。唯有如此,才能互相启发、增进知识。"学为文章,先谋亲友,得其评裁,知可施行,然后出手,慎勿师心自任,取笑旁人。"①他认为在学习上好问求教,与良师益友共同研究切磋,相互启发,能较快地增进知识而避免错误。

总之,颜之推的教育思想是对当时社会现实的反映,在剖析与批判当时学风、士风的现实基础上,提出了有针对性的主张,对中国古代士大夫的家庭教育产生了深远影响。

复习思考题

1. 评述秦汉魏晋南北朝的选士制度。
2. 简述董仲舒教育思想的基本内容及其历史意义。
3. 简述王充教育思想的基本内涵和特征。
4. 试述颜之推的家庭教育思想及其意义。

---

① 《颜氏家训·勉学》

第四章
隋唐时期的教育

公元589年,魏晋南北朝300多年的动乱割据局面结束,隋朝(581—618)成为统一的中央集权封建帝国。隋朝统治时间虽然不长,但亦曾出现"开皇之治",其创立的教育制度和科举制度,对以后的历朝历代有重要的影响。隋灭唐兴,唐朝(618—907)是中国封建社会中统一时间最长、国力最强盛的朝代之一,也是我国封建教育进一步发展和完善的时期。"贞观之治""开元盛世"将各项事业推向鼎盛发展期,科举制度日益完善,教育思想也有了新的发展。尤其是建立了一套在当时世界上最完备的学校教育制度,且私学教育、家庭教育、女子教育、留学教育等都颇有成就。

【学习目标】

1. 了解隋唐时期的文教政策及学校教育制度的特点。
2. 掌握科举制度的产生及其影响和作用。
3. 重点掌握韩愈的教育主张。

第一节　隋唐时期的教育制度

魏晋南北朝时期，社会上"玄学清谈"之风大兴，儒术在很大程度上已经衰微。隋代在统一中国后，虽然重新重用儒学，但儒学地位还远没有得到确立。唐代统治者为了巩固自己的统治地位，在思想文化领域开始重新整顿和统一思想，采取了"重振儒术"而又兼重佛道的文教政策。此外，隋代在继承前代教育传统的基础上，对官学教育及选士制度进行了重大改革，对唐代及以后封建王朝的教育产生了深刻影响。

一、隋唐时期的文教政策

（一）重振儒术

自东汉后期至魏晋南北朝时期，社会动乱，王朝更迭频繁，儒学地位下降，道教、佛教日益兴盛。隋朝建立后，虽然文帝依然支持佛教的发展，但也清醒地认识到儒学在教化百姓、培养人才方面的巨大作用，故积极提倡儒家教化，统一思想，下令广泛征集儒家经典，并礼聘天下儒士于京城，自京城至州县均设学校，还亲自至国子监参加典礼。

唐高祖在开国之初，就"颇好儒臣"。为了提高儒学的地位，在国子学立周公、孔子庙各一所，四时致祭。624年，高祖颁布《兴学敕》，要求"敦本息末，崇尚儒宗"。唐太宗更是在即位前就在秦王府内设立文学馆，召集房玄龄等十八位儒士为学士。653年，太宗令孔颖达会同儒士撰写《五经正义》，颁行天下。此书为我国历史上第一部由官方颁布的经学权威著作，成为全国官学的统一教材。玄宗开元年间，恢复崇儒兴学的文教政策，使学校教育再次得到发展，并形成法定的制度。

（二）兼容佛道

隋唐的统治者并不独尊儒术，而是对于佛、道两教同时加以利用。特别是佛教，虽然来自异域他乡，却在隋唐之际迎来了黄金时期，这与隋唐统治者喜佛的信仰是分不开的。隋文帝与隋炀帝均大力提倡佛教，甚至一度下令天下诸州建佛塔、兴佛教。因此，隋代佛教地位超过了儒学。在提倡佛教的同时，隋朝对道教也给予了一定的支持。隋文帝利用道士焦子顺编造"受命之符"影响舆论，而即位之后又经常召见这位天师商议军国大事。

唐朝统治者比较注重平衡儒、佛、道三者的关系。唐朝统治者为达到笼络老百姓的目的，奉道教的太上老君为初祖，故把道教奉为"国教"，位于三教之首。唐高祖在一份诏书中就宣称"三教虽异，善归一揆"[①]。太宗也认为三教殊途同归，故支持玄奘取经译经。武

[①] 《册府元龟》卷五十

则天也认为"佛道二教,同归于善。无为究竟,皆为一宗"①。在隋唐历代统治者的推动下,"重振儒术"的文教政策得到落实,儒、佛、道虽有矛盾和斗争,但在不同统治者调和之下,总体上形成了政治上以儒家为主,信仰上以佛、道为寄托的局面,三者都得到了较大的发展。总的来说,对当时教育制度和教育思想的发展产生了重大的影响,如佛道的教学形式、方法、规章制度等对后来的书院的产生奠定了基础,尤其是佛学及道教对儒学的渗透,三教并存而交融活跃了人们的思想,为宋明理学的形成奠定了基础。

二、隋唐时期的学校教育制度

(一) 官学

1. 中央官学

隋初文帝时提倡学校,从中央到地方,都设有官学。在中央,设立国子寺,置祭酒,专门管理学校教育工作。这是我国历史上设立专门教育行政部门和设置专门教育长官的开始。在国子寺下,设有国子学、太学、四门学、书学、算学等五学。隋炀帝大业三年(607年)改国子寺为国子监,国子学和郡县学校都得到一定程度的恢复。但由于隋炀帝时"戎马不息,师徒怠散"②,也只空有兴学之名,学校教育也没有发挥应有的作用。

唐自开国到天宝末的百余年间(619—756),国家最强盛,教育也最发达,形成了相当完备的学校教育制度。由中央直接设立的中央六学,属于直系,包括国子学、太学、四门学、书学、算学、律学。六学直隶于国子监,长官称国子祭酒。六学中的前三学属大学性质,后三学属于专科性质。

崇文馆和弘文馆以及医学,属于旁系。弘文馆归门下省直辖;崇文馆归东宫直辖;医学亦属专科性质,另成一系,直辖于太医署。唐太宗时,中央和地方都办了分科较细的医学,这比西方要早几百年。玄学隶属于祠部,亦属大学性质。集贤殿书院隶属于中书省,实际上是中央图书馆。

唐代学校在中央所设的"六学""二馆",开始学生总数为二千二百多人。到了太宗贞观年间,扩充学舍,增加学额,学生增加到三千二百人,后来又逐渐发展,学生增加到八千余人。从贞观至开元,国力最强盛,也是学校最发达的时期。

2. 地方官学

隋朝存在时间较短,再加上文帝与炀帝毁地方学校以兴佛教,故地方官学未能得到较好的发展。唐朝在各府有府学,各州有州学,各县有县学,县内又有市学和镇学,所有府州县市各学校统属直系,由长史掌管。

地方官学与中央官学相比,由于强调招生本地化,庶族子弟占多数,等级意识有所淡化。虽有定额限制,不能满足所有人成为正式生,但学校大门还是有条件地开放,凡

---

① 《全唐文·禁僧道诽谤制》
② 《隋书·儒林传序》

愿寄学受业者,允许成为附读生。地方官学虽不属中央官学领导管理,但由于所学的内容主要是儒学经典,而中央官学比地方官学程度高些,所以存在递升衔接的关系。如,地方官学毕业生如果能通一经便可升入中央四门学,或者可以参加地方政府的"乡贡",进入仕途。

3. 官学的各项制度

(1) 入学的制度与规定。唐朝学校种类很多,与其说是以程度分等级,不如说是以社会地位区别高下。六学中以国子学地位最高,学生限于文武三品以上的子孙。其次是太学,学生限于五品以上的子孙。再次为四门学,入学资格分两种:一限于文武官七品以上的子孙,一为庶人中的俊异者。除此,凡诸州贡举进京在省试落第的举人,也可进入四门学学习。这三种学校程度本无高下,不过因入学资格有贵贱等级不同,所以他们的地位就有上下之别。书学、律学、算学是专科性质的学校,资格的限制稍宽,凡八品以上的子孙及一般庶人皆可入学学习。弘文馆、崇文馆则又高于国子学,是最高贵的学校,但他们的入学程度较国子学、太学学生的程度反要低浅。地方学校的学生主要是中小地主家庭的子弟。

入学年龄因学校等级与性质的不同而不同。中央和地方学校一般以十四岁至十九岁为限,学习年限为九年。律学为十八岁至二十五岁,学习年限为六年。

凡贵族家庭出身的子弟及省试下第的举人,不必经过什么手续,可直接进入中央各学馆学习。凡地方诸州县学生中的优秀者,由各州长史考选,汇送给中央,可入四门学学习。平民而能入中央四门学学习的,可称为特殊生,名为"俊士"。学生入学后一切饮食服用皆由学校供给。

唐朝各学馆规定,师生初见面时,行"束脩之礼"。国子学和太学学生每人送绢三疋,四门学学生每人送绢二疋,律学算学学生每人送绢一疋,地方的州县学生亦送绢二疋。此外,还须赠送酒肉,分量不限。学生的束脩分作五分,三分送给博士,二分送给助教。

(2) 学校行政和教学管理。学校的教学计划服从于科举考试的要求。当时把儒经分大中小三类。大经为《礼记》《春秋左传》;中经为《诗经》《周礼》《仪礼》;小经为《易》《尚书》《春秋公羊传》《春秋谷梁传》。大经和中经为必修科目,小经为选修科目;《孝经》《论语》为公共必修科目。各科目还规定了修业年限,《孝经》《论语》共学一年;《公羊传》《谷梁传》各为一年半;《易》《诗》《周礼》《仪礼》各为二年;《礼记》《左传》各为三年。

国子监设祭酒一人,是教育行政最高长官。设司业二人,助祭酒掌邦国儒学训导之政令。设丞一人,管理六学学生的学业成绩;设主簿一人负责文书簿籍,掌管印鉴。府州县学生由长史掌管,学生由其选补,并每岁冬季将毕业生送尚书省参加科考。

学校的教师有博士、助教、直讲等。博士分经授诸生,要把所担任的科目讲完,不得中途改授其他科目;助教佐博士分经教授;直讲佐博士助教与以经术讲授,不管别的工作。律、书、算学博士助教各以专业教授学生,并负督课试举的责任。

博士助教既是学校教师,又为政府官员。他们在校教职的大小,是以在政府里所属职位的高低为标准。如国子学博士须有正五品以上的资格,助教须有从七品以上的资格,其他六学的教师等级和待遇依次减等。

考试主要分三种：旬考、岁考、毕业考。旬考在旬假前举行，考学生十日之内所学习的课程，分背诵和讲解二类。岁考是考一年以内所学习的课程。毕业考由博士出题，国子祭酒监考。凡各学生能通二经与"俊士"能通三经，方能与试。考试及格可出校应省试，欲继续求学的，四门学的毕业生则补入太学，太学毕业生则补入国子学。

假期分为旬假（十天休一天）、田假（五月）、授衣假（九月）。田假和授衣假限一个月。学生回籍探亲，倘家距学校二百里以外，则按路程远近酌予延长。

（二）私学

隋唐时期，官学极盛，私学颇发达。开皇三年（583年）隋文帝在《劝学行礼诏》中提出："建国重道，莫先于学，尊主庇民，莫先于礼……今者民丁非役之日，农亩时候之馀，若敦以学业，劝以经礼，自可家慕大道，人希至德。岂止知礼节，识廉耻，父慈子孝，兄恭弟顺者乎？始自京师，爰及州郡，宜祗朕意，劝学行礼。"此诏书提倡民间办学，听任私人自由设置，不施加限制。社会上一些有文化知识的人士，从事民间教学，以为谋生职业。

唐代私学一直和官学并存，且非常发达昌盛，主要原因有：第一，科举考试的推动和民众的需要。科举制度的盛行刺激了广大士人的求学欲望，由于官学数量有限，唐代科举制度允许社会上普通民众"投牒自进"，致使民间大批的普通士人可以根据自己的需要在民间开展讲学和办学活动，刺激了私学在民间的发展；第二，政府对私学采取支持和鼓励的政策，对私学的发展也起到了很大的推动作用；第三，唐代经济的繁荣为私学的发展创造了一定的条件，成为私学发展的基础。

第二节 隋唐时期的科举制度

科举制度是中国封建王朝采取分科考试的办法选拔人才和官吏的一种制度。科举制度以考试为手段，以选拔人才为目的，绵延存在了1300余年，对中国古代封建社会的文化教育事业产生了广泛而深远的影响。

一、隋代科举制度的产生

隋代建立起统一的、多民族的封建国家后，为了巩固封建统治，加强对民众的控制，从中央到地方建立了相应的行政机构，要保证这些行政机构的正常运转，就迫切需要大批德才兼备的人充实到各个部门。于是，隋文帝于开皇二年（582年），下诏举贤良之士。开皇三年（583年）再次下诏："如有文武才用，未为时知，宜以礼发遣，朕将铨擢。"[①]随后他又令公卿士庶，"见善必进，有才必举"，以尽快选拔人才，满足封建政府统治的需要。隋炀帝即位后，也降下了类似的诏书："若有名行显著，操履修洁，及学业才能，一艺可取，咸宜访

[①] 魏徵等：《隋书》卷一《高祖上》。

采,将身入朝。所在州县,以礼发遣。"大业元年(605年),再次降诏曰:

> 诸在家及见入学者,若有笃志好古,耽悦典坟,学行优敏,堪膺时务,所在采访,具以名闻,即当随其器能,擢以不次。①

在积极招贤纳士的同时,魏晋以来九品中正制的弊端也日益凸显,严重妨碍了中下层士人的进身之路。因为隋代创建的过程中,大批庶族地主得到了升迁,为其参与政治、分享权力奠定了物质基础,他们也强烈要求分享政治权力,改变豪门士族独占统治大权的局面。统治者为了强化中央集权,也要收回旁落于地方长官之手的选士大权。可以说,九品中正制在当时已不能适应隋朝社会发展的要求,迫切需要创立一种新型的选士制度代替它,科举制度由此应运而生了。

科举制度的产生经历了一个发生、发展的过程。隋文帝开始实行的是以荐举为主的选士方式,且不再完全按照门第的高低,而是根据文武才能的高低决定人才的选拔。隋文帝开皇十八年(598年),朝廷下令命"京官五品以上、总管、刺史,以志行修谨,清平干济二科举人"②。隋炀帝大业二年(606年)始设进士科,即开始以考试选拔人才,并以制度的形式将之固定下来。隋炀帝大业三年(607年),诏文武有职事者,以孝悌有闻、德行敦厚、节义可称、操履清洁、弘毅正直、执宪不挠、学业优敏、文才秀美、才堪将略和膂力骁壮定"十科举人"。在这十科举人中,"文才秀美"一科即为进士科。进士科后来成为科举的主要甚至唯一科目,进士科的创设成为科举制正式产生的标志。

二、唐代科举制度的发展

唐代的科举制度承袭隋制,全面推行科举取士办法,经过历年发展和调整,正式完成了从"九品中正制"到科举制的过渡。至唐高宗时各项制度日趋完善,取士名额有所增多。武则天执政时,亦十分重视科举考试,要求应试士子都要学习《论语》和《孝经》,还开了殿试、武举以及糊名等先例。唐玄宗时增加道举,以选拔精通道学人才,且各项制度非常完备,为以后历代科举取士奠定了基础。

(一) 考生来源

唐代考生来源主要有三个途径:一是中央官学和地方官学的生员,称为"生徒",即从各类官学的学生中选拔出来送至尚书省参加考试的学生。二是"乡贡",即非学校出身,由地方私学或自学者当中选拔出来并送到尚书省参加考试的学生。应试者皆须于本籍报名,按规定经过州、府、县举行的考试,以考试成绩选拔贡士,不同科目订有不同标准,合格者才能被送入尚书省,参加礼部的统一考试。三是由皇帝自诏,称为"制举",考生到京城直接应考。实际上考生的来源主要是生徒和乡贡。

---

① 魏徵等:《隋书》卷三《炀帝上》。
② 魏徵等:《隋书》卷二《高祖下》。

(二) 考录程序

唐代科举分为制举特科与贡举常科两大类，两类考试程序有很大的不同。制举特科程序较为简单，一般不定期，由皇帝临时决定考试科目，应考者到京师长安，在殿廷上直接参加由皇帝主持的考试，考试登科者可直接授官。

常科为每年定期举行的考试，考生由生徒和乡贡组成。考试分为三步：

第一步为乡试，由地方长史负责。每年仲冬，先由县一级考试，选取学业已成的生徒参加州、府举行的考试，合格者才能进入下一个阶段的考试。各州录取人数不等，上州岁贡三人，中州二人，下州一人。若有茂才异等，则不受名额限制。府州考试第一名称为解元或解头。无论是生徒抑或是乡贡，合格者由长史召集地方德高望重的老者与之见面，举行隆重的欢送仪式，随同贡物一起送往中央。

第二步为省试，由尚书省礼部主办（明清时改称为会试），参加者是乡试中的合格者，但要填写三代履历，并结款通保，经户部审查合格后，再将名册送往礼部，礼部再择期命题考试。考试以一日为限，考生要自备饮水、木炭、蜡烛及餐具等，至晚仍未交卷者，允许连燃三支蜡烛，烛尽必须交卷。

第三步为吏部试，省试答卷送往吏部审核，合格者名单张榜公布，取中者称及第，或称登科、登第、擢第，亦有折桂、登蟾宫、登龙门之说。第一名称为"状元"。新科进士互称"同年"，主考官称为"座主"或"座师"，及第者便是主考官的"门生"。中进士后，都要到杏园参加宴会，称之为"探花宴"或"杏园宴"，并同游杏园。还要大会于长安第一胜景曲江亭，是日，皇帝会亲临紫云楼垂帘以观。曲江会后，新科进士会前往大雁塔下的慈恩寺题名，刻石纪念。

为了保证考试公平，开元二十四年（736 年）以后，对报考资格要求越来越严，如有过官司的不得举送，否则举送官免职，考试官贬黜。开成元年（836 年）要求参加考试的人须有 5 人相保，凡有缺孝悌之行、行为不轨、言论出格以及资朋党之势者，均不准就试。甚至是"凡贡举非其人者、废举者、校试不以实者，皆有罚"①。

(三) 考试科目及内容

唐代科举，科目繁多。制科是由皇帝临时下诏举行的考试，考试科目不固定，科目繁多，诸如有贤良方正，直言极谏者；博通坟典，达于教化者；军谋宏远，堪任将帅者；详明政术，可以理人者等。主要是选拔特殊人才，因此考试的时间和科目内容都较为灵活而且不固定，每次录取的人数也较为有限。

常科的科目主要有秀才科、进士科、明经科、明法科、明书科、明算科六科。除外，还会设置一些很特殊的科目，诸如一史、三史、开元礼、道学、童子等科。

秀才科注重博学才高，考试方略策五道，以文理俱优为标准，评定等级分为上上、上中、上下、中上凡四等为及第。秀才上上第可获正八品上阶出身，以下递降一等，至中上第

---

① 欧阳修等：《新唐书》卷四十四《选举志上》。

为从八品下。由于秀才科考试要求过严,故每年所取不过一二人。贞观时还规定,举而不第者罪其州长,故报考极少,不为士人所重,后逐渐被进士科所取代。

进士科地位在唐初较次于秀才科,且向平民开放,故常有"白衣公卿"或"一品白衫"之说。后来地位逐渐上升,在各科中受到特别的重视。进士科考试偏重诗赋,唐初主要考时务策,后来又增加了帖经、试杂文,比较注重考查学生的词藻文采。试时务策五道,帖一大经,经策全通为甲第。策通四,帖过四以上为乙第。杂文两篇,即一诗一赋。由于唐代社会普遍重视文学,进士科地位和声望得以不断提高,因此在唐代进士科最受考生的青睐和重视。但录取比例不高,每百人中约有一二人及第,最多时四五十人,在唐代 270 多年历史中,登进士科者仅有 3000 人左右,故有"五十少进士"之说。

明经科是以儒家经学为考试内容的科目,主要考查考生对经义的理解。唐代把儒家九部正经按篇幅分量分为大经、中经和小经三类。明经之别,又分为明二经、三经和五经等。通二经者,须含一大经一小经,或两中经;通三经者,为大、中、小经各一;通五经者,要求大经并通,其他各经任选。《论语》《孝经》则无论通二经、三经、五经,都得兼习。明经科地位较高,秀才科废绝后,"自是士族所趣向,唯明经、进士二科而已"①。考试分三场进行:先帖经,每经十帖,每帖三字,通六帖以上为及格。然后口试,问经义十条,通十条为上上,通八条为上中,通七条为上下,通六条为中上,皆为及格。再就是答时务策三道,通二策为及格。三试皆及格为及第。每十人有一二人及第,有"三十老明经"之说。

明法科主要用来选拔法律人才,考生主要来自律学的生徒和州、县的乡贡。考试为律、令各十帖,试策共十条。

明书科也称"书科""明字科",考生主要来自书学生员,考试内容以文字学为主,兼及书法,主要墨试《说文》《字林》二十条,通十八条方可过关,还要精通训诂,兼会杂体。考试方式有帖试、口试和策试三种。

明算科主要选拔数学人才,考生主要来自算学,主要考《九章算术》《周髀算经》《海岛》《五经算》等算经,以明数照术、详明术理为通。

在这六科之中,明法科、明经科、明算科等科,因所选人数有限,统治阶级又不太重视,故不常开。受到重视的主要为进士科和明经科,尤以进士科最受重视。

(四)考试方法

唐代科举考试方法主要有帖经、墨义、口试、策问、诗赋五种。

"帖经"是唐代考试的一种重要方法,各科考试均须帖经,以明经科尤甚。史籍载:"帖经者,以所习经掩其两端,中间开唯一行,裁纸为帖,凡帖三字。"②即将书上某行帖上几个字,要求被试者将所帖的字填写出来,类似于今天的"填空",帖经重在考查考生对经文的记诵能力。

"墨义"是一种简单的问答法(笔答),考生只要按要求将答案写出来即可,无须解释和

---

① 杜佑:《通典》卷十五《选举三》。
② 杜佑:《通典》卷十五《选举三》。

发挥,只要熟读经文和注疏,一般就能回答上来。如问"子谓子产有君子之道四焉,所谓者何也?"对此可以准确地回答:"其行己也恭,其事上也敬,其养民也惠,其使民也义。谨对。"

"口试"系当场口头回答问题的一种考试方法,最初不做记录,后来为杜绝舞弊行为,强调记录在案。

"策问"为一种类似政治论文性质的问答,策问的方法是设题指事,由被试者作文章,题目的范围为方略策和时务策,主要考察考生对形势和政策的分析能力,能够考察出考生的能力高低,对考生来说难度较大,但最后的取舍大多决定于策问。

"诗赋"相当于今天作文形式的考试,对诗赋的格律和题材都有一定的要求,如每篇十二句或十六句,首两句见题,中间八句两两相对,最后两句做结,还要求诗赋语句用词必须端庄典雅,堂皇华丽。

三、科举制度的作用和影响

唐代实行科举制度的根本目的在于加强皇权,巩固统治地位。事实证明,科举制度对唐代的政治文明及社会进步产生了重要影响,极大地推动了唐代科技及文化教育事业的发展。

首先,科举制度加强了全国政权的统一和稳定。统治者通过科举制度,将选士的大权从地方官吏手中收归到中央的吏部,按照朝廷的标准通过考试层层选拔出了大批为统治阶级服务的高素质官员,从而加强了皇权和中央集权,也有利于思想的统一。科举制度还打破了士族地主垄断统治权力的局面,为庶族地主乃至平民参政提供了舞台和机会,扩大了统治基础。科举制度公平合理的竞争吸引了大量读书人发愤求学,便于朝廷笼络人心,缓和国内的阶级矛盾,有助于国家的稳定和发展。

其次,科举制度对教育产生了重要的影响。科举制度以考试作为人才选拔的主要依据,相对于之前的人才选拔方式具有较大的公平性。特别是对普通人来说,科举考试具有极大的吸引力,人们把希望寄托在读书向学上,希望通过读书改变自己的命运,这样就促使大批的年轻人到学校接受教育,客观上促进了学校教育的发展。《全唐文》称当时"五尺童子耻不言文墨",世人对知识、对求学的关注度于此可见一斑。同时,科举考试内容基本上就是学校教学内容,学校教学内容也是依据科举考试内容安排的,这样就有利于学校教学内容的统一和标准的一致。此外,科举所开设的科目,包括明算、武举及童子科等,有力地打击了传统教育中重文轻武、重经轻算、重成人轻儿童的观念。

最后,科举制将选士制度和育人制度紧密地结合起来,科举考什么,学校就教什么,学校自然成了科举制度的附庸,沦为科举考试的预备场所。由于科举考试的内容仅限于儒家的几部经典著作以及华丽的诗赋,考试的方法也迫使士人以死记硬背为主,这样就使学校教育形成了教条主义和形式主义的学风,败坏了学习风气,致使广大士人整日埋头于经书,丧失了独立思考的能力。另外,由于科举考试录取的名额有限,竞争十分激烈,为了能通过科举出人头地,有的士人甚至不择手段走后门、打通关系、买通人情、作弊,甚至出卖自己的人格和良知。在科举制的影响下,士子读书少有是为了求知求真,多是为了获取功名利禄,这就使士人读书具有了强烈的功利色彩,"万般皆下品,唯有读书高""两耳不闻窗外事,一心只读圣贤书"等成为当时士人畸形读书的真实写照,严重毒害了士人的心灵和社会风气。

第三节　韩愈的教育思想

韩愈是一位杰出的文学家,唐代古文运动的倡导者,被列为"唐宋散文八大家"之首,与柳宗元并称"韩柳",苏轼评价他"文起八代之衰",还有"文章巨公"和"百代文宗"之美称。他还是一位教育家,不仅做过四门博士、国子博士和国子祭酒,且散文《师说》《马说》以及《进学解》中蕴含着丰富的教育思想。

一、生平及教育活动

韩愈(768—824),字退之,河南南阳(今河南孟州)人,因其先祖曾居昌黎,所以世称韩昌黎。史载其"生三岁而孤,养于从父兄。愈自以孤子,幼刻苦学儒,不俟奖励"[①]。他7岁才开始读书,13岁能文,自言"前古之兴亡,未尝不经于心也;当世之得失,未尝不留于意也"。

唐德宗贞元二年(786年),韩愈赴长安应试,因无门第资荫,三试不第。贞元八年(792年)始中进士,但在参加吏部的博学宏辞科考试时,又三试不中。贞元十二年(796年),随宣武军节度使董晋赴任,担任"观察推官",开始步入仕途。其间,与孟郊相识交游,李翱、张籍等入其门下。贞元十七年(801年),任四门博士,开始其官学教育生涯,其间敢为人师,广授门徒,人称"韩门弟子"。不久晋升为监察御史,但因体恤民情,上书《论天旱人饥状》而遭权臣谗害,贬至连州阳山令。

唐宪宗元和六年(811年)任国子博士,作《进学解》,受裴度赏识,擢为礼部郎中。元和十年(815年)随裴度征淮西,因功擢任刑部侍郎。元和十四年(819年)正月,唐宪宗将释迦牟尼佛佛骨迎入宫中供养三日,举国若狂,甚至"百姓有废业破产、烧顶灼臂而求供养者"。"素不喜佛"的韩愈不顾个人安危,作《谏迎佛骨表》,阐明"佛不足信"之意,要求将佛骨"投诸水火,永绝根本,断天下之疑,绝后代之惑"。因此被贬为潮州刺史,任内重视文教事业,作有《子产不毁乡校颂》。元和十五年(820年)九月,唐穆宗即位,韩愈奉旨回京,诏为国子祭酒,不久调任兵部侍郎、吏部侍郎、京兆尹兼御史大夫等职。

在教育方面,韩愈的教学方法生动活泼,能打动学生的心弦。在此基础上,他总结出一些规律,丰富了我国古代教育理论,流行于世的《韩昌黎全集》是研究其教育思想的主要参考文献。

---

① 刘昫等:《旧唐书》卷一百六十《韩愈》。

二、"性情三品"说与教育作用论

韩愈在董仲舒的"性三品"说的基础上,加入了"情"这一因素,形成了"性情三品"说。关于"性"与"情"的关系,韩愈认为,性为情的基础,性是一种本然之物,存在于先天,有生就有性;而情是后天的,由感应而生,即"性也者与生俱生也,情也者接于物而生也"①。同时他认为,人的性与情是一致的,所谓"性之于情视其品,情之于性视其品",即如果某人的性为何种倾向,其情也是何种倾向,反之亦然。因此,韩愈把人之"性"分为三个等级,"性之品有上、中、下三。上焉者,善焉而已矣;中焉者,可导而上下也;下焉者,恶焉而已矣"②。也就是说,人性存在上、中、下三个品级,上品是善的,中品可导而为善、为恶,下品是恶的。关于"性"的表现内容,韩愈指出:"其所以为性者五:曰仁、曰礼、曰信、曰义、曰智。"即,仁、礼、信、义、智乃人生下来就具有的五种善性,或者说人生而就具有这五种道德。而对于和"性"有着密切关系的"情"来说,韩愈指出:"其所以为情者七:曰喜、曰怒、曰哀、曰惧、曰爱、曰恶、曰欲。"在韩愈看来,情和性一样,也是有品级的,"情"可依性之三品而分为三种,即上品的性可以产生上品的情,七情发作,都合乎中道,无过和不及;中品的性产生中品的情,中等之七情发作,有过与不及的危险,但自知随时求合于中;下品的性产生下品的情,下等之人则纵情所为,漫无节制。

按照韩愈对性的理解和划分,上、中、下三个品级的人,上等人谓之善品,下等人谓之恶品,二者生来都比较固定,唯有中等之人介乎善恶之间,是可以引导而向善,亦可以引导而向恶的。因而,教育在他们身上所起的作用也是不同的。韩愈认为,"上之性,就学而愈明","是故上者可教",也就是说,上品之人具备了先天的善行,经过后天的学习和教育就能够将这种善行继续发扬光大,所以上品之人也是需要接受教育的。对于中品之人,韩愈认为"中焉者,可导而上下也"。即通过教育的影响,可以将他们引导向上发展成为上品之人,也可以将其引导向下而成为下品之人,因而这一类人是最需要接受教育的。而对于下品之人,韩愈认为"下之性,畏威而寡罪","而下者可制也"。下品之人由于畏惧刑罚的威严而很少犯罪,其行为总是和封建道德规范相违背,只有通过对其施加刑罚才能够避免其犯罪,使其威慑刑罚而不敢为恶,所以这一类人基本上是不需要接受教育的。

三、"业精于勤,荒于嬉"的学习论

(一)业精于勤

韩愈在《进学解》中说:"业精于勤,荒于嬉;行成于思,毁于随。"他所说的"勤",表现为口勤(多吟诵),手勤(多翻阅),脑子勤(多咀嚼、多思考),夜以继日地学习。他说:"口不绝吟于六艺之文,手不停披于百家之编";"焚膏油以继晷,恒兀兀以穷年"。勤奋以学,长年不懈,这是他对前人治学经验教训的总结,也是他自己治学多年的宝贵经验的结晶。

---

① 《韩昌黎全集·原性》
② 《韩昌黎全集·原性》

(二)博精结合

韩愈通过长期的教学实践,领悟到了博与精的辩证关系。博与精是对立的统一,没有博就不可能有精;没有精,博也只不过是一种大杂烩。同时,他一方面强调博学,提出"贪多务得,细大不捐","俱收并蓄,待用无遗"。另一方面又要求精约,提出"提其要","钩其玄"。这就是说,学习时要把握住要点,探索其精微之处,融会贯通,领会其精神实质。同时,他一方面强调学习的系统性,反对"学虽勤而不繇其统,言虽多而不要其中",另一方面又要求学习时"沉浸醲郁,含英咀华",深入钻研并沉醉于古籍之中,细细体味其精华。

(三)学习与创造结合

韩愈认为"师古圣贤人",要"师其意不师其辞"(《答刘正夫书》)。以古人为师,不必拘泥于章句,而要学习其思想、方法,要活学。"降而不能乃剽贼。"他赞成吸取前人的优秀成果,又反对沿袭剽窃,主张把学习与独创结合起来。他反对"踵常途之促促,窥陈编以盗窃"。他主张"抒意立言,自成一家新语","閎其中而肆其外"。他说,"能者非他,能自树立,不因循者是也"(《答刘正夫书》)。韩愈在文学上的造诣较深,能够造语生新,独具风格,自成一家,就在于他能把学习与独创结合起来。

四、"古之学者必有师"的教师观

(一)教师的作用

韩愈提倡师道,当时学生不重师道,"耻学于师";教师也只是"习其句读",起不到传道卫道的作用;而所谓"士大夫之族,曰师曰弟子者,则群聚而笑之"。韩愈针对当时的情况,认为"师道之不传也久矣"(《师说》)。他要改变这种风气,提倡师道,于是写了著名的《师说》。《师说》的基本精神就在于"存师卫道"。《师说》对于教师的任务、师与道、道与业、师生的关系都提出了卓越的见解。

(二)教师的任务

一是传道。韩愈认为师是"传道"的,如果一个教师不能"传道",那就不能称其为教师。传道须有师,卫道必须先重视向师学习。所以他说:"古之学者必有师。"师与道是密切结合、不可分离的,"道之所存,师之所存"。学生从师,就是从师的"道"。他说:"生乎吾前,其闻道也,固先乎吾,吾从而师之;生乎吾后,其闻道也,亦先乎吾,吾从而师之。吾师道也。"这就是说,不论年龄与地位,"无贵无贱,无长无少",只要他有"道",皆可师之。这就是他关于师与道的见解:强调"师道","存师卫道"。

二是授业。韩愈所谓"道",是指儒家道统;所谓"业",是指古文六艺之业。"道"是儒家基本思想、基本精神;"业"是儒家经书,是载"道"的工具,"道"与"业"二者之中,"道"为重,"业"为次。他说:"彼童子之师,授之书而习其句读者也,非吾所谓传其道解其惑者也;句读之不知,惑之不解,或师焉,或不焉,小学而大遗,吾未见其明也。"授书习句读是"小学",不传道是"大遗"了。所以他认为教师的首要任务是"传道",次一任务是"授业"。"道"在先,"业"在后,"道"比"业"更重要,而"业"是为"道"服务的。"传道"和"授业"是教师最主要的任务,但在教学过程中,学生还有许多疑惑之处需要教师去解释。

三是解惑。"解惑"是教师的第三个任务,"解惑"是解释"道"和"业"中的"惑",并不是"道"和"业"去解其他无关的"惑"。"师者,所以传道、授业、解惑也。"这句话包含了丰富的意义:首先,表明了教学过程中教师的主导作用;其次,表明了教师的基本任务是以"传道"为主体,"传道"又离不开"授业",把"解惑"提高到应有的地位,这是很有意义的。

(三) 师生关系

韩愈认为教师的主要任务是"传道"与"授业"。因此,师与生的关系,就以"道"与"业"来衡量。谁先有"道",谁就是教师;谁有专"业"学问,谁就是教师。教师不应受年龄、地位、资格等限制。他说:"圣人无常师。孔子师郯子、苌弘、师襄、老聃。郯子之徒,其贤不及孔子。孔子曰:三人行,则必有我师。是故弟子不必不如师,师不必贤于弟子。闻道有先后,术业有专攻,如是而已。"这句话反映了道德知识积累和教学的客观规律:闻"道"在先,以"先觉觉后觉";攻有专"业",以"知"教"不知"。这句话冲破了汉代重师法家法的旧框框,解除了"弟子必不如师""师必贤于弟子"的旧教条,提出了为师的新标准——"闻道有先后,术业有专攻"。这是一种卓越的见解。这句话还包含"不耻相师",即"相互为师"的观念,提倡向更多的人学习,向学有专长的人学习,向比自己有长处的人(包括自己的学生在内)学习。除此之外,这句话还含有"能者为师"和"教学相长"的意思,比《学记》所提出的"教学相长"又进一步,即一方面肯定了教师的主导作用,另一方面又明确地提出了"弟子不必不如师,师不必贤于弟子"的新思想。

总之,韩愈的"师论"是相当开明而有创见的,它有助于人才的培育和文化教育事业的继承发展,它是中国古代教育思想史中的宝贵遗产,对于今天建立新型师生关系仍有借鉴意义。

五、"世有伯乐,然后有千里马"的人才观

韩愈认为,人才总是有的,关键在于能否加以识别和扶持。他在《杂说四·马说》一文里,用识马的道理表明识别人才的重要。他说:"世有伯乐,然后有千里马。千里马常有,而伯乐不常有。"他讽刺那种不识人才的人"策之不以其道,食之不能尽其材,鸣(之)而不能通其意",驱策、饲养都不得法,听马鸣也不能了解它的意愿,反"执策而临之曰:天下无马!"表现出不识马者懵然无知、熟视无睹而又傲然自是的神态。"其真无马邪?其真不知马也。"世上不是没有良马,而是识马者"不常有"。只有善于鉴别而又培养得当,人才才会大量涌现出来。

韩愈的这种爱才、选才、用才的思想,是对我国历史上"尚贤"思想的新发展;是对封建贵族那种选人唯贵、用人唯亲的腐朽思想进行的有力批判,也是对封建统治阶级那种埋没人才、摧残践踏人才所做的辛辣讽刺。《马说》就是他结合自己早期不得志的遭遇,而为广大中下层知识分子所作的不平之鸣。

复习思考题

1. 唐代官学制度的特点是什么？
2. 简述科举考试制度的作用和影响。
3. 试析韩愈关于教师的主张。

第五章
宋辽金元时期的教育

宋朝的建立,结束了自唐末"安史之乱"至五代十国长期的分裂割据局面,统一的中央集权的封建国家重新建立起来。十三世纪初,蒙古族兴起,相继灭金和南宋,于1276年建立统一全国的元朝。宋元时期是中国封建社会继续发展的时期,是又一次从封建割据到全国统一的时期。社会环境相对稳定,为政治、经济、文化教育事业的发展提供了有利条件;印刷术的发展对教育产生了重要的影响;在文化思想方面,理学的产生是这个时期的一个重要特点,特别是理学教育思想集大成的教育家朱熹的教育思想对后世有着深远影响。

【学习目标】

1. 了解宋辽金元各朝代的文教政策及其形成的历史背景。
2. 掌握宋初三次兴学运动的背景与内容。
3. 熟练掌握书院兴起的原因、著名书院及其教学管理特色。
4. 重点掌握朱熹的教育主张。

第一节 宋朝的文教政策与教育制度

宋初统治者鉴于中晚唐的割据之乱,以及五代十国争霸称雄的历史教训,为加强中央集权及重振封建伦常纲纪,及时改变治国策略,完成了从"武功"到"文治"政策的调整,所谓"宋一海内,文治日起"。太平兴国二年(977年),宋太宗开始实施"兴文教,抑武事"政策。宋代文教政策的基本特点是"重文"或"右文"的,主要体现在尊孔崇儒、提倡佛道以及推崇理学等几个方面。宋朝学校教育制度基本沿用唐制,官学各项制度在三次兴学中逐步走向完善。统治者的积极提倡,为"理学"——宋明时期"新儒学"的产生和发展提供了有利条件。

一、宋朝"重文"的文教政策

宋朝十分重视意识形态对于巩固专制集权统治的作用,宋初采取"重文"的政策,把尊孔崇儒作为治国的指导思想,同时支持佛、道二教,使儒、佛、道三派融合起来,互相补充,相互为用。

(一)尊孔崇儒

宋太祖为了加强中央集权,重用儒臣,宣称"宰相须用读书人"[①],并且教武臣读书。太宗任用大批文臣执政,"王者虽以武功克定,终须用文德致治",并且规定:"进士须通经义,遵周孔之礼"。[②] 因此宋太宗提倡科举,扩大取士名额,提高儒学的地位。宋真宗以后,儒术更是得到大力提倡。1008年真宗亲到曲阜孔庙行礼,加谥孔子为"玄圣文宣王",并自撰《文宣王赞》称颂孔子是"人伦之表",孔学是"帝道之纲";又著《崇儒术论》;还命祭酒邢昺等校定《周礼》《仪礼》等书的"正义",编注九经"疏义",大量印行,并赐给州县学校,作为官方指定教材。宋仁宗大力倡行教育,培养选拔通晓经术的官吏;下诏州县皆立学校,自此教育在全国兴起,从中央到地方涌现出一批儒家学者聚徒讲学,传授孔孟典籍,对维护宋朝集权统治起了巨大作用。

(二)提倡佛道

宋太祖赵匡胤对佛教采取保护政策,修废寺、造佛像、刻印大藏经,以争取南方地主阶级的支持,佛教及佛学大大发展起来。宋太宗认为佛教"有裨政治",对佛教更为热心,在开封特设译经院,在各地修建寺院,大度僧尼。真宗时是北宋佛教最盛时期,全国僧徒达到46万余人。真宗在撰写《崇儒术论》的同时,又作《崇释论》,有意把佛学作为辅助儒学

---

① 《续资治通鉴》卷四
② 《续资治通鉴》卷十一

的统治工具。直到南宋时期,佛教仍保持支配地位。

道教是宋朝第二大宗教,宋太宗召见华山道士陈抟,赐封为"希夷先生",又在开封、苏州等地修建道观。宋真宗热心鼓吹道教,封老子为"太上老君混元上德皇帝",又命宰相王钦若主持续修道藏,搜编道书4300多卷。徽宗任用道士直接参与政治,并立先生、处士等道阶26级,职位比于中大夫至将士郎;置道官26等,也一一比于朝官。南宋时,道教虽不再直接参与政治,但仍享有特权。

(三)崇尚理学

由于宋代阶级斗争、民族矛盾的复杂性,宋朝统治者推行儒释道三教融合的政策,为儒学的改造和发展,提出了新的方向。周敦颐(1017—1073)首先提出吸收佛、道入儒学的理论,把佛、道二教的禁欲主义和服从封建纲常的教条结合起来,要求人们既做一个忠臣孝子,又具有安贫乐道、清心寡欲的精神境界,成为理学的开端。接着,经过张载(1020—1077)、程颢(1032—1085)、程颐(1033—1107)的发展,奠定了理学的基础。南宋朱熹则从理论上加以总结,集其大成,完成了我国封建社会后期特定的官方哲学——理学的体系。宁宗于嘉定二年(1209年),便诏赐朱熹遗表恩泽,称"朱文公"①;嘉定五年(1212年)把《论语集注》《孟子集注》列入学官,作为法定的教科书;理宗在宝庆三年(1227年)下诏:"朕观朱熹集注《大学》《论语》《孟子》《中庸》,发挥圣贤蕴奥,有补治道","特赠熹太师,追封信国公"。② 从此,确定了朱熹的历史地位和理学对于巩固封建统治的重要意义。此后,元明清三朝,均崇奉理学为官方统治思想。

二、北宋的三次兴学运动

宋初诸帝虽采取"重文"政策,但在科举和教育之间,对于科举取士特别重视;而学校教育仍很衰落,宋初83年间,官学状况与唐末、五代时期差不多。最初只有一国子监,宋太祖虽曾下令增修,并三幸太学,还于建隆三年(962年)夏亲会生徒讲说,但直至开宝八年(975年)生徒尚只七十人,"且有系经不至者"③。景德四年才又置西京国子监;大中祥符四年(1011年)在永康军始立乡校;宝元元年(1038年)曾许大郡立学,但多保有名无实。庆历三年(1043年)又立四门学和武学,然很快又予取消。教育不振,只重科举,结果所取人才"委先王之典,宗叔世之文,词多纤秽,士惟偷浅,言不及道,心无存诚"④,并无真才实学。因此,北宋仁宗以后,曾有"三次兴学"之举,改革科举,振兴学校,对于宋代教育的发展起了重大作用。

(一)范仲淹主持的庆历兴学和胡瑗"苏湖教法"

北宋第一次兴学,是在仁宗庆历四年(1044年)范仲淹参知政事时。范仲淹(989—

---

① 《续资治通鉴》卷一五八
② 《宋史纪事本末》卷八十
③ 《文献通考》卷四十二
④ 《范文正公文集》卷八

1052)是北宋一位锐意改革、励精图治的政治家,长期担任地方官吏,他对当时不重教育只重科举的做法,早有改革意见,屡次上书陈述,重要的有天圣三年(1025年)《奏上时务书》;天圣五年(1027年)《上执政书》;天圣八年(1030年)《上时相议制举书》等。他在《上执政书》中,主张"固邦本""厚民力""重名器""备戎狄""杜奸雄""明国听"六件大事,其中"重名器"就是要慎选举、敦教育。他认为只考试而不教育的科举制度,犹如"不务耕而求获",建议"先策论以观其大要,次诗赋以观全才",并恢复制科等。兴学内容主要有三:第一,令州县立学。规定应科举者,需在州县学读书三百日方准应试;曾经应过试的,亦需在学百日。第二,改革科举考试内容。罢帖经墨义,着重策论和经学。第三,改革太学。诏令下湖州取胡瑗之苏湖教法为太学改革的模式,体现出对当时教育空疏与形式主义教学的批判和"明体达用"的主张。但是,范仲淹不久即被排挤出中央政府,庆历兴学即告失败,虽然州县兴学之令并未取消,亦只依地方官吏之好恶而兴废。对于科举改革,诏曰"科举旧条,皆先朝所定也,宜一切如故,前所更定,今悉罢"①,全部恢复旧制。

范仲淹庆历兴学虽然失败,但其倡导"明体达用"之学,取胡瑗苏湖教法,著为太学令,对于北宋学术风气的形成,是有深刻影响的。

胡瑗(993—1059)字翼之,泰州海陵人,世居陕西安定,人称安定先生。《宋元学案序录》说,"宋世学术之盛,安定、泰山(孙复)为之先河",实为宋代学术开创者之一。胡瑗早年在吴中教授经术,景祐二年(1035年)被范仲淹聘为苏州州学教授,其后,湖州知事滕宗谅建学湖州,延聘胡瑗主教。他在苏湖两地进行教学时,改变当时崇尚辞赋的学风,而重经义及时务,在学中设经义斋和治事斋,根据学生专长和爱好分斋而教。经义斋学习《六经》;治事斋学习治兵、水利、算数等,使学生各择一专业再兼学一专业。教学方法也与传统的死记硬背不同,而是以明体达用,培养有实际才干的人为目标。据《宋史·胡瑗传》载:"瑗教人有法,科条纤悉备具。"他在教学中循循善诱,讲习解经"至有要义"②,能联系实际,"引当世之事明之"③,或利用直观,将《三礼》仪物"图之讲堂"。他还提倡实地考察,使学生获得感性知识。胡瑗在苏湖教学达20余年,四方学者,云集受业。胡瑗这种"明体达用"的教育主张,受到范仲淹的赞赏,遂在庆历兴学期间,诏请下湖州取胡瑗之法,著为太学令。皇祐四年(1052年)胡瑗担任光禄寺丞、国子监直讲,教授于太学。胡瑗在太学,教学卓有成效,各地学生不远千里前来,以至太学校舍都容纳不下,另取旁处房舍安置。《宋史·胡瑗传》说:"礼部所得士,瑗弟子十常居四五,随材商下,喜自修饰,衣服容止,往往相类,人遇之虽不识,皆知其瑗弟子也。"苏湖教法,对于后世教育亦有很大影响。

(二)王安石主持的熙宁、元丰兴学

宋神宗熙宁、元丰期间(1068—1078),王安石两次为相,在推行变法过程中,实行教育改革,这是北宋第二次兴学。

---

① 《宋央·选举制》
② 蔡襄:《蔡忠惠公文集》卷三十七,《太常博士致任胡君墓誌》。
③ 丁宝辑:《安定言行录》。

王安石(1021—1086)字介甫,江西临川人,自幼随父官任读书。二十一岁中进士,曾在地方官职多年。他目睹北宋王朝"积贫积弱"、内忧外患、财力衰竭、政治腐败的情景,深为国家担忧。他曾写道,"内则不能无以社稷为忧,外则不能无惧于夷狄,天下之财力日以困穷,而风俗日以衰坏,四方有志之士,諰諰然恐天下之久不安"①,遂产生变法图强,立志革新的思想。

1067年,宋神宗即位。熙宁二年(1069年)起用王安石"参知政事",进行变法革新,至熙宁九年(1076年)王安石第二次罢相,八年间,王安石的政治改革主张得以实现。元丰年间(1078—1085),变法虽未失败,但显然处于停滞状态,并在某些方面有所逆转,然而在基本方面,仍然继续执行变法措施。熙宁、元丰变法16年间,王安石对教育的改革主要有以下几点:

一是改革太学,创立"三舍法"。宋初以来,太学徒具空名。熙宁、元丰年间,经过整顿,太学规模方较完备,管理办法趋于细密。教学制度方面,除主管官外,太学置有十员直讲,每二人主讲一经,对"教导有方"的学官予以提升,而"职事不修"的则予以贬黜。学官成绩的考核,依据学生"行、艺进退"人数多少加以评定。熙宁四年(1071年)十月,创立太学"三舍法",把太学分为外舍、内舍、上舍。初入学的外舍生,熙宁时不限名额,元丰时以二千人为限;外舍生一年可升为内舍生,名额为二百人(元丰时三百人);内舍生再升为上舍生,名额仅百人。生员升舍均须经过考试。外舍生每月考试一次,年终一次总考,只要成绩合格,平时未违背学规,就可升入内舍;内舍生,考试成绩达到"优""平",并参以日常"行、艺",升入上舍;上舍生考试分上中下三等,名列上等的,即不再经过科举考试而直接授以官职。这样,学校不仅担负养士的任务,而且具有取士的职能了。

二是整顿地方学校。熙宁四年,下令京东、京西、河东、河北、陕西五路设立学校,选置教官,采访有"经术行谊"者担任教授。每所学校给田40顷以充学粮,元丰元年(1078年),设置州府学官五十三员,都是既有出身,又经考试,足以胜任者。州县学校有了显著发展。

三是颁定《三经新义》。王安石为实行新政,非常重视统一思想的工作。熙宁六年(1073年)特置经义局,王安石亲自阐释《周礼》,谓之《周官新义》。《诗》《书》则由其子王雱与吕惠卿共同诠释,合谓《三经新义》。熙宁八年完成,经宋神宗批准,颁发给各类学校,作为必读教材,亦为科举考试的内容和标准。

四是设置专门学校。熙宁改革中,设置了武学、律学和医学等专门学校,以培养专门人才。

五是改革科举制度。王安石针对科举考试的旧弊,于熙宁四年拟就了新办法。规定废除明经科,增加进士科。进士科考试废除诗赋、帖经、墨义而试之以"本经"(任选《诗》《书》《易》《周礼》《礼记》中的一种)、"兼经"(《论语》《孟子》二者只要通晓经文主旨大意即可)及策论。

王安石变法推行教育改革,发展官学,使宋代教育为之一振。元丰八年(1085年)宋

---

① 《上仁宗皇帝言事书》

神宗去世,哲宗年幼,高太后临朝,起用旧党。元祐元年,熙宁、元丰变法之政先后尽罢,改革教育的各项措施也均废弃,第二次兴学又以失败告终,但对北宋教育制度的形成及宋代中后期教育,产生了深刻影响。

(三) 崇宁兴学

宋徽宗崇宁元年(1102年),曾是王安石新政有力支持者的蔡京,刚刚就任右仆射兼门下侍郎,便提出"以学校为今日先务",再次发起兴学运动,史称"崇宁兴学"。

崇宁兴学的内容主要包括以下几个方面:

一是令全国各地设学,推行三舍法。崇宁元年(1102年)规定"天下州县并置学,州置教授二员,县亦置小学。县学生选考升诸州学,州学生每三年贡太学。"崇宁三年(1104年),又"始定诸路增养县学弟子员,大县五十人,中县四十人,小县三十人"①。

二是扩建太学。在都城南门外创建辟雍,作为太学的外舍。同时,扩大太学生规模,上舍生定额200人,内舍生定额600人,外舍生定额3000人,均比元丰时扩充一倍。

三是恢复创办专科学校。诸如有天文学、医学、武学、算学、律学、书学及画学,种类繁多,历代绝无仅有。尤其是培养绘画人才的画学,在古代教育史上属于首创。

四是改革选士制度。由于从中央官学到地方官学普遍实施三舍法,改由学校直接取士,于是在崇宁三年(1104年)诏罢科举,每岁考试上舍生如礼部试法,次年赐上舍生35人及第。以后又间行科举,与舍选并行。宣和三年(1121年)恢复科举旧制,但太学仍保留崇宁定制。

相比较而言,崇宁兴学的声势、规模和实际效果都远远超过前两次,只因蔡京的政治形象多为世人所讥,在一定程度上淹没了他在改革教育方面的历史功绩。

宋初的三次兴学运动,并非单纯的兴学运动,而是政治革新的一个重要组成部分。尤其是随着改革者政治地位的变化,兴学运动也大起大落,一些有益的教育改革举措也未能得以有效传承。但三次兴学运动的影响是巨大的,在一定程度上推动了宋代各级各类教育的发展和繁荣。因此,这三次兴学运动是宋朝"兴文教"政策最直接,也是最重要的体现。

三、宋代的教育制度

宋代的学校教育制度基本模仿唐代。官学有中央官学和地方官学,各项制度都是在三次兴学过程中逐步建立和完善的。

(一) 中央官学

国子监。国子监是管理学校的机构,有时亦将国子学称国子监。宋初建立,建隆三年(962年)夏开始招生讲学。生员凡官员七品以上子弟可入国子学,较之唐代,品第限制有所放宽。景德四年(1007年),又置西京国子监。国子监设判监事二人,总管监事;直讲八

---

① 脱脱等:《宋史》卷一百五十七《选举三》。

人,讲授经术,此外有丞簿和专管刻书之责的书库和监官各一人。元丰以后,改设祭酒一人总管国子监事,统辖所属各校,其下设司业,参丞主簿各人,分掌各项事务。所属各学,博士教授员额不等。南宋定都临安后,办法亦略相同。

太学。学生资格限于八品官员以下的子弟和庶民的俊秀者,是宋代中央官学的主要形式。崇宁以后,入学手续有所变更,崇宁时规定州学每三年选送太学生一次。南宋高宗时规定,州学学生在学满一年,三次考试及格而未犯过者,可送入太学。孝宗时又有混补、待补之法,从科举落第举人中,取合格者入太学。太学人数时有增减,最盛时期在崇宁元年,上舍生二百人,内舍生六百人,外舍生三千人。南宋时期学生锐减,最多时不过七百余人。课程内容,基本以《五经》为教材,而熙宁期间曾以王安石《三经新义》取代五经。南宋后期,逐渐增入程朱语录及《四书》。太学设博士十人,负责教授经术和训导的责任。考试之法,除平时学行考查,每年对其行艺有所课定以外,主要有私试、公试两种。私试一月进行一次,孟月试经义,仲月试论,季月试策,由学官主持;公试一年举行一次,初场考经义,次场考策论,北宋由学官负责,南宋则另差大臣主持。

宋代中央官学除国子学、太学外,尚设有若干专门学校,简述如下:

律学。宋初于国子学中置博士,教授法律。熙宁六年单独设置,隶属于国子监。"士之莅官,从法以事。今所习非所学,宜置律学。"入学资格为命官和举人。学中分断案及律令两科,习古今刑书、新颁条令等。

算学。徽宗崇宁三年(1104年)建立,隶属于太史局,学生定额210人。入学资格为命官和庶人。学习《九章》《周髀》《海岛》《孙子》《五曹》《张丘建》《夏侯》算法及天文等。此外须兼习一小经,愿修大经者听便。三舍法及考试,略如太学。

书学。徽宗时立,由翰林书艺局管辖。习篆、隶、草三体字,兼习《说文》《尔雅》《论语》《孟子》,自愿修习大经。名额及入学资格均无明确规定。

画学。徽宗时立,由翰林图画局管辖。学生分"士流"与"杂流"。除习绘画外,须习《说文》《尔雅》《方言》《释名》四种书。"士流"须兼选习一大经一小经;"杂流"则诵小经或读律。

医学。宋初设立。初属太常寺,神宗时隶属于提举判局。崇宁时改属国子监,后又改隶太医局。南宋时仍专设医局。此学分方脉科、针科、疡科。方脉科的教材以《素问》《难经》《脉经》为大经;以《巢氏病源》《龙树论》《千金翼》为小经。针、疡二科的教材,除法脉经另增三部针灸经。

武学。仁宗时立,不久即停废;神宗时重又建立。学生以百员为额,习诸家兵法,弓矢骑射等术。南宋亦设武学。

四门学。仁宗时设立,是一所比太学等级较低的中央官学,入学资格同太学。修业期限为一年,但设立不久就停办了。

辟雍。又名外学,徽宗崇宁时设立。崇宁兴学,恢复太学三舍法,但把外舍生置于辟雍,太学内只留上、内舍。州学学生选送到中央,先入外学修业一年,成绩及格再补入太学。南宋取消。

(二) 地方官学

宋代地方行政区划为路,州(府、军、监),县三级。地方官学只有州(府军监)学和县学两级。宋代地方官学于仁宗庆历四年(1044年)诏诸州、府立学;学者二百人以上,允许设置县学。徽宗崇宁元年(1102年)取消限制,所有州县一律置学。学生名额没有详细规定,只在崇宁三年明确"增县学弟子员,大县五十人,中县四十人,小县三十人"①。各学教官称教谕,州学二人,县学一人。教学内容为"以经术德艺训练诸生,掌其课试之事,而纠正不如规者"②。与汉唐以来的地方儒学别无二致。宋代地方官学在学校管理方面稍有改进,主要是:① 设置主管地方教育的行政长官。徽宗崇宁二年(1103年)置各路提举学事司,掌一路州县学校,每年前往各州县巡视一次,考查教师之优劣及学生的勤惰。③ ② 实行"三舍法"。三舍法本系王安石熙宁变法改革太学的措施。哲宗元符二年(1099年)通令全国各学一律采用"三舍法",由县学生选考升入州学,由州学生可贡入太学。④ ③ 拨给学田,保障经费。仁宗即位初,即诏赐兖州学田。神宗熙宁四年(1071年)诏诸州给田四十顷以赡士。宋代地方官学发达,还表现在若干地区的少数民族纷纷请建番学,而且高丽亦曾遣士于州学就读,开创了外国人入地方官学的先例。

第二节 宋代的科举制度

科举制度自隋代创始,唐代加以完善,使之制度化。宋代基本上因袭唐代的做法,但为满足官员不足之需,在管理上尤其是应对考试作弊问题上又有所创新,多为后世所传承。

隋唐兴科举以来,两汉的察举之制并未废止,间或有察举孝廉之举。宋太祖开宝八年(975年)诏诸州察举孝悌力田,奇才异行或有文武才干者740余人。太祖命翰林学士李昉等于礼部贡院,试问所习之业,皆可采。此后,宋代各帝取士只以科举,察举之法罢废。

宋代建国后,建立中央集权统治,需要补充大批文武官员,主要来源是科举,宋初对于科举特别重视,取士名额增加,及第后待遇优厚。唐代科举最盛时,每年取士不过五十人,一般只一二十人。宋太祖开宝六年(973年)李昉知贡举,仅取十一人,但经太祖复试,增取诸科九十六人,宋太宗初即位时,取进士一百九十人,诸科二百七十人,十五举以上一百八十四人,共五百人,开创了亘古未有的取士规模。此后,每科取士皆有几百人。另外,对于屡试不中的士人,开有"特奏名"和"赐出身"的特例,把屡试不第者特别开具名单奏上;

---

① 《宋史·选举志》
② 《宋史·选举志》
③ 《宋史·职官志》
④ 《文献通考·学校七》

对于十五举以上未中者,赐以出身,为后世恩科之始。

宋代对于科举进士及第的待遇也超过隋唐,凡中进士者立即授官,不须再经吏部考试。所授官职,亦十分尊显。太平兴国二年(977年),及第五百余人,皆赐绿袍靴笏,对于进士及九经,授予监丞、大理评事、通判诸州等职。太平兴国五年,授前二十三名通判;八年第一甲授知县等。在当时,仕进以进士诸科为最荣贵,朝庭公卿等文官皆从此选。仁宗十三举中,每次甲第三人,共三十九人,其后不至公卿者仅五人。①

科举制度之状元

"状元"一词始于唐代。凡举人进京会试,须先到礼部投状报到,故时人称进士第一名为状元,又称状头。唐代的状元还不像后世那样令人艳羡。唐代状元并不为史书所特别记录,两唐书中的状元,如王维、柳公权、李固言,只称"中进士第",并不强调其状元头衔。而且唐代考中状元仍和其他进士一样,只有再通过吏部试才能入仕做官。唐代科举,考试和录取的透明度都很高,所谓通关节,是指在考前就和主考官约定,用不着在考场内、答卷上或在阅卷时作弊,虽不正大光明,却也不违法。宋代比唐代更加重视科举,由皇帝亲自行殿试、定状元。宋代朝廷竭力给予新科进士各种荣耀。进士录取后,皇帝亲自一一接见并赐宴(如闻喜宴、琼林宴等);诏令宫中卫士为状元清道开路,前呼后拥,公卿以下无不驻足观望,连皇帝也行注目礼。北宋殿试前三名均称"状元";南宋时称为"状元""榜眼"和"探花",并为后代所沿用。

一、科举考试的种类及科目

宋代科举考试主要有贡举、制举、武举和童子举四类。

贡举是为正科,或曰常贡,宋初每年一次,宋仁宗时改为二年一次,宋神宗时又改为三年一次,成为定制。考试分为三个步骤:

第一步为解试,一般是在秋季举行,又称为秋试。考前要由各县、州长官核实考生身份,然后参加分科考试。进士科由判官主持,其他科由录事、参军负责。凡有作弊者,立即遣出,取消考试资格。考试合格者,由主考官署名送至贡院。

第二步是省试,由尚书省的礼部主持,又称之为礼部试,参试者是由各地解送而来的"贡士",亦称"举人",同时解送的还有解试的试卷、评定等第、家状等,一并呈交礼部审核。审核过关即可获得参加省试的资格,便可在春季择时参加省试。关于省试科目,宋初仍分为进士、九经、五经、三礼、三传、开元礼、三史、学究、明法等科。熙宁新政后变动较大,多是围绕着进士科所考内容展开。

第三步是殿试,又称廷试、御试,由皇帝亲自主持考试,一般在省试之后随即进行。太平兴国八年(983年),规定殿试进士以三甲发榜。景德二年(1005年),又分为三甲五等:

---

① 《文献通考》卷三十一,引《容斋洪氏随笔》

第一、二等为第一甲,赐以"及第";第三等为第二甲,赐以"出身";第四、五等为第三甲,赐以"同出身"。殿试第一名称"状元"。殿试过关后,可以直接授官,步入仕途。

制举,又称为"制科",或"贤良科",不定期进行考选,所谓"制举无常科,所以待天下之才杰,天子每亲策之"①。常在国家急需用人之时举行,应试者无论有官无官,即便是布衣草泽之士,亦可应诏对策,甚至还可以到京师自荐应试。

武举是以武艺高低取士的一种考试制度,始于天圣七年(1029年)。次年,宋仁宗"亲试武举十二人,先阅其骑射而试之,以策为去留,弓马为高下"②。南宋时,武举与贡举同三舍法并行。

童子举,又称为童子科,是专为儿童应试设置的科目。一般来说,凡15岁以下的童子,能背诵挑试一经或两小经者即可应试,补州县小学生。通五经以上者,则由州官荐入朝廷,由中书省复试,中则免解,成绩优异者亦可拜官。

二、科举考试的内容与方法

宋初仍仿唐制,考试诗赋、帖经与墨义。庆历兴学时,罢去帖经、墨义,先试策、论,再试诗赋。王安石新政期间,又取消诗赋,专以《三经新义》取士。大观元年(1107年)诏行"八行科"取士,令州县学以孝、悌、睦、姻、任、恤、忠、和等八行取士,依三舍法升贡。宋徽宗和蔡京又将其归类:孝、悌、忠、和为上,睦、姻为中,任、恤为下。具体选拔方式,《古今图书集成·学校部·汇考六》有载:

> 上四行,或不全一行而兼中等二行,为州学上舍上等之选;
>
> 不全上二行,而兼中等一行,或不全上三行,而兼中二行者,为上舍中等之选;
>
> 不全上三行,而兼中等一行,或兼下一行者,为上舍下等之选;
>
> 全有中二行,或中等一行,而兼下一行者,为内舍之选,余为外舍之选;
>
> 诸士以八行,中选在州县,若太学皆免试,补为诸生之道,选充职事及诸斋长谕;
>
> 诸士有犯不忠、不孝、不悌、不和,终身不齿,不得入学。不睦十年,不姻八年,不任五年,不恤三年,能改过自新,不犯罪,而有二行之实,者邻保伍申县,县令佐审听入学。在学一年,又不犯第三等罚,听齿于诸生之列。

如此单纯以德行取士、忽略学问的做法,自然会带来严重后果。政和六年(1116年)以后,八行取士的资格及出路与一般学生无异,此项制度宣告结束。

南宋时,诗赋与经义兼用。绍兴二十七年(1157年)确定:"自今国学及科举取士,并

---

① 脱脱等:《宋史》卷一百五十六《选举二》。
② 脱脱等:《宋史》卷一百五十七《选举三》。

令兼习经义、诗赋,内第一场大小经各一道,永为定制。"①绍兴三十一年(1161年),礼部侍郎金安节等奏请诗赋、经义分科,遂诏分科,结束了诗赋、经义的长期争斗。

三、科举考试的主要特点

宋代对科举考试非常关注,并依据实情及需求不断进行改革与完善,其特点主要有:

一是增加取士名额。唐代科举最盛时,每年取士不过50人而已,最多的一次是唐高宗咸亨四年(673年)取士79人。宋初取士主要是增加常贡名额,尤以进士科为主。天平兴国二年(977年)则达到309人。以后每年都有增加,最多的一次是咸平三年(1000年),录取进士科409人,诸科1129人,总计达到1538人。南宋时录取的人数也比较多,如宝庆二年(1226年)达到987人。两宋共科举取士115 427人,年均361人,为唐代年均的14倍。录取人数的增加,大大提高了世人读书应试的积极性。

二是开有"特奏名"与"赐出身"的特例。通过正式科试途径被录取的为"正奏名"。"特奏名"属于一种特殊照顾的名额,或者称之为"恩科"。宋太祖时曾规定,凡是参加15次科举而没有被录取的,不再参加科举考试,经皇帝同意后,仍可赐予出身,与正科出身的享受同等待遇,以示皇帝对举子的恩宠和鼓励。

三是考试管理更加严密。为防止科举考试时的舞弊行为以及避免门第势力的泛滥,宋代采取了诸多有效举措,诸如糊名、誊录、别头试、锁院制度等。糊名,或为弥封,即将试卷上考生的信息糊上,以防止考官认出,等评卷结束且定出等第后再开视。此制始于武则天时期,但仅限于吏部试,尚未形成制度。宋代是从殿试开始的,进而扩展到省试和解试。誊录,即试卷密封后尚不能进入阅卷程序,须先送誊录院,由专人负责抄成副本,再将副本送考官评阅。因原试卷用墨,故称墨卷。誊录人用朱,故副本称朱卷。此制始于景德二年(1005年),后逐渐成为定制,并专置誊录院负责此事。别头试,或称别试,是别座就试的简称,主要是针对主考官或其他有关官员的子弟、亲戚、门客参试的一种规定,应试时需要到专设的考场内应试,以防利用职权互通作弊,实际上就是一种回避制度。

四是及第后待遇优厚,授官后的级别也有所提高,进士高第者被授予高官的不乏其人。

另外,还确立了三年一大考制度和殿试制度,加强了帝王对人才选拔任用的控制,使科举制度能更好地为封建统治服务。

第三节　宋代的书院

书院是自中唐以后所出现的一种特殊而又重要的教育组织形式,与官学、私学一起成为支撑封建教育的三大支柱。

---

① 毕沅:《资治通鉴》卷一百三十一,绍兴二十七年。

一、书院制度的起源

"书院"之名源自唐代,因为有"书",故有"书院"之称。当时有两种场所被称为书院:一是官方所设立的,用于收藏、校勘和整理图书的机构,最早可以追溯到唐玄宗开元六年(718年)在长安东宫所设丽正修书院。之后,开元十一年(723年)在长安大明宫光顺门外设置一所丽正书院,开元十二年(724年)又在东都洛阳明福门外设丽正书院,可以说当时有三所异址同名的书院在进行着同样的工作①。至开元十三年(725年),三所丽正书院均更名为集贤殿书院。二是民间个人设立的,是用于个人读书治学的地方,此类书院设置要早于官办书院,如瀛洲书院,创建时间在唐高祖武德六年(623年)之前,比之丽正书院早了近100年。在《全唐诗》中所记载的书院有十多所,有的是以个人名字命名,有的是因地而名,如李泌书院、杜中丞书院、李宽中秀才书院、沈彬进士书院、南溪书院等。

书院发端于唐代,只有少数书院存在教学活动。至宋代,具有教学活动的书院开始大量出现,书院教育制度逐渐形成,书院规模日渐扩大。书院之所以在唐宋之际萌芽和快速发展,究其原因主要有以下几点。

一是官学衰落与未兴所致。唐末及五代年间,由于"兴干戈,学校废",士子求学无路。至宋初,虽然海内一统,文风日起,但政府无暇顾及教育,于是书院应运而生,既满足了读书人的需求,又解决了政府的一大难题。诚如朱熹在《衡州石鼓书院记》中所言:

> 前代庠序之教不修,士病无所于学,往往相与择胜地,立精舍,以为群居讲习之所。而为政者,或就而褒表之,若此山,若岳麓,若白鹿洞之类是也。②

吕祖谦在《白鹿洞书院记》中亦称:

> 国初斯民,新脱五季锋镝之阨,学者尚寡,海内向平,文风日起。儒生往往依山林,即闲旷以讲授,大率多至数十百人。嵩阳、岳麓、睢阳及是洞为尤著,天下所谓四书院者也。③

二是受佛教禅林制度的影响。佛教自传入中国,出于僻世遁俗、潜心修行的需要,往往选择环境僻静优美的山林建立寺庙,集藏经、讲经、研经于一体,且制定有详密的讲经规程。这对书院影响很大,五代及宋初的书院也大多建于山林名胜之中,书院的讲会制度也是借鉴了佛教的讲经方式,书院教学所用的"讲义""章句"和"语录"等形式也是来源于佛教禅林制度。

三是与政府鼓励民间办学有关。宋初提倡文治,虽然无力大量创办官学,但对书院却

---

① 邓洪波:《中国书院史》,上海:东方出版中心2004年版,第29页。
② 《晦庵集》卷七十九。
③ 《东莱集》卷六。

给予多方面的支持和鼓励。白鹿洞书院、岳麓书院、应天府书院、嵩阳书院等都得到过朝廷的赐书、赐匾额、赐学田和奖励办学者等不同形式的支持，无疑也是促进宋初书院兴盛的直接动因之一。

四是印刷术的应用，使书籍制作的成本大大降低，书籍不再是珍藏品，民间或个人可以拥有一定数量的藏书，书院也才可能拥有丰富的藏书，此乃促成书院兴旺发展的重要基础。

五是名师在书院讲学，对一部分淡泊名利，无意于科举，而倾向于专心读书治学的学子来说，具有巨大的吸引力。

二、书院的发展与著名书院

宋初书院兴起，著名的有四大书院，然各书所载，略有出入，王应麟的《玉海》以白鹿洞、岳麓、睢阳（应天府）、嵩阳为四大书院。而马端临《文献通考》以白鹿洞、石鼓、应天府、岳麓为四大书院。其实当时除这五个书院外，还有茅山书院也很著名，可称宋初六大书院。

白鹿洞书院，在江西庐山五老峰南麓的后屏山之阳。唐贞元年间，洛阳人李渤兄弟在此隐居读书，因李渤养有一只白鹿，人称白鹿先生。又因此处山峰回合，形如一洞，故名白鹿洞。五代南唐升元年间，曾在此建"庐山国学"，命国子监九经教授李善道为洞主，教授生徒，是为白鹿洞书院的前身。宋初经扩充改建为书院，并正式定名为"白鹿洞书院"，有生徒数十百人。太平兴国二年（977年），知州周述上书朝廷，请赐监本《九经》以供生徒肄习，书院遂闻名天下。南宋淳熙六年（1179年），朱熹知南康军，重修书院，自称洞主，聚徒20多人，讲学其中。尤其是拟定学规《白鹿洞书院揭示》、立四书五经为课程、刊《论孟要义》为教材，为书院的发展奠定了基础，且为天下诸多书院所仿效。吕祖谦应朱熹之邀撰《白鹿洞书院记》述其始末，首次将白鹿洞书院与嵩阳、睢阳和岳麓书院一起并称为四大书院。

岳麓书院，在湖南长沙岳麓山下。开宝九年（976年），潭州太守朱洞在佛寺遗址上创建为书院，建有讲堂5间，斋舍52间。咸平二年（999年），潭州太守李允加以扩建，置书楼，塑十哲画七十二贤像，还上书朝廷，请赐经书。大中祥符八年（1015年），宋真宗亲自召见山长周式，任命其为国子监主簿，仍掌书院，还御书"岳麓书院"匾额。南宋乾道初，湖南安抚使刘珙重建，命郡教授郭颖主其事，张栻与同学彭居正先后主讲其间，各地求学者蜂拥而至，遂成为湖湘学派的重要基地，史称"湖南一派，当时为最盛"。绍熙五年（1194年）朱熹以湖南安抚使的身份重修岳麓书院，还亲临书院讲授，"座不能容"，并将《白鹿洞书院揭示》作为岳麓书院学规，改名为《朱子书院教条》。淳祐六年（1246年），宋理宗御书"岳麓书院"，这是继宋真宗之后再次得到皇帝的赐额。

石鼓书院，在湖南衡阳石鼓山，故名。唐元和年间，州人李宽因寻真观旧址筑屋读书其中。宋至道三年（997年），李宽族人李士真，就李宽读书旧址，呈请郡守在此创建书院。景祐二年（1035年），衡州知府刘沆请赐"石鼓书院"额并学田。南宋淳熙十二年（1185年），部使者潘畤就原址重建，置房屋数间。淳熙十四年（1187年），提刑宋若水继续扩建，奉祀孔子，广集图书，请朱熹为之作《衡州石鼓书院记》。聘请戴溪为山长，为诸生讲求《论语》，留下《石鼓论语问答》三卷。

应天府书院，即应天书院、睢阳书院，位于河南商丘故城遗址。五代后晋天福六年（941年），商丘人杨悫"力学勤志，不求闻达"，创立归德军南都学舍，聚徒讲学。弟子戚同文继承师业，得到将军赵直的帮助，重筑学舍，称之为"睢阳学舍"，"请益之人不远千里而至"。宋初开科取士，学舍生徒"登第者五六十人，宗度、许骧、陈象舆、高象先、郭成范、王砺、滕涉皆踪践台阁"①。大中祥符二年（1009年），应天府民曹诚出资三百万，即戚同文旧居建学舍150间，聚书5000余卷，并愿意以学舍入官。宋真宗准奏，并正式赐额为"应天府书院"，署曹诚为助教，戚同文之孙戚舜宾主持书院。天圣五年（1027年），范仲淹丁母忧期间，曾在此执教，训督学生皆有法度。景祐二年（1035年），书院改为应天府学（又称南京府学），拨给学田10顷以助。庆历三年（1043年）改为南京（商丘时为北宋陪都，亦称南京）国子监。南宋时废弃。

嵩阳书院，位于河南登封城北峻极峰下，因坐落在嵩山之阳故而得名。北魏时为嵩阳寺，隋朝大业年间更名为嵩阳观，后唐进士庞式曾在此聚徒讲学。后周时改为太室书院。至道二年（996年）宋太宗赐"太室书院"额及印本《九经注疏》。大中祥符三年（1010年），又赐《九经》。景祐二年（1035年）敕修，赐学田一顷，诏名"嵩阳书院"。熙宁五年（1072年），程珦管勾嵩山崇福宫，时书院受制于崇福宫，程珦之子程颢、程颐得以在书院讲学。南宋时停办。

茅山书院，原位于江苏金坛县西茅山。宋仁宗时，处士侯遗所建，在此教授生徒十余年。天圣二年（1024年），江宁知府王随奏请朝廷，拨学田三顷为学粮。后被崇禧观所占。宋理宗端平中，归隐官员刘宰重建于三角山，讲学其中。咸淳七年（1271年）重建于顾龙山麓，建筑主要有先圣庙、大成殿、先贤祠和明伦堂等。

宋初书院发展既盛，曾一度在教育上起过地方学校的作用，产生过深远影响。马端临说："是时未有州县之学，先有乡党之学。……乡党之学，贤大夫留意斯文所建也，故前规后随，皆务兴起，后来所至，书院尤多。而其田土之赐，教养之规，往往过于州县学，盖欲皆仿四书院云。"②但北宋书院，不久相继衰落，"书院至崇宁末乃尽废"③。造成这个变化的主要原因是北宋经过三次兴学，中央和地方官学得到了发展，对于书院便不再热心提倡。读书士子看到只有通过官学才能得到仕进，自然也就不愿再常守山林，潜心为学了。于是书院在读书人心里也渐渐淡漠了。到南宋，书院却又得到极大发展。

三、书院的组织管理特色

书院不同于官学，也不同于私学，是介于官学与私学之间、兼有二者之长的一种特殊教育机构，在办理过程中所形成的优良传统，足以与现代大学制度或大学精神相媲美。书

---

① 脱脱等：《宋史》卷四百五十七《戚同文》。
② 《文献通考·学校考》
③ 王祎：《游鹿洞记》。

院的日常管理制度比较完备,主要体现在:

第一,书院有私办、公办和私办公助等多种形式,发展的空间较大。

第二,书院的组织结构相对比较简单,书院的主持人通常称之为院长、山长或洞主,负责书院的所有管理事务,个别书院会设有副山长协助山长管理,有的会选择高足弟子代管一些事宜。至南宋时,部分书院规模较大,会设置一些职员分管各项事宜,以江苏的明道书院最为典型,竟设有山长、堂长、堂录、讲书、堂宾、直学、钱粮官、讲宾、司计、掌书、掌祠、斋长、医谕、正供生员和职事生员等15种之多,是南宋书院中设置职事最多的。

第三,书院有常设经费,即院田,或称学田,有的是个人捐赠的,也有官方拨充的,还有帝王赐给的,以用于山长束脩、生徒膏火、考课奖赏、祭祀以及房舍建设、书本及教学设施的添置等费用开支。

第四,书院负责前来听讲求学院生的膳食费用,所使用的教材及书籍,或个人捐赠,或官方颁发,或自行购买,南宋时自行刻印书籍的书院亦为数不少。

第五,书院日常工作除教学活动外,还有藏书和祭祀。藏书是书院的传统,多设有藏书楼。祭祀则是通过所奉祀的先贤先哲,表明自己的学术追求和学统,尤其是要对学生进行道德教化,所谓"尊前贤而励后学也"。为此,设置有"孔庙"或"大成殿""文昌阁",以及"先贤祠"等实施祭祀活动。自南宋时,"院中学术大师、有名的山长、关心书院建设的乡贤与地方官,日渐进驻书院的祠堂,书院祭祀走上了独立发展的道路"①。

第六,制定有严格的学规学约,内容涉及书院教育目的、读书、治学、道德修养、考核、起居、祭祀、藏书等方方面面,为书院的健康和长久发展提供了强有力的制度保障。宋代最著名的学规,当是淳熙七年(1180年)朱熹所制定的《白鹿洞书院揭示》,又称《白鹿洞书院教条》《朱子教条》或《白鹿洞书院学规》,明确指出书院教育的目标和发展方向,还提出关于学习、修身、处事、接物的具体原则和方法,成为书院教育的一个纲领性文献和后世书院拟定学规的一个范本。内容如下:

父子有亲,君臣有义,夫妇有别,长幼有序,朋友有信。

右五教之目。尧舜使契为司徒,敬敷五教,即此是也。学者学此而已。而其所以学之之序,亦有五焉,其列如左。

博学之,审问之,慎思之,明辨之,笃行之。

右为学之序,学、问、思、辨四者,所以穷理也。若夫笃行之事,则自修身以至于处事接物,亦各有要,其列如左。

言忠信,行笃敬,惩忿窒欲,迁善改过。

右修身之要。

正其义不谋其利,明其道不计其功。

右处事之要。

己不所欲,勿施于人。行有不得,反求诸己。

---

① 邓洪波:《中国书院史》,上海:东方出版中心2004年版,第158页。

右接物之要。①

四、书院的教学活动特色

书院的教学活动更具特色,主要表现在以下几点:

一是教学与学术研究相结合。书院院长或主持人多是知名学者,或者是某一学派代表人物,书院又是某一学派教学或学术研究基地,因而书院教学与学术研究是密切结合在一起的,且学者之间也进行合作研究,诸如朱熹与吕祖谦合编《近思录》,尤其是诸多弟子也积极参与编著理学书籍。

二是书院重视学术交流与争辩,允许不同学派的学者莅临书院讲学,且可以自由听讲,不受地域限制,体现出门户开放精神。宋初濂、洛、关诸派学者也时常相与讲学,但尚未出现针锋相对的激烈辩论。南宋时期,则盛行"会讲"制度,常使书院成为地域性的教育和学术活动中心。比较著名的会讲事件主要有三次:第一次是朱张岳麓之会。乾道三年(1167年)八月,朱熹由弟子范伯崇、林择之侍行,从福建崇安启程前往潭州访问张栻,并在城南、岳麓两书院讲学,远道而至听讲者甚多,以致"学徒千余,舆马之众,至饮池水立竭,一时有潇湘洙泗之目焉"。第二次是朱陆鹅湖之会,淳熙二年(1175年)初夏,朱熹送吕祖谦回浙江途中,行至江西信州铅山鹅湖寺,吕祖谦约陆九渊、陆九龄兄弟二人前来相会。据《宋元学案》云:"伯恭盖虑朱与陆犹有异同,欲会归于一而定其适从。"其结果,不仅没有"归于一",反而更明确了他们之间的分歧,尤其是在学习方法上争论甚是激烈,终不欢而散。第三次是朱陆白鹿之会,淳熙八年(1181年)二月,陆九渊自金溪至南康来访朱熹,朱熹邀请陆九渊登白鹿洞书堂讲学。陆九渊以《论语》中"君子喻于义,小人喻于利"一章为题发论。据说听讲者"莫不竦然动心",朱熹也认为"切中学者隐微深痼之病"。于是,将其所讲内容刻石为记,即著名的《白鹿洞书堂讲义》。这次会讲,首开书院邀请不同学派讲学之先河。

三是书院教学方式非常灵活,坚持教师讲与学生自学相结合。教师讲称之为"升堂讲说",系书院集体教学活动,也是书院常行的教学方式,一般都由山长或主讲招集生徒升堂讲解经书,听讲者可以当堂质疑问难。有的书院还抽取学生参与讲经,借以考查其对经书的理解程度。同时,由于生徒众多,多数书院会采用弟子次相传授的方式,即由高足弟子代讲,着重学生自学能力的培养。

四是基于宽松自由的学术氛围,以及学派自身理论发展与传承的需求,名师在书院教学活动中的原创思想较多,常被弟子以《讲义》《语录》的形式记载下来,如《朱子语类》140卷,即为99位弟子所载汇集而成。如同诞生于私学的儒学被历代统治者所推崇一样,在书院中形成的博大精深的程朱理学,亦被宋理宗以后的历代帝王当作官方哲学加以尊崇。

值得一提的是,书院在发展初期,便存在官学化的倾向,诸如接受官府或帝王所赐书籍、学田、院额、院名等。尤其是在南宋时,自景定四年(1263年)"诏吏部诸授书院山长

---

① 《晦庵集》卷七十四

者,并视州学教授"后,则出现地方官员或学官兼任山长的情况。如景定五年(1264年),学者何基以婺州州学教授兼领丽泽书院山长。还有,书院的出现虽稍晚于科举,却如同官学、私学一样深受其影响。尤其是,书院的许多创办者、主讲人都是科举出身,或在书院学成后通过科举走上仕途,又应邀赴书院讲学或亲自创办书院,或金榜题名后去办理书院。可以说,书院并不排斥科举,学业与举业也并不矛盾。如南宋时,南剑州知州徐元杰为延平书院所制定的每日课程安排,早上要求读四书,"先《大学》,次《论语》,次《孟子》,次《中庸》";午后则"本经论策",即进行与举业有关的教学;晚上要求读《通鉴纲目》,以拓展知识面。再如浙江象山县的缨溪书院,自宁宗嘉定间赵善晋重修后,"自宋至明,科甲皆出于此"。

第四节 辽金的教育

自10世纪至13世纪,中国北方先后出现了由契丹族建立的辽和女真族建立的金两个少数民族政权。辽金两代为了有效地统治广大汉族地区,均积极推行"汉化"政策。在文教方面,他们在力图保持其本民族文教风俗的前提下,又在不同程度上倡导尊孔崇儒,以儒家思想作为治国和发展文教事业的指导思想,在汉文化的传承及教育传统的弘扬等方面发挥了积极的作用,在中国教育史上写下了重要的一页。

一、辽国的教育制度

辽国(901—1135)是契丹族在我国北方建立的一个统治政权。原系氏族部落社会,916年在酋长耶律阿保机率领下,完成了奴隶制度的变革。共历九帝,统治二百三十余年,教育和科举制度多仿唐制和宋制。

(一)学校制度

辽太祖(907—926)定都皇都(今内蒙古巴林左旗唐波罗城)时,曾修孔子庙置上京国子监,设祭酒、司业、监丞、主簿等官,既是最高学府,又是全国教育管理机构。清宁六年(1061年)又置中京国子监。地方官学设有黄龙府学、兴中府学,在州设立州学,"时五京,黄龙、兴中二府及诸州县皆有学,其设官并同"[①]。

(二)科举制度

辽代虽依照唐制设立了科举考试制度,但对科举制度并不重视。辽太祖时曾经有设,以后中断了几十年,至景宗保宁八年(976年)始诏复南京礼部贡院,至辽圣宗统和六年(988年)才恢复贡举,正式开科取士。当时的办法,大概仿唐之旧,每年贡举一次,及第者

---

① 《续文献通考》

仅一二十人,最多也不过 70 余人。兴宗重熙元年(1032 年)以后,每隔三四年才有一举的做法,渐成惯例。但辽代科举只对汉族士子而设,录取的人数很少,其本族则用任子之制,不需要通过科举而直接进入仕途,可见辽代的科举制度不过是专门用来笼络汉族士人的手段而已。

二、金国的教育制度

金国(1115—1234)是由活动于长白山和黑龙江流域的女真族建立的一个奴隶制国家。在其统治的一百余年间,灭掉辽国,打败北宋,在我国北方的大片领土上实行封建统治,为了有效地统治广大汉族地区,政治制度几经改革,模仿宋制,对于学校和科举相当重视,并有一些发展。

(一)学校制度

金国于海陵王天德三年(1151 年)始置国子监,规定词赋、经义学生百人,以宗室、外戚、功臣及三品官员以上子弟、年十五以上者入学。大定六年(1166 年)又置太学,初定员一百六十人,其后续有增加。所学教材采用"九经""十七史"及《老子》《荀子》《杨子》等书,皆由国子监印制,分发各学。① 考试制度,举行学生会考,三日作策论一道,又三日作赋及诗各一篇。三月一私试,以季月举行,先试赋,间一日试策论。中选者的前五名申报中央补官。学校定有放假制度和学规等。

为了培养女真官吏,大定十三年设女真国子学于中都(今北京),招收策论生百人。规定每谋克(氏族单位,三百户为一谋克)取二人。学习内容为女真大小字翻译经书。考试等制度与汉学国子学同。

中央官学还有小学和女真小学之设,定制各百人,学生取不足十五岁者。地方官学设"府学""州学",大定六年开始设置,共十七处,学生千人。大定二十九年(1189 年)地方增置节镇及防御、州学增为六十处,增养学生千人。府、州学设教授一员,入学考试由提举学校各学官主持。女真府学于大定十三年设置,计二十二处。所学与女真国子学相同。此外在地方还设有"京外医学",分为十科,学生不足百人,平时试以疑难,每年一试于太医。

各级学校学生都由政府给以供养,自泰和元年(1201 年)起规定赡学养士法,凡生员给以民佃官田,人各六十亩,每年支粟三十石。兴定五年(1221 年)月给通宝五十贯,以后又增为每人给田四十亩。

(二)科举制度

在发展官学的同时,金代统治者对科举制可以说是重视有加,多有改革举措。自太宗天会元年(1123 年)下令开科,以词赋和经义取士,后又接连开了两次科举,只是此时的科举既无定期又无定额。天会五年(1127 年)分设南、北科,在宋朝故地开设南科,号称"南选",主要招考汉族士儒,考试科目采用宋制,以经义取士。在辽朝故地开设北科,号称"北

---

① 《金史·选举志》

选",主要招考辽朝故地的士儒,考试科目采用辽制,以词赋、经义取士,也是以笼络士人为目的。正隆元年(1156年)始定三年一贡举的制度,考题以五经三史正文为限,科目设有词赋、经义、策论、律科、经童、制举、女真进士等科。规定考试词赋、经义、策论之中选者称进士,律科、经童中选者称举人。凡进士、举人由乡至府,由府至省及殿试,四试皆中选者,则授以官职。如果至廷试五次考试落选者,则赐之及第,称作"恩例"。还规定,凡进士不中者,由大臣举荐称"特恩"。南北科的开设,对平衡南北士人心态及本民族士人出仕发挥了积极的作用。

天德二年(1150年)南北选合一,标志着科举已成为全国统一的取士制度。大定十三年(1173年)设置女真进士科,专门招收女真族子弟,考试内容主要是策论,表明金朝政治制度的进一步汉化。明昌元年(1190年)命科举考试在"六经""十七史"以及《孝经》《论语》《孟子》《荀子》《老子》诸子书内出题。尤其是科举考试管理更加严格,甚至调动军队巡视考场,规定府、会试时每4名考生安排一名军人,廷试进士则差弩手及随局承应人,皆用不识字者。入场前要"解发袒衣,索及耳鼻",后变为"使就沐浴,官置衣为之更之"①。

第五节 元代的教育

元代(1279—1318)是蒙古族建立的统一的封建大帝国。元代的建立既为各民族文化的交流和边疆地区的开发创造了有利条件,也促进了蒙古族自身文化的发展与进步。元代统治者为了更好地统治政治、经济、文化都比自己进步的广大汉族地区,一方面实行民族歧视政策,不同等级的人给予不同的社会待遇。另一方面,对于占人口绝大多数的汉族,特别是士大夫阶层,采取"遵用汉法"的怀柔政策予以笼络。

一、元代"遵用汉法"的文教政策

元代建国后,面对政治经济文化比较进步的广大汉族地区,一方面采用武力镇压和民族歧视的政策,将全国人民分为蒙古、色目、汉人、南人四个等级,进行统治;另一方面采取"遵用汉法"的政策,极力笼络汉族地主阶级及其知识分子,重视政治思想和文化教育方面的控制,以巩固政权。

(一)笼络汉族士人

元太祖成吉思汗时(1206—1228),收罗了儒生出身的姚枢。太宗时(1229—1245)库腾南下攻宋,特命姚枢从军去收罗儒、道、释、医、卜士;被俘人员凡有一技之长皆令脱释,得大儒赵复等。元世祖忽必烈为亲王时,请姚枢教授士子经书并备顾问,设立幕府,征用大儒窦默、许衡、郝经等,帮他讲求立国规模与"经国安民"之道,后又不断求"遗逸",得吴

---

① 《金史》卷五十一《选举一》

澄等。这些儒士提出了一套儒家治国平天下的经验和理论,为其制定兴学校、立科举、尊孔子的制度和措施,对加强其统治起了很大作用。

(二)尊孔

这些儒生提出的一套儒家治国思想对元代后来实施兴学校、立科举、尊孔子等措施起了很大的作用。早在元朝建立之前,元太宗就接受宣抚王楫的建议,于1234年将全国的枢密院,改为宣圣庙(孔子庙),并令各路、府、州、县皆立孔子庙。成宗(1295年)即位之初,下诏书,令中外皆需崇奉孔子。武宗时(1308—1312)加封孔子为"大成至圣文宣王"。

(三)尊崇理学

南宋时,对程朱理学时有褒贬。元朝统治者在汉族大儒的建议下,对理学非常尊崇,理学成为元代统治者的"治国安民"之道。太宗八年(1236年)中书省杨惟中随从伐宋,广泛收集伊洛诸学,集于燕京。太宗十年(1238年)为纪念理学鼻祖周敦颐特建太极书院之"周子祠",并以程颢、程颐、张载、杨时、游酢、朱熹六君子配飨,聘赵复主讲;还曾诏令一些蒙古国子生跟随许衡学习程朱理学,理学成为元代统治者的"治国安民"之道。为此,各级学校增读朱熹提倡的"四书",使之与"五经"并列;规定科举考试从"四书""五经"中出题,"四书"以朱注为准。从此,理学不仅成为元代的官方统治思想,明清各代亦然,确定了理学在我国封建社会后期的官方统治地位。

二、元代的学校制度

元代的学校教育,开始于太宗窝阔台时期。元代统治者吸取两宋、辽、金的经验,重视兴学校以培养统治人才。至世宗忽必烈时期,学校教育的发展进入兴盛时期,从中央到地方建立起较为完备的官学体系和教育管理机构。学校的设立亦因民族关系而有其特色。

(一)中央官学

在京师设有国子学、蒙古国子学、回回国子学三种。国子学创立于世祖至元六年(1269年),至元二十八年改为国子监。学额初仅八十名,后增至四百人,另设陪堂生二十人。学生不分种族,其资格限宿卫大臣子孙、卫士世家子弟及七品以上朝官子孙。平民的俊秀者,需经朝三品以上官保举,始得为陪堂生。国子监设祭酒一人、司业二人、博士二人、助教四人,另有正录、伴读,分掌教务和杂务。

元代国子学实行了"升斋积分法"和"贡生制"。"积分升斋"是把学员按程度分别编入三斋,后改为六斋,东西相向。下两斋叫"游艺""依仁",程度最低,习《小学》;中两斋叫"据德""志道",习《四书》,肄诗律;上两斋叫"时习""日新",程度最高,习《五经》,明经义。每季考其所习,依次递升。汉人升至上两斋,蒙古、色目人升至中两斋后,只要两年未曾犯过,允许按月参加考试,依其成绩判分,一年内积至八分为及格,可充高等生员。坐斋三年以上即可充贡举,与举人有同等资格,其中最优者六人可直接授官。这种选拔优异生员直接授官之制称"贡生制"。

蒙古国子学与回回国子学是与国子学并立的中央官学。蒙古国子学创设于世祖至元八年（1271年），从蒙汉官员的子弟中选俊秀者入学。学官有博士、助教、教授、学正、学录、典书等。教材用蒙文教授《通鉴节要》，学成考试，成绩优秀者，量授官职。蒙古国子学的设立，旨在发展本民族的文化，加速培养本民族的人才。回回国子学创设于至元二十六年（1289年），由翰林院伊普迪哈鲁鼎教授，文字用"亦斯替非文"（即波斯文），专以培养诸官衙译史人才为目的，入学资格为公卿大夫及富民子弟。回回国子学培养了众多的外语专门人才，适应了当时社会的需要。它是我国中央官学最早的外国语学校，对于当时中西文化交流起了积极的促进作用。

（二）地方官学

元朝按路、府、州、县四级，在地方上设立了路学、府学、州学、县学以及小学、社学的儒学系统，但事实上并未真正普及。路学创设于元世祖至元九年（1272年），设有教授、学正、学录等官各一员，府学及上中州学各设教授一员。教授命于朝廷，其他学官命于礼部、各行省或宣慰司。至元二十八年（1291年）命江南诸路学及各县学内设立小学，选老成之士任教，并于"其他先儒过化之地，名贤行经之所"建立具有地方官学性质的书院。诸路皆设有提举学官管理教育。学习内容同国子学。

元代地方官学，除设以上学校外，还设有具有民族特点的蒙古字学和医学、阴阳学。诸路蒙古字学创设于至元六年（1269年），招收诸路府州官员子弟及民间子弟。教材同蒙古国子学。教官同郡县学。诸路医学创设于世祖中统三年（1262年）直属太医院，学习内容以《素问》《难经》等医经经典为主，然亦须通"四书"，否则不准行医。诸路阴阳学创设于至元二十八年，隶属于司天台，学官有教授，所习为天文、术数等科，学有成就者录于司天台就职。

值得一提的是，元代还创立了一种基层的教育机构——"社学"。至元二十三年（1286年）颁令各路劝农立社，如史载："县邑所属村疃，凡五十家立一社，择高年晓农事者一人为之长。"①"每社立学校一，择通晓经书者为学师，农隙使子弟入学。如学文有成者，申覆官司照验。"②是年，地方社学已开办有20166所，发展势头相当迅猛，对后世产生了深远的影响。可以说，社学是在农闲时教导农家子弟的一种初等教育形式，但主要任务还是进行封建伦理道德的教化和对政府政策法令的宣传，实际上就是一种政教合一的基层教化形式。

（三）书院教育

元代对书院采取提倡、扶植和加强控制的政策，使书院逐渐官学化。太宗八年（1236年）行中书省杨惟中设立太极书院，这是元代的第一所书院。以后许多儒家学者不愿在元朝政府就仕，退而自行修建书院，元代统治者因势利导，积极加以扶植、控制，采取政府委

---

① 宋濂：《元史》卷九十三《食货二》。
② 柯劭忞：《新元史》卷六十九《食货二》。

派山长并授予官衔,发给宫俸;书院的教授、学正等的任命、提升都由政府批准,学生经地方官员推荐、考核,可分配作学校学官等措施。这样,书院就完全被纳入官方教育体制,成为巩固专制统治的工具。但元代书院仍与官学有一些不同之处:书院是由民间出资捐建的学校,虽然官方予以认可并委任山长、学正等,但书院并没有生员定额,也不必像一般地方官学一样每个行政区域只能有一所。

虽然元代书院的官学化政策大大促进了书院教育事业的发展,但另一方面,也使书院丧失了自身原有的自由讲学、注重学术、开放办学等传统优势和特点。书院山长不再像宋代书院那样能够根据自己的办学特色聘请著名的学者担任,而成为一些混取资序的无聊文人的仕途台阶,这导致书院学术水平大幅度下降,教学质量不佳也是理所当然的事情。

三、元代的科举制度

元代科举仿行宋制。太宗九年(1237年)采纳中书令耶律楚材的意见,下诏诸路考试,设经义、词赋、论三科,凡专治一科,不失文义便可中选,儒人被俘为奴者亦可就试,共录取4030人,但此后四十年未再开科。仁宗皇庆二年(1313年)制定科举条例,规定每三年开科试一次。第一场考试经问五条;第二场考试策一道,以时务出题;第三场试策一道,就经史事务内出题。经问从《四书》中出题并以朱熹集注为准。考试中选者,蒙古、色目人作一榜,汉人、南人作一榜。得中进士,委派官职,蒙古、色目人,比汉人、南人从优。惠宗至元元年(1335年)科举曾又中断,六年复设,程式稍变。由于皇庆二年所订科举制度异常详细,因而对明清取士办法颇有影响,多以此为修订条例的蓝本。

元代总共举行过15次考试,录取的人数总计有1061人。和其他入仕途径相比,科举所占比重微不足道。元代虽然也有较为开明的统治者,但总的来看,掌权的蒙古贵族对读书人是蔑视并戒备的。当时有一官、二吏、三僧、四道、五工、六卒、七猎、八娼、九儒、十丐之说,其中儒生被排在第九名,其地位仅高于乞丐,这真实地反映了当时儒生社会地位低下(少数御用文人例外)的情况。

第六节 朱熹的教育思想

朱熹是宋明理学思想的集大成者,也是南宋最负盛名的大教育家。他不仅集学术之大成,还集教育思想之大成,并对书院教育做出了重要贡献,以致在封建社会后期的学校里出现非朱子之说不言、非朱子之书不读的局面,对当时及后世教育的发展,产生了重大而又深远的影响。

一、生平及教育活动

朱熹(1130—1200),字元晦,后改为仲晦,号晦庵。祖籍安徽婺源(现属江西)。生于福建尤溪县。他出身于地主兼官僚家庭,其父朱松也是一学者,当过县尉。朱熹十八岁中举,十九岁登进及第。曾先后在京作官五任,当过泉州同安县主簿,知江西南康军,提举浙东掌平茶盐,知潭州、知漳州等。在他六十六岁时,派到中央为宁宗当侍讲四十日。一生中总计做官十年左右,其余大部分时间从事私人讲学及著述活动。

朱熹是一个理学家。他在24岁时拜程颐的三传弟子李侗为师,继承了程颐的客观唯心主义哲学思想并有极大发展,成为宋代理学思想的集大成者。他的理学思想在我国封建社会后期占据统治地位。

朱熹是一个教育家,一生从事教育活动40余年,在他做官从政的十年中,每到一处,除处理政务外,他还时常提倡设立书院和州县学,并亲自讲学。朱熹在任同安主簿时,即开办县学,分有"志道""据德""依仁""游艺"四斋,训练取感化主义,不重条规;教授取问答方式,内容为圣贤修己治人之道;在知南康军时,重修白鹿洞书院,制定了著名的《白鹿洞书院揭示》,朱熹自任山长,其学规成为以后各代书院学规的楷模。在知潭州时,又修复了岳麓书院,据载:"先生穷日之力,治郡事甚劳,夜则以诸生讲论,随问而答,略无倦色。多训以切己务实,毋厌卑近,而慕高远,恳恻至到,闻者感动。"①岳麓书院也成为朱熹聚徒讲学,传授理学的场所。他在焕章阁担任宁宗侍讲时,使用《大学》为正式教材,每讲一章必编成讲义,首列经文,次附小注。但仅四十日即罢。

他的弟子很多,每转移一地都有弟子相从学习。门人记录朱熹论学的言论甚多。黎靖德编纂的《朱子语类》140卷,是他一生从事教育活动,考究学术的记录。

朱熹很重视整理编著教材,其中影响最大的是《四书集注》,元、明、清各代都将其列为官学的必读教科书,他的注释也被作为对"四书"的标准解释。《小学》和与吕祖谦合编的《近思录》亦是封建教育的正统教材。

二、关于教育目的、作用的主张

朱熹的教育思想是以他的"理"一元论的客观唯心主义哲学体系为基础。理学教育思想在其关于教育作用和目的的主张上,体现得尤为充分。

朱熹承袭儒家学者的一贯主张,认为教育目的、作用就在于"明人伦"。他说:"父子有亲,君臣有义,夫妇有别,长幼有序,朋友有信,此人之大伦也。庠、序、学、校皆以明此而已。"②在《白鹿洞书院揭示》里,明确把"父子有亲"等列为五教之目,指出"学者,学此而已"。然而,朱熹在阐述理学的基本理论时,却把"存天理、灭人欲"的"复性"之说,与"明人伦"的教育目的、作用等同起来。他说:"古之圣王,设为学校,以教天下之人。……必皆有以去其气质之偏,物欲之蔽,以复其性,以尽其伦而后已焉。"③把儒家传统的教育观点,用理学做了新解释。

朱熹认为,"理"或"天理"是宇宙的本源。天理"挂搭"在人身上,叫作"性"。他说,"性者,人之所得于天理也","性即理也"。他采取"二程"和张载把"性"区分为"天命之性"和

---

① 《朱子年谱》卷四
② 《孟子集注》卷五
③ 《朱文公文集》卷十五

"气质之性"的说法,认为具有"天理"的人性,叫作"天命之性";"理"与"气"相杂的人性叫作"气质之性"。"理"是最高最完美的,它体现到具体事物中,也是纯粹至善的;"气"有清浊、昏明的差别,所以气质之性有善有不善。清明至善者即为"天理",昏浊不善者即为"人欲"。既然"气质之性"中,理和气、善与不善,杂然并存,就要通过教育把"气"与"不善"清除干净。这个清除过程,就是"存天理、灭人欲"的工夫。

朱熹还认为,"性"和"心"有相互关系。他在"天命之性"和"气质之性"的基础上,又把"心"相应地分为本体和作用两方面,本体"心"叫作"道心";"心"的作用,叫作"人心"。这是由于禀气不同所致,来源于"性命之正"而出乎"义理"的是"道心";来源于"形体之私"而出乎"私欲"的则是"人心"。因为"道心"在"人心"之中,并只能通过"人心"而显现,所以难免要受"人心"私欲的牵累和蒙蔽,而难以显露出来。朱熹根据《尚书·大禹谟》"人心惟危,道心惟微,惟精惟一,允执厥中"之说,要求人们通过修心养性,使"人心"转危为安,"道心"由隐而显,"人心"服从"道心","道心"处于支配地位。而把"人心"变为"道心"的过程,即"复性"的过程,也就是"存天理、灭人欲"的过程。这里所说的"复性""存天理、灭人欲",也就是朱熹所主张的教育的作用和目的。朱熹说:"革尽人欲,复尽天理,方始是学","圣人千言万语,只是教人明天理,灭人欲。"①

朱熹针对不同人禀受"天理"和蒙受"人欲"的不同情况,提出了不同的教育目标。

朱熹认为,"圣人"先天生来是由"清明之气"形成的,因而没有丝毫昏浊的混杂,他说:"天下至诚,谓圣人之德之实,天下莫能加也。尽其性者,德无不实,故无人欲之私,而天命之在我者,察之由之。巨细精粗,无毫发之不尽也。"②因此,圣人是不需要加以教育的。"贤人"则次于"圣人",必须通过教育,才能达到"亦无异于圣人"的地步。他说:"先明乎善,而后能实其善者,贤人之学,由教而入者也,人道也。诚则无不明矣,明则可以至于诚矣。"至于"中人"的培养,教育则起重要作用。在他看来,"中人"由于"气质"之偏,"物欲"之蔽,因而介乎于"君子"与"小人"之间,是很不稳定的,如果施以教育,"存天理、灭人欲"就可使其成为"君子";如果不加以教育,也可以推"中人"为"恶人"。

三、"小学"与"大学"的教育阶段论

朱熹把教育分成"小学"和"大学"两个阶段,并分别提出了不同的任务、内容和方法。他说:"大学者,大人之学也。古之为教者,有小子之学,有大人之学。"③这个分段,是以年龄和智力发展为准的。因此在学习内容和培养要求上,也有所不同。他说:"古之教者,有小学有大学,其道则一而已。小学是事,如事君、事父兄等事。大学是发明此事之理。""古人由小学而进于大学……特因小学已成之功。""古人之学,固以致知为先,然其始也,必养之于小学…圣人开示后人进学门庭,先后次序,极为明备。"④

---

① 《朱子语类》卷十三
② 《中庸章句》第二十一章
③ 《经筵讲义》
④ 《小学辑说》

朱熹认为,八岁至十五岁是小学阶段,是打基础的阶段,教学内容是"学其事",即须从洒扫应对进退开始,将伦常礼教教给儿童,进而教他们诗、书、礼、乐之文,使儿童在日常生活上,具体行事上,熟悉伦理纲常,达到存养已熟、根基已深的程度。他说:"人生八岁,则自王公以下,至于庶人之子弟,皆入小学,而教之以洒扫、应对、进退之节,礼、乐、射、御、书、数之文。"①儿童通过"学其事"而知其然并养成习惯,形成封建教育所要培养的人格。

朱熹非常重视"小学"阶段教育,他曾专门编著《小学》作为这个阶段的教材。在《小学》书里,他把古人贤人的"嘉言懿行"汇集起来,分为内外篇,共385章,以立教、明伦、敬身、稽古为纲,以君臣、父子、夫妇、长幼、朋友、心术、感化、衣服、饮食为目,引用许多格言故事,具体形象地给学生举出榜样,使学生即谈、即教、即知、即行,通过行动,学习榜样,达到"习与智长,化与心成"。

15岁以后则是"大学"阶段。他说:"及其十有五年,则自天子之元子、众子,以至公卿大夫元士之适子,与凡民俊秀,皆入大学。"在此期间则要"教之以穷理、正心、修己、治人之道"。就是要在小学"学其事"的基础上以"明其理",按照正心、诚意、格物、致知、修身、齐家、治国、平天下的步骤,使其"明明德",最后达到"止于至善"的目的。正因为大学阶段使人明理的重要性,朱熹精心规划了教学内容和学习步骤,尤其是在浩繁的儒家著作中,提出《论语》《孟子》《大学》《中庸》四书,作为"大学"的基本教材,并亲自用理学观点,对于各书进行重新解释,对于封建社会后期官学教育产生了深远影响。

朱熹"小学""大学"教育内容的主张,自是封建伦理之教,以培养"君子""圣贤"为目的。两个阶段具体的任务、内容和方法各不相同,但又是有内在联系的,它们的根本目标是一致的。朱熹关于小学和大学教育的见解,反映了人才培养的某些客观规律,为中国古代教育理论的发展增添了新鲜内容。

四、朱子读书法

朱熹强调读书穷理,他说:"为学之道,莫先于穷理,穷理之要必在于读书,读书之法,莫贵乎循序而致精,而致精之本,则又在于居敬而持志,此不易之理也。"②他的学生弟子汇集他的训导加以概括、归纳为"朱子读书法"六条,分别是:① 循序渐进;② 熟读精思;③ 虚心涵泳;④ 切己体察;⑤ 着紧用力;⑥ 居敬持志。这是朱熹教育思想的重要组成部分。

(一)循序渐进

其一,强调读书要按一定次序,"以二书言之,则通一书而后及一书。以一书言之,篇、章、文、句,首尾次第,亦各有序而不可乱也"③。其二,读书时,要打好基础,量力而行,并制定好读书计划,"量力所至而谨守之,字求其训,句索其旨。未得乎前,则不敢求乎后;未通乎此,则不敢志乎彼"。其三,读书学习要注重打好基础,不可急于求成,"元来道学不

---

① 《大学章句序》
② 《性理精义·行宫便殿奏札二》
③ 《程氏家塾读书分年日程·朱子读书法》

明,不是上面欠工夫,乃是下面无根脚"。

(二) 熟读精思

读书时必须多读、记住、背熟。"诵数已足,而未成诵,必欲成诵。遍数未足,虽已成诵,必满遍数"。对于所读之书,要通过思考,理解精深。读书时不仅要"读得正文",而且要"记得注解,成诵精熟,注中训释文意,事物名件,发明相穿纽处,一一认得,如自己做出底一般,方能玩味反复,向上有通透处"。

(三) 虚心涵泳

读书时必须有虚心态度,精心思虑,万不可穿凿附会。"读书须是虚心,方得圣贤说一字是一字。自家只平著心去秤停他,都使不得一毫杜撰。学者看文字,不必自立说,只记前贤与诸家说便了。"同时,读书时还要反复玩味,深求古人思想与要旨,"读书之法无他,惟是笃志虚心,反复详玩为有功耳"①。

(四) 切己体察

读书时必须切己体察,即是说,不能只在纸面下功夫,必须将从书中所学与实际行动相结合,身体力行。他说:"读书不可只专就纸上求义理,须反来就自家身上推究。"②"学者读书,须要将圣贤言语,体之于身","将自个己身入那道理中去,渐渐相亲,与己为一"。

(五) 着紧用力

其一,读书要抓紧时间,有发愤忘食、勇猛刚毅的精神,不能懈怠和松垮。其二,要"宽着期限,紧着课程。为学要刚毅果决,悠悠不济事"。读书时"直要抖擞清神,如救火治病然,如撑上水船,一篙不可放缓"。他认为读书应该具有犹如救火治病那样的紧迫感,撑上水船那样不进则退的顽强作风和破釜沉舟那样勇往直前的精神。

(六) 居敬持志

居敬持志既是朱熹道德修养的重要方法,也是他最重要的读书法。他指出:"读书之法,莫贵乎循序而致精,而致精之本,则又在于居敬而持志。此不易之理也。"③读书做事,均须收敛身心,"敬以自持",做到精神专一,注意力集中:"应事时,敬于应事;读书时,敬于读书,便自然该贯动静,心无不在。""须要养得虚明专静,使道理从里面流出方好。"同时,读书要抱定志向与宗旨,持志远大,"立志不定,如何读书?"唯有如此,方能持之以恒,学业精进。

"朱子读书法",是朱熹关于读书方法论述的概括和总结,集中体现了他的读书论和他

---

① 《学规类编》
② 《学规类编》
③ 《程氏家塾读书分年日程·朱子读书法》

的读书经验,很有见地。当然,朱熹读书法也不可避免地存在时代和阶级的局限,突出地表现为:其一,他所说的"书"主要是维护封建统治,道德教育方面的"圣贤之书";其二,他的读书法不曾注意到书本知识和实际调查的配合,更谈不上实验或实践。但是,朱熹读书法是我国古代学者论述读书最充分、最系统的,具有经验总结意义,至今仍有研究参考的价值。

复习思考题

1. 简述王安石教育改革的主要措施及意义。
2. 简述宋代科举制度的主要特点。
3. 简述朱熹关于教育内容、原则、方法的基本主张。

第六章 明代的教育

"世乱则用武,世治则用文"。在元末明初由乱世到治世的过渡中,朱元璋体会到"马上可以得天下,马上不可治天下"的道理,在治世中,"武"下降到其次,行文治、施仁政方是治国的根本。明代自建国伊始,为了巩固封建专制统治,在政治、经济、军事和文化等领域进行系列改革,不断加强中央集权的封建专制统治。在文教方面,制定了"治国以教化为先、教化以学校为本"的文教政策,确立了程朱理学的主导地位,在推行教化、兴学重教的同时,也通过制定学规、屡兴文字狱等方式严格控制思想。在明代统治者的推行下,学校教育体系较为完备,教育管理得到新的发展,科举制度得以变革,在一定程度上促进了学校教育事业的发展。同时,在教育理论方面,王守仁继承和发展了陆九渊的学说,创立"王学",其"心学"体系、教育思想和实践,在历史上产生了深远影响。

【学习目标】

1. 了解明代的文教政策和学校教育制度。
2. 掌握明代科举制度变革内容及其对学校教育的影响。
3. 重点掌握王守仁的教育思想。

第一节 明代的文教政策和教育制度

明代统治者借鉴前代的治国经验,充分意识到教育在安邦治国中的重要作用,因而确立了"治国以教化为先,教化以学校为本"的文教政策。明代的教育主要是由官学、私学与书院等教育机构实施,其制度相对于前代而言更加完备,在管理上也上升了一个水平。

一、文教政策

(一)崇儒纳士

明太祖朱元璋出身贫寒,在南征北战中,懂得了读书的作用,认识到要取得政权、治理国家,没有儒学、没有儒士是不能成功的,因而在战乱时期就很重视文化教育,他不仅自己勤于学问,更注意罗致文人,留意人才的选拔和培养。如至正十八年(1358年),"召郡儒士许元、叶瓒玉、胡翰、汪仲山、李公常、金信、徐孳、童冀、戴良、吴履、孙履、张起敬及兰溪吴沈凡十三人,皆会食省中。日令二人进讲,敷陈治道"①。至正二十四年(1364年)三月,他为吴王时,敕中书省曰:"今土宇日广,文武并用,卓荦奇伟之才,世岂无之。或隐于山林,或藏于士武,非在上者开导引拔之,无以自见。自今有能上书陈言、敷宣治道、武略出众者,参军及都督府具以名闻。或不能文章而识见可取,许诣阙面陈其事。"于是各州县岁举贤才或武勇谋略,通晓天文之士,间及兼通书律者,成为制度。至正二十七年(1367年),又派吴琳、魏观等人"以币帛求遗贤于四方"。由于朱元璋政治眼光比较深远,在率军起义中就注意罗致了大批文人,从而为立国做了准备。而这些人,对明代政治和文教建设发挥了重要作用。

朱元璋在明初对知识分子高度重视,不仅体现在多次下求贤诏,而且还付诸了实践,他多次遣人分行天下,寻访贤才,对于那些隐匿的贤才,更是派"有司礼遣",并给以官禄,足见其对知识分子的推崇。其对贤才的渴求,从以下几个诏谕中可以充分体现出来:洪武元年,朱元璋"诏曰:天下之治,天下之贤共理之……天下甫定,朕愿与诸儒讲明治道。有能辅朕济民者,有司礼遣"②。

经过多年的战乱,朱元璋意识到开国之初必须养民以生息,重民之教化,将民众身上由战乱环境而习得的暴戾之气转化为文质之性,将世民教化成其统治下的忠臣顺民。这些都是与知识分子有关的,教化必由教育与学校,有良师才会有良教,只有得到知识分子的认同与帮助,社会风俗方可更好更快地转变,教化之风、文礼之俗方可施行。此外,建国之后文教政策的实施以及文礼治国目的的实现也是要有知识分子的帮助的,知识分子在

---

① 夏燮:《明通鉴》,北京:中华书局1980年版,第41页。
② 《明史·太祖本纪》

实现文治的过程中有着举足轻重的作用。

(二) 创行八股取士

明王朝在思想领域极力推崇程朱理学,并奉为官方的统治思想。明太祖与刘基首创八股取士,从"四书"和"五经"中命题,以八股制义为定式,"代圣人立言",并以朱熹的《四书集注》为标准答案。八股文,又称制艺、时文、八比文,是明清时期的主要取士文体。明朝时期,八股取士始于洪武年间,朱元璋为使文体简洁,制以八股取士,要求考生用比拟、排比、对偶的形式书写文章,并在文章中体现出八股,八股文对字数也有明确规定,明初时是规定三百字,而至成化年间却已达千百余言。明成祖永乐十三年(1415年)敕命翰林学士胡广等编纂《五经大全》《四书大全》《性理大全》颁行天下,作为钦定的教本。

(三) 文化专制,禁锢思想

明朝统治者为维护封建王朝的专制统治,实行严厉的文化高压政策,采取种种措施对天下士子进行严厉打压,营造一种恐怖氛围,以此来控制士人思想,维护集权统治。在文教领域,朱元璋实行了种种禁锢思想的措施。明朝的文化专制和高压政策主要体现在删毁书籍、禁止学校议政、严刑罚、大兴文字狱四个方面:

第一,罢异说,删、毁书籍。朱元璋虽推崇儒家,但是随着权力欲望的膨胀,开始排斥那些有碍于专制统治的思想学说。尤其是对《孟子》的删减,将《孟子》中不利于维护君王独尊的学说删除。朱元璋在洪武五年因《孟子》中有"草芥寇雠"之语,以其"非臣子所宜言,命罢配享"①。虽因刑部尚书钱唐的抗旨竭诚力谏而复孟子配享之位,但最终在洪武十八年命刘三吾修《孟子节文》,"凡不以尊君为主者皆删之"②,删掉了《孟子》中《梁惠王》《离娄》《尽心》《公孙丑》等篇③,诸如"君子视臣如草芥,则臣视君如寇雠""君仁莫不仁,君义莫不义,一正君而国定矣""民为贵,社稷次之,君为轻""君有大过则谏,反复之而不听,则易位"等凡八十五条。

第二,置学规,禁止师生议政。明朝时期加强了对师生的管理,统治者数次颁布学规,对师生的衣食起居、读书学习以及尊师干政等方面做了严格规定,凡是有违者必予以严惩。洪武十五年八月,朱元璋命礼部颁布学校禁例十二条于天下,规定"军民一切利病,并不许生员建言。果有一切军民利病之事,许当该有司、在野贤人、有志壮士、质朴农夫、商贾、技艺皆可言之,诸人毋得阻挡。惟生员不许"④。凡是有违学规者皆交由绳愆厅处置,对于那些违反学规的师生,往往是避轻就重,严厉处置,以达儆效尤之效果。明朝时期学规条目之多,涉及范围之广,可以说达到了封建统治的空前强化程度,自洪武十五年颁布十二条学规始,又于十六年定拟学规八条,三十年朱元璋又"亲为裁定二十又七条",永乐

---

① 夏燮:《明通鉴》,北京:中华书局1980年版,第298页。
② 夏燮:《明通鉴》,北京:中华书局1980年版,第432页。
③ 中华文化通志编委会:《中华文化通志·明代文化志》,北京:人民出版社1998年版,第73页。
④ 转引自《中国教育大系·历代教育制度考》(下),武汉:湖北教育出版社1994年版,第1162页。

三年又增补了九条，仅仅洪武、永乐年间就有五十六条之多，加之后来正统六年、成化三年、弘治十六年、嘉靖十年颁布的学规，足见当时统治者对师生管理之严格。

第三，严刑罚，严惩不被其所用者。朱元璋统治时贯彻"猛烈之治，宽仁之诏，相辅而行，未尝偏废也"①，但在人才管理上却"猛烈"而不仁。朱元璋为使天下贤才皆可为其所用，对那些不愿就仕的给以严惩，"贵溪儒士夏伯启叔侄断指不仕，苏州人才姚润、王谟被征不至，皆诛而籍其家"②，由此也引发了明朝刑法对那些不愿就仕的贤人士子惩处的规定。因朱元璋对于那些不为其所用皆采取"杀之"这种极端的方式，强人之所不愿，使得天下无意仕途的贤士君子不得不为求生而委身。

第四，大兴文字狱。大兴文字狱与朱元璋的各种忌讳有关，比如他曾为僧、红巾军起家以及皇后马氏的大脚等等，担心害怕文人的讥讽与嘲笑而大兴文字狱以此维护皇族的尊严。如当时天下因贺表而被遭祸者甚众：

> 浙江府学教授林元亮为海门卫作《谢增俸表》，以表内有"作则垂宪"句诛；常州府学训导蒋镇为本府作《正旦贺表》，以表内有"睿兴生知"句诛；怀庆府学训导吕睿为本府作《谢赐马表》，以表内有"遥瞻帝扉"句诛。③

同时，由于朱元璋的猜忌，凡是带有"光""则""殊""道"等字眼的均遭罪，因为"光"有暗指和尚的含义；"则"字音与"贼"似；"殊"乃"歹""朱"的组合，暗指朱元璋无德；"道"有"盗"的意思。以各种"莫须有"的罪名扣在文人士子的头上加以残害，充分显示出明朝文化专制的严厉与残酷。朱元璋试图以此加强其统治，使得世人不敢为非，安于其统治之下。

二、学校教育制度

明初统治者对学校教育十分重视，强调学校教育对于选拔人才的重要作用。曾一度规定学校毕业可以直接授官，后又有监生历事之举。明太祖朱元璋在刘基、宋濂等文臣的谋议下，制定了比前代更为详备的制度和措施。

（一）中央官学

国子监。早在明朝建立之前，至正二十五年（1365年）即改应天府学为国子学，令品官子弟和庶民俊秀通文义者，并充学生。太祖建都南京，建国学于鸡鸣山下，改名为国子监。明成祖迁都北京，在北京建京师国子监，把原来的国子监，改名为南京国子监，遂有南北监之分。国子监设有祭酒、司业、监丞、博士、典簿、掌馔、助教等官。明代国子监的监生，根据来源不同分为四类：一为"举监"，凡在京会试下第的举人，由翰林院择其优者送入监内读书。二为"贡监"，是由地方官学的生员，选贡到国子监来学习的。洪武初年，规定

---

① 张廷玉：《刑法二》，《明史》卷94，北京：中华书局1974年版，第2320页。
② 张廷玉：《刑法二》，《明史》卷94，北京：中华书局1974年版，第2318页。
③ 冯天瑜：《明清文化史散论》，武汉：华中工学院出版社1984年版，第326页。

府、州、县学每年贡举一名,嘉靖以后,改为府学每年举二人,州学二年举三人,县学一年举一人。三为"荫监",是三品官以上子弟或勋戚子弟入监读书。四为"例监",凡是捐资于官府者,其子弟可以入监读书,此法明中叶以后开始采用。

国子监教学组织分为六堂,初等生员通"四书"未通经书者,入"正义""崇志""广业"三堂,修业一年半以上;初等生员修业期满,文理条畅的,升中等,入"修道""诚心"二堂,修业一年半以上;中等生修业期满,经史兼通,文理全优的,升高等,入"率性"堂;生员升入"率性"堂,则用积分制,按月考试,一年积满八分为及格,但坐堂需满七百天,才可毕业。毕业后即派相当官职。这种由国子监直接授官的制度,造成了明初官学的发展与繁荣。

洪武五年(1372年),为满足当时官吏不足之需,曾创行监生"历事"之制。即凡在监十余年者,派至诸司实习吏事,历练事务三个月,进行考核。勤谨者送吏部附选,仍令历事,遇有缺官挨次取用;平常的再令历练;下等的送还国子监读书。

学习内容,以"四书""五经"为主,同时读《性理大全》、刘向《说苑》及《御制大诰》《大明律令》。此外还有习字、习射等。教学活动,除朔望给假外,每日均升堂授业。课业分早午两次:第一次在早晨举行,祭酒、司业在堂讲演,学生拱立静听。第二次在午餐后举行,进行会讲、复讲、背书,亦可互相研究。

武学。创设于洪武年间,当初是附于卫学内的武学科目,教导武官子弟。英宗正统中,正式设立两京武学,入学资格以都司卫所应袭子弟年满10岁以上者,由提学官选送入学;或都指挥官长年失学的亦令五日来听讲一次。武学内分六斋,即:"居仁""由义""崇礼""宏智""惇信""劝忠"。设教授、训导各一人,担任管教事宜。学科分两类,以《小学》《论语》《孟子》《大学》为一类,"五经""七书""百将传"为一类。每人于各类中任习一书,使其通晓大义。学习期间待遇与考试办法,与儒学生员相同。崇祯帝时,又命天下府州县皆设武学,遂遍全国。

(二)地方官学

明代地方官学亦因对学校教育重视而较为发达。明太祖立国之初,既在全国诸府、州、县设立相应学校,又在防区卫所设有卫学、乡村设社学,还在各地方行政机构所在地,设置都司儒学、宣慰司儒学等有司儒学。最盛时,全国合计有学校一千七百余所。洪武二年(1369年)规定,府设教授,州设学正,县设教谕各一员,各学皆设训导。学生名额,规定府学四十人,州、县依次减十人。

学习内容,洪武初年所定学科为专习一经,以礼、乐、射、御、书、数设科分教。洪武二年又重行规定,计分礼、射、书、数四科,颁经史礼仪等书要生员熟读精通,朔望又须学射于射圃,每日习书五百字,数学须通《九章》之法。但实际上,自科举盛行以来,学校早已成为科举的附庸,明代更强调科举致仕,规定八股取士之法,因此官学只以教习八股范文而已。为准备科举考试,地方学校亦订有周密的考试制度。月考每月由教官举行一次,岁考、科考则由掌管一省教育行政大权的提学官主持,其在任三年内,两试诸生,第一次为岁考,区别学生成绩为六等,凡附学生员考至一等前列可补廪膳生,其次补增广生。一、二等还可受奖,四等以下则分别给予惩责、降级、除名等处分。第二次为科考,提取岁考时一、二等生员,加以复试,考试上等者可获应乡试资格。

(三) 书院

明初,书院极不发达,明太祖洪武元年(1368年)只立洙泗、尼山二书院,后又增设几所。经过一百多年到成化年间(1465—1487)才逐渐发展起来,至嘉靖年间(1522—1566)达到极盛。据统计,明代共建书院1239所,嘉靖年间所建占37.13%,万历年时次之,占22.71%。

明初书院长期不发达,其主要原因是明朝政府重视官学,提倡科举,书院也就可有可无了。一般士子也因官学待遇优厚,科举前程荣耀,不再热心于书院。但经过百余年的发展,科举越发腐朽,教育空疏,官学逐步变成科举的附庸。一些理学家为救治时弊,多立书院以讲学,于是书院逐渐兴盛。如王守仁、湛若水等理学大师,为了宣传他们各自的学术观点,在其所到之处,建立书院进行讲学,使书院数量大增,王、湛死后,他们的众多弟子为了纪念老师,宣传其学说,建立更多书院。嘉靖一朝,光安徽就有书院三十九所之多,江苏也建了十八所,全国情况可以想见。

明代书院有两个问题值得重视,即:

第一,书院和科举关系更加密切。"书院官学化"的程度比元代更甚,有的和官办州县学区别不大了。如李铃复兴白鹿洞书院,其院生皆为南康在泮诸生;有的书院山长就是儒学教官兼任;有的书院课程,明文规定为"四书""五经"之义或进而求史之类。到了万历年间,书院就有了月课月考的规定和分配科举名额的待遇:白鹿洞书院,每月给学生三钱银,后改为按月考成绩给银,每遇大比之年,给两个名额入试,后增为五个,最多时到四十二名。

第二,明末官方"禁毁书院"。明嘉靖书院兴盛之后,曾有四次禁书院的举动。第一次是嘉靖十六年(1537年),第二次是嘉靖十七年(1538年),第三次是万历七年(1579年),第四次是天启五年(1625年)。明代书院会出现"官学化"和"禁毁"两种对立的情况,这正表现了明朝统治者利用书院为其服务的两手策略,能够纳入官学轨道就予以保护,不能纳入就加以禁毁,同时也是明王朝专制集权主义的表现。

东林书院

东林书院,今位于江苏省无锡市,亦名龟山书院,是我国古代著名书院之一。东林书院创建于北宋政和元年(1111年),是当时北宋理学家程颢与程颐嫡传高弟、知名学者杨时长期讲学的地方。后废。明朝万历三十二年(1604年),由东林学者顾宪成等人重兴修复并在此聚众讲学,他们倡导"读书、讲学、爱国"的精神,引起全国学者普遍响应,一时声名大著。顾宪成撰写的名联"风声雨声读书声声声入耳,家事国事天下事事事在心"更是家喻户晓,曾激励过多少知识分子,对我国传统文化思想发展促进极大,有"天下言书院者,首东林"之赞誉。东林书院成为江南地区人文荟萃之区和议论国事的主要舆论中心。

第二节 明代的科举制度

明代是中国科举制度史上的鼎盛时期。明代统治者重视科举取士,在继承宋元科举制度的基础上,建立了称为"永制"的科举定式,科举考试制度更为完善。但科举的形式化更严重,规条更烦琐,尤其是将八股文作为一种固定的考试文体,学校几乎完全成为科举考试的附属品,严重地影响和制约着学校教育的发展。

一、建立科举定式

洪武三年(1370年),明王朝初定天下,因官员缺少,朱元璋正式下诏开科举,要求"务取经明行修、博通古今、名实相称者。朕将亲策于廷,第其高下而任之以官。使中外文臣皆由科举而进,非科举者勿得与官"①。因而连续三年开科取士,举人免于会试即可赴京听选,一时宠遇甚厚,这标志着明代科举考试正式启动。后因所取少年后生很少有能够以所学措诸行事者,乃于洪武六年起停止科举达十年之久,令有司察举贤才,补充官吏。洪武十五年(1382年)诏礼部复设科举。洪武十七年(1384年)确定三年大比的制度,即每隔三年举行一次科举考试,每逢子、卯、午、酉年的秋季举行乡试,每逢丑、辰、未、戌年的春季举行会试,并规定详细的科举程式。

自隋唐行科举以来,历代考试科目均有进士、九经、开元礼、三史、三传、学究、明法等科,而明代却只有进士一科。考试步骤分作三步:第一步在各省会举行,叫作"乡试",中试者为"举人";第二步在京师举行,由礼部主持,叫作"会试"(或省试);第三步,会试中试者,天子亲自在朝廷策试,叫作"廷试"(亦称殿试)。"廷试"中第者叫作"进士"。廷试发榜分为一、二、三甲,第一甲只三人,称状元、榜眼、探花,赐进士及第;第二甲若干人,赐进士出身;第三甲若干人,赐同进士出身。

二、考试内容和八股文

明代考试内容包括经义、诏诰、律令、经史和时务策等三方面,明初经义以"四书""五经"为限,而"四书"以朱熹的《四书集注》为标准。永乐年间,颁布《四书大全》《五经大全》,成为科举取士的唯一教本,其中完全体现以程朱理学为中心。可见,作为官方统治思想的程朱理学,不仅被定为中央和地方各级官学教材,而且成为士人仕进的唯一根据。

明代科举分三场举行,每场所试内容和分量,乡试和会试完全相同。第一场试四书义三道,每道限二百字以上;经义四道,每道限三百字以上。第二场试论一道,限三百字以上,诏诰表内科一道,判语五条。第三场试经史时务策五道,俱限三百字以上,但力有未足的可减少两道。考试所用文体,规定一律要用"八股"。所谓"八股",即"科目沿唐宋之旧

---

① 《明史·选举志》

而稍变其试士之法,专取四子书及《易》《书》《诗》《春秋》《礼记》五经命题试士。盖太祖与刘基所定。其文略仿宋经义,然代古人语气为之。体用排偶,谓之八股,通谓之制义"①。据此可知,"八股"特点有三,第一,"八股"文之试题取于"四书""五经"等儒家经典,"四书"已与"五经"齐名。第二,八股文章只能依据朱熹《四书集注》"代圣人立言",不能丝毫阐发己意。第三,八股文章必须采用固定格式的排偶文体,否则不能入仕。

三、学校教育纳入科举体系

明初之于科举虽很重视,但取仕并非仅赖此一途。张居正曾说:"国初之取士,或举于三老,或奋于刀笔。当时号为制科者,率不过百余人。"②但于明宣宗宣德(1426—1435)以后,特重进士科,罢荐士之路,一切网以科第,内阁七人;成祖时(1403—1424)非翰林者占一半,翰林纂修,非进士亦可采用。但到天顺二年(1458年)李贤奏定,纂修专选进士,此后,非进士不入翰林,非翰林不入内阁。明朝一代宰辅一百七十余人,由翰林者十之九。正因为科举如此重要,作为科举附庸的封建教育,必须以科举之需为其内容和目的,而科举对教育影响最大者,莫过于"八股",八股既为试文固定程式,于是学校教育的重点,也以教学八股为目的。学校中虽设经史科目,不过具文而已。学习"程墨""房稿"等各种科举中式者的八股刻本,是读书人的主要功课。正如顾炎武在《日知录》中指出的那样:"举天下而为《十八房》之读。读之三五年而一幸登第,则无知之童子,俨然与公卿相揖让,而文武之道弃如弁髦。嗟呼!八股盛而六经微,十八房兴而二十一史废。"顾炎武又进而指出:"率天下而为速成之童子,学问由此衰,心术由此坏","昔人所须十年而成者,以一年毕之,昔人可须一年而成者,以一月毕之。成于剿袭,得于假倩。卒而问其所未读之经,有茫然不知为何书者。故愚以为八股之害,甚于焚坑"。

第三节 王守仁的教育思想

王守仁是我国明代中叶的主观唯心主义思想家、教育家,陆王心学的集大成者,他的哲学和教育思想,对我国思想界和教育界都曾产生了重要影响。

一、人物生平

王守仁(1472—1528),字伯安,浙江余姚人。因为他曾在阳明洞读书、讲学,自称为阳明子,所以别号阳明,后世学者称他为阳明先生,称其学说为"阳明学"。其死后谥号"文成公",后人也称他为"王文成公"。

---

① 《明史·选举志》
② 《张文忠公文集》卷九

王守仁出身官僚地主家庭,自幼就抱有"读书学圣贤"①的志向,21岁举浙江乡试,后随父至京师,遍求朱熹遗书阅读;28岁举进士,先后任云南清吏司主事、兵部武选清吏司员外郎、江西卢陵县知事、南京刑部和吏部清吏司主事、文选清吏司员外郎、南京鸿胪寺卿、都察院左都御史等职。王守仁曾多次主持镇压农民运动和少数民族起义,还利用教育手段到处发布告谕,制订乡约,开办社学、书院等。他概括他一生干了两件事——"破山中贼""破心中贼",并深感"破山中贼易,破心中贼难"②。

他在做官从政的同时,从未放弃教育活动,可以说,他为官一任必教化一方。他从34岁开始讲学授徒,倡言"身心之学",叫人"先立必为圣人之志"。曾开创"龙岗书院",后又在文明书院任主讲。在北京、江西和南京做官期间,曾兴办社学,修建濂溪书院、阳明书院,又集门人于白鹿洞书院,还在浙江设立稽山书院,从事兴学、讲学共23年。尤其在他五十岁后曾专门在稽山书院、龙泉寺中天阁聚众讲学。当时四方游学之士多集合于余姚一地,听讲者不断增多,"环坐而听者三百余人",可谓盛极一时。王守仁的学术和教育思想,不仅在中国影响很大,而且远播海外,弟子门人遍布各地。他的著作中,反映教育思想的主要有《王文成公全书》38卷和《传习录》等。

二、关于教育作用和目的的主张

王守仁的教育思想是以他的主观唯心主义哲学观点为基础的。他的哲学思想的核心是"心即理""致良知"说。

"心即理"的主观唯心主义观点是南宋陆九渊提出来的,他认为"宇宙便是吾心,吾心便是宇宙",王守仁对此极为推崇并大加发挥。王守仁认为,宇宙万物都靠心的认识而存在,万事万物都不在心外,而在内心之中。他说:"你未看此花时,此花与汝心同归于寂;你来看此花时,则此花颜色一时明白起来,便知此花不在你的心外。"③王守仁不承认有客观存在之理,反对朱熹"即物穷理"的思想,认为"心"与"理"是合二为一的,"心即理"。他指出:"万事万物之理不外于吾心","心外无物,心外无事,心外无理,心外无义,心外无善",除"心"外一无所有。他说:"君子之学,以明其心,其心本无昧也;而欲为之蔽,习为之害,故去蔽与害,而明复,非自外得也。"④学问之道就是求得其心,这是因为"心外无事,心外无理,故心外无学。"⑤因此,教育的作用就是明心、存心、求得其心,即去人欲、去习染,也就是"存天理,去人欲"。

王守仁认为教育目的是"明人伦",而它的理论基础则是"致良知"说。他认为人人都有"不待学而有,不待虑而得"的"良知",也就是天理。但"良知"在圣人和一般人之间是不同的,圣人之所以为圣,是因为天理纯全,良知常在;而一般人良知常被私欲所蒙蔽,有如

---

① 《王文成公全书·年谱》
② 《王文成公全书·与杨仕德薛尚谦》
③ 《传习录》下
④ 《别黄宗贤归天台序》
⑤ 《紫阳书院集序》

晶莹的明镜,往往为尘埃所染,处于不显露的状态,要想除掉私欲,恢复本心,必须有为善去恶的"致良知"的功夫。他说:"若良知之发,更无私意障碍,即所谓充其恻隐之心,而仁不可胜用矣。然在常人,不能无私意障碍,所以须用致知格物之功,胜私复理。"①因此,"致良知"也就是"存天理,去人欲",以实现"明人伦"的教育目的。他所谓的"人伦"即三纲五常等封建道德观念,明确指出:"所谓'父子有亲,君臣有义,夫妇有别,长幼有序,朋友有信'五者而已。唐虞三代之世,教育惟以此为教,而学者惟以此为学。"其实质就是要求教育培养具有封建道德观念的"顺民",维护封建伦常的社会秩序,以图巩固明王朝的统治。

三、关于教育内容的主张

王守仁认为凡是有助于"求其心"者均可作为教育内容,读经、习礼、写字、弹琴、习射,无不可学,在"胜私复理"方面各有其用。

关于读经的作用,王守仁的看法与朱熹的意见是有区别的。朱熹认为,圣人教训具在经书,为学之道必须穷理,穷理必须读书。而王守仁认为,经书是"常道"即永恒而普遍的道理,然其根源仍在本心。他说:"'六经'者,吾心之记籍也,而六经之实,则具于吾心,犹之产业库藏之实积,种种色色具存于其家,其记籍者,特名状数目而已。"②所以"六经"不过是"本心"的账簿而已:"《书》也者,志吾心之纪纲政事者也;《诗》也者,志吾心之歌咏性情者也;《礼》也者,志吾心之条理节文者也;《乐》也者,志吾心之欣喜和平者也;《春秋》也者,志吾心之诚伪邪正者也。"③所以读经是为复明本心的常道。因此,他主张读书时必须与自己的"心"结合起来,并认为写字、弹琴、习射对陶冶本心很有价值。

根据这种教育内容的主张,王守仁提出了著名的"训蒙教约",其训练标准为孝、悌、忠、信、礼、义、廉、耻八目。所设科目为歌诗、习礼、读书三项。歌诗可以"精神宣畅","心气和平",习礼可以"礼貌习熟","德性坚定",读书可以"义礼浃洽","聪明日开"。每日课程,先考德,次背书、诵书,次习礼或作课仿,次复诵书讲书,次歌诗。"凡习礼歌诗之类,皆所以常存童子之心,使其乐习不倦,而无暇及于邪僻。"④

四、关于教学原则和方法

除了继承前人的教学原则和方法外,王守仁还提出了许多具有个人思想特色的教学原则和方法,主要有知行合一、自求自得、循序渐进和因材施教。

(一) 知行合一

王守仁在哲学上提出"知行合一"说,这是与其"心即理""致良知"说密切联系的又一哲学观点,也是他"致良知"的方法之一。王守仁所谓的"知""行"基本是封建道德观念的

---

① 《传习录》上
② 《稽山书院尊经阁记》
③ 《稽山书院尊经阁记》
④ 《传习录》中

"知""行"。他认为这种知行应当合一,而且本来是合一的。他说:"知之真切笃实处即是行,行之明觉精察处即是知。"①王守仁的"知行合一"是以"致良知"为标准,"知"是知天理,"行"也是要行天理,人只要切实地去掉"人欲",保存"天理",就自然达到"知行合一"。他指出:"知是行的主意,行是知的工夫,知是行之始,行是知之成。"②针对程朱理学知而不行的"空疏谬妄",他表现出更加重视行的倾向,提出"真知即所以为行,不行不谓之知"的观点。"尽天下之学,无有不行而可以言学者"③,王守仁强调只有行动才能"学",反对"着空"。

(二) 自求自得

王守仁为了使学习者达到"致良知""明人伦"的目的,强调要引导学生"各得其心",学习贵于自得。只有通过"自得",才能左右逢源。因此,他主张教学要启发学习者的良知,使他自己得到亲切的体验,"静处体悟"与"事上磨炼"都是自求于心的工夫。

要达到自求自得,必须采取独立思考的方法,提倡怀疑,不盲目迷信书本、圣贤,并勇于坚持,使之"深入心通",形成自己的观点而不轻易受别人左右。"夫学贵得之心,求之于心而非也,虽其言之出于孔子,不敢以为是也,而况其未及孔子者乎!求之于心而是也,虽其言之出于庸常,不敢以为非也,而况其出于孔子者乎。"④他强调学贵自得,独立思考,从而提出天下学术公有的主张:"夫道,天下之公道也,学,天下之公学也。非朱子可得而私也,非孔子可得而私也,天下之公也,公言之而已矣。"倡导学术公有,提倡独立思考、批判精神,不囿于圣人之见、经书之说,这在当时是非常先进的思想。

> 责善,朋友之道,然须忠告而善道之,悉其忠爱,致其婉曲,使彼闻之而可从,绎之而可改,有所感而无所怒,乃为善耳。——王守仁

(三) 循序渐进

王守仁多次提到为学要循序渐进,不可躐等,他认为教学必须注意"从本原上用力,渐渐盈科而进"⑤。一个人的发展,从婴儿到成人,有它的阶段性,教育要顺着他"精气日足,筋力日强,聪明日开"的顺序为学。

循序渐进的原则,要求在教学上要顾到学者的心理发展水平。王守仁认为,良知到什么水平,教学就到什么水平,童子良知水平低,"便教去洒扫应对,就是致他这一点良知了"。同样,不应以初步浅近的学习,要求水平较高的人。譬如能奔走往来于数千里之间的人,不必教他在院子里学走路。因此,王守仁提出"与人论学,亦须随人分限所及"就是

---

① 《答顾东桥书》
② 《传习录》上
③ 《答顾东桥书》
④ 《答罗整庵书》
⑤ 《传习录》上

说,教学要考虑学者的基础,从此逐渐加深,不可躐等而进。他以灌溉树木为例,说明这一道理,"如树有这些萌芽,只把这些水去灌溉,萌芽再长,便又加水,自拱把以至合抱,灌溉之功,皆是随其分限所及。若些小萌芽,有一桶水在,尽要倾上,便浸坏它了"①。这就形象地说明,教师教学若不考虑学者学习基础和接受能力,非但不能教好,反而会起到相反效果。

(四) 因材施教

与循序渐进相联系,王守仁还强调因材施教,要根据学生的资质、个性、长处、短处给以不同教育。他说:"人的资质不同,施教不可躐等,中人以下的人,便与他说性说命他也不省得,也须慢慢琢磨他起来。"他把教学比作治病:"良医之治病,随其疾之虚实强弱,寒热内外,而斟酌加减,调理补泄之,要在去病而已,初无一定之方,不问症候之如何,而必使人人服之也。君子养心之学,亦何异于是。"②

五、顺应儿童天性的教育思想

王守仁十分重视儿童教育,在其《训蒙大意示教读刘伯颂等》一文中,比较集中地阐发了他的儿童教育思想,主要有以下内容:

第一,深刻揭露和批判了传统儿童教育不顾儿童身心特点的弊端。王守仁指出:"若近世之训蒙稚者,日惟督以句读、课仿,责其检束而不知导之以礼;求其聪明,也不知养之以善。鞭挞绳缚,若待拘囚。彼视学舍如囹狱而不肯入,视师长如寇仇而不欲见,窥避掩复,以遂其嬉游,设诈饰诡以肆其顽鄙;偷薄庸劣,日趋下流。是盖驱之于恶,而求其为善也,何可得乎!"③教师每天只是督促儿童读书习字,对待儿童以鞭打绳缚等体罚为主,不顾儿童的身心特点,把他们当作小大人,这是传统儿童教育的致命弱点。这种揭露和批判,可谓入木三分,切中时弊。王守仁反对外在束缚个性,主张从注重内心修养出发而"导之以礼""导之以善",这在当时具有一定的积极意义。

第二,儿童教育必须顺应儿童的性情。王守仁主张教育儿童要从积极方面入手,要用培养、诱导、顺应儿童性情,鼓舞儿童兴趣的教育方法。他说:"大抵童子之情,乐嬉游而惮拘检,如草木之始萌芽,舒畅之则条达,摧挠之则衰痿。今教童子,必使其趋向鼓舞,中心喜悦,则其进自不能已。譬之时雨春风,霑被卉木,莫不萌动发越,自然日长月化。若冰霜剥落,则生意萧索,日就枯槁矣。"④

第三,根据儿童的天性选择合适的教育内容,即"歌诗""习礼"和"读书"。王守仁提出儿童教育的内容主要是"诱之歌诗""导之习礼"和"讽之读书"。"诱之歌诗"不仅可以激发儿童的意志,还能使他们的情感得到正当的宣泄,有助于消除他们内心的忧闷和烦恼,使

---

① 《答黄以方问》
② 《与刘源道书》
③ 《训蒙大意示教读刘伯颂等》
④ 《训蒙大意示教读刘伯颂等》

其"精神宣畅,心气和平";"导之以礼"不仅能使儿童养成威严的仪容和仪表,通过"周旋揖让""拜起屈伸"等礼仪动作,还可"动荡其血脉""固束其筋骸",锻炼其身体;"讽之读书"能够增长儿童的知识,开发他们的智力,还能"存其心""宣其志",有利于培养儿童的道德观念和理想。在王守仁看来,以"歌诗""习礼"和"读书"教育,来"训导其志意,调理其性情,潜消其鄙吝,默化其粗顽",从而达到"日使之渐于礼仪而不苦其难,入于中和而不知其故"的效果。总之,王守仁关于儿童教育的思想是符合儿童生理与心理发展特点的,不仅具有进步的历史意义,而且具有积极的现实意义。

复习思考题

1. 述评明朝的文教政策及其具体表现。
2. 述评明朝的科举制度及其对学校教育的影响。
3. 试论王守仁的儿童教育思想及其意义。

第七章
清初至鸦片战争前的教育

御国之道，以教化为先。作为中国历史上第二个少数民族统一政权的清王朝，在以武问鼎中原后，意识到无论是在文明开化程度，还是在政治、经济、文化等方面远不及汉人，在探索如何巩固清朝基业的过程中，统治者愈益看重文教的功用，以此来宣德行、明教化而流教泽。清朝统治者积极吸收历史文教经验，尊孔读经、推崇宋明理学；设学兴教、招揽人才；改革科举、选拔人才；编纂图书、严格学规，确立了"兴文教，崇经术，以开太平"的文教政策，希冀通过"右文"佐太平，"庶还荡平之治"，促进了学校教育、私学和书院的发展。与此同时，在学术思想进一步专制的情况下，以黄宗羲、王夫之、颜元等为代表的早期启蒙思想家们，针对宋明理学的空谈心性，主张"崇实黜虚"，提出了"经世致用""公其是非于学校"等初步的民主教育主张。

【学习目标】

1. 了解清初的文教政策和教育制度的具体表现。
2. 了解宋元明清（鸦片战争前）时期私学发展的基本情况及特点。
3. 掌握清朝科举制度改革的主要内容、特点及对学校教育的影响。
4. 重点掌握王夫之、颜元教育理论的基本内涵。

第一节 清朝的文教政策和教育制度

清政府为了有效地统治广大汉族和其他民族,在政治上实行高压政策,在全国各省遍驻军队,进行军事统治;颁布大清律,实行保甲法;强令改俗,剃发结辫,服满族衣冠,但同时也极力联合汉族地主,笼络汉族士大夫阶级和一般知识分子,为其统治服务。清王朝的文教政策,是它政治制度和政策的重要组成部分,同样体现了压制与笼络兼施的精神。

一、文教政策

(一) 尊孔读经

孔儒之道作为中国历代的正统思想,每一个新朝的建立必尊孔儒以安抚世人,以儒家之道维系人心向背。清朝统治者在尊孔方面更是比及前朝,不仅加封孔子、允其后代世袭爵位,而且能够放下帝王之尊多次拜谒孔子。顺治二年,加封孔子为"大成至圣文宣先师"①,至康熙二十三年,康熙帝于大成殿行三跪九叩之礼拜谒孔子,书"万世师表"四字悬挂大成殿,又将曲柄黄盖留于孔庙中,并惠及曲阜,免去曲阜县康熙二十四年的地丁钱粮。雍正元年,又加封孔子先世五代俱为王爵。在祭孔之外,为彰显对孔子的尊崇,雍正更是将皇帝的"幸学"改称"诣学",以此显示崇敬之意。同时,统治者又命令在中央官学和地方官学中均设立孔子神位,并在每年春秋仲月行释奠先师礼,尊孔之风可谓兴盛。

在尊孔的同时,更是严饬官员士子勤习经书,并花费大量人力、财力编订、购买经籍,以此令生儒通晓古今,精于世用。皇帝每次赴太学行释奠礼之后,往往会在彝伦堂令满汉祭酒、司业讲习经书,并勉励师生"讲究服膺,用资治理"②。在统治者的提倡、鼓励下,当时汉学大兴,经学大盛,精于经术者亦是布列朝班,经荐举授官者不可胜数。

(二) 笼络、利用汉族文人

清初统治者亟需统治贤才辅佐自己治国安天下,于是广令求贤:遣官访求贤士,广征遗贤:"顺治初元,遣官微访遗贤,车轺络绎。吏部详查履历,确核才品,促令来京。并行抚按,境内隐逸贤良,逐一启荐。"③对于那些"谆谨有学者"、品行端方者、操守清廉者、才具敏练者等等,亦是委以重用,备作治国之顾问,咨询安邦之策、定国之道。同时,清初统治者也非常重视士子及官员的培养,严饬士子潜心学问,研习六经,致力于"道德经济"之实

---

① 《清史稿·世祖本纪一》
② 中国人民大学清史研究所:《清史编年》第 2 卷(康熙朝)上,北京:中国人民大学出版社 1988 年版,第 104 页。
③ 《清史稿·选举四》

学,明体达用,"明体则为真儒,达用则为良吏"①,委实学实才者以重任,通过高官厚禄的诱惑敦促士子虚心向学;对于内外大小官员,统治者亦是督促其在政事闲暇之余,"亦须留心学问,俾德业日修,识见益广,佐朕右文之治"②。康熙八年,诏启"博学鸿儒之科","无论京外现任及已仕、未仕、布衣、罢退之士,均准举荐。内由三品以上大员,科道御史,外由布按两司以上,各举所知"③,以此选拔"硕彦奇才"。八十年间,两开词科,"极旷古未有之盛",选拔了社会名流入仕,一定程度上缓解了满汉之间的矛盾,笼络了大批知识分子。自康乾两朝,两开词科,"与其选者,山林隐匿之数,多于缙绅,右文之盛,前古罕闻"④。

(三)提倡理学和编纂书籍

清朝在继承明代尊孔重经传统的同时也沿承了明朝推崇程朱理学的政策,把程朱理学作为一种支配世人的方式、巩固封建专制的手段。顺治、康熙年间下诏朱熹子孙袭《五经》博士职。康熙二十五年,"康熙帝亲书'学达性天'四字匾额颁发于宋儒周敦颐、张载、程颢、程颐、邵雍、朱熹祠堂,白鹿洞书院及张栻、朱熹曾讲学之岳麓书院,后又书'定海山'三字匾额悬于宁波定海山"⑤。康熙帝极力推崇程朱理学,注重学以致用,批判当时空疏无学而自称儒者之人以及崇尚虚文的学风,认为程朱理学体裁简要,言理精深,并盛赞朱熹:"朱子注释群经,阐发道理,凡所著作及编纂之书,皆明白精确,归于大中至正。经今五百余年,学者无敢疵议。朕以为孔孟之后,有裨斯文者,朱子之功最为弘巨。"⑥随后不久便将朱熹升为配享十哲之列并命李光地、汤斌主持编纂《朱子全书》等书籍。乾隆更是将程朱理学看作"入圣之阶梯,求道之途径,不可不讲明而切究之"⑦,对程朱理学的推崇真可谓是达到了空前绝后的程度。

"书籍关系文教",清朝统治者施行积极的文教政策,文教兴盛必然会注重图书的编纂与收藏。清初的几个皇帝,对于我国古代学术文化的整理工作都十分重视,曾相继组织学者编纂书籍,做出了一定成绩。在顺治时编纂有《四子书》《五经》《性理大全》《大学衍义》《孝经衍义》《易经通注》《资政要览》《内则衍义》等书;康熙时编纂有《明史》《康熙字典》《佩文韵府》《古今图书集成》等;乾隆时编有《续通志》《续通典》《续文献通考》《皇朝文献通考》《皇朝通典》《大清会典》等,而最重要的是《四库全书》。该书从乾隆三十七年开馆编修,经十年始成,据文津阁藏本,该书共收录古籍3503种、79 337卷,对我国古典文籍的保存以及民族文化的传承发挥了重要作用。

---

① 《清史稿·选举一》
② 转引自《中国教育大系·历代教育制度考》(下),武汉:湖北教育出版社1994年版,第1391页。
③ 尹德新:《历代教育笔记资料·清代部分》,北京:中国劳动出版社1992年版,第379页。
④ 《清史稿·选举四》
⑤ 中国人民大学清史研究所:《清史编年》第2卷(康熙朝)上,北京:中国人民大学出版社1988年版,第104页。
⑥ 《清实录·圣祖实录》
⑦ 中国人民大学清史研究所:《清史编年》第5卷(乾隆朝)上,北京:中国人民大学出版社1988年版,第102页。

（四）严禁结社会盟，大兴文字狱

清初统治者为了箝制舆论，对宋明以来士大夫会盟结社的风气，严加禁止。顺治十四年（1657年）谕令："不许大小各官投拜门生。"顺治十七年（1660年）又发布旨意："士习不端，结社订盟……著严行禁止，以后再有此等恶习，各该学臣，即行革黜参奏，如学臣徇隐，事发，一体治罪。"

顺治十四年，清王朝以顺天、江南等地科举考试舞弊事件为借口，制造了一件规模巨大的科场案，案中所涉及的主考官、考官、举人等被处以斩、绞和流徙之刑，家产籍没，甚至连父母、兄弟、妻子也被牵连。此案成为后来以案狱压制汉族官僚、地主、知识分子的开端。此后，顺治、康熙、雍正、乾隆四朝，曾多次大兴文字狱，屠杀知识分子，实令人发指。著名的事件有：康熙二年（1663年）庄廷鑨的"明史之狱"；康熙五十一年（1712年）戴世明"南山集"之狱。雍正七年（1729年）的吕留良、曾静之狱。乾隆年间，胡中藻《坚磨生诗钞》中仅因为有"一把心肠论浊清"的诗句，而以凌迟处死等等。

（五）严订"学规"

清朝统治者在大力兴学设校、培养人才的同时，又加强对学生的管理，广置学规，为学生设置一道道日常行为规范，约束学生言行。顺治九年立卧碑于明伦堂之左，晓示生员要"上报国恩，下立人品"，其内容涉及家庭、立志、居心、为官、诉讼、尊师、言政以及朋党等方面，诸如"生员立志，当学为忠臣清官……；生员居心忠厚正直，读书必有实用，出仕必作良吏……；生员不可干求官长，结交势要，希图进身……；生员当爱身忍性，凡有司官衙门，不可轻入……；为学当尊敬先生……毋妄行辩难"①等等。尤其是在禁朋党方面，顺治帝明令禁止生员"纠党多人，力盟结社，把持官府，武断乡曲"②，并严饬学臣，约束士子，使其"不得妄立社名，纠众盟会。其投刺往来，亦不许用同社同盟字样。违者治罪"③。康熙九年又颁布了《圣谕十六条》，是学规中最有代表性的，其内容为：

> 敦孝悌以重人伦，笃宗族以昭雍睦，和乡党以息争讼，重农桑以足衣食，尚节俭以惜财用，隆学校以端士习，黜异端以崇正学，讲法律以儆愚顽，明礼让以厚风俗，务本业以定民志，训子弟以禁非为，息诬告以全善良，诫窝逃以免株连，完钱粮以省催科，联保甲以弭盗贼，解仇忿以重身命。④

这16条圣谕包含了日常生活中的重要方面，康熙帝要求地方官宣读讲说以化导百

---

① 《中国教育大系·历代教育制度考》（下），武汉：湖北教育出版社1994年版，第1396页。
② 《中国教育大系·历代教育制度考》（下），武汉：湖北教育出版社1994年版，第1396页。
③ 《清实录·世祖实录》。
④ 中国人民大学清史研究所：《清史编年》第2卷（康熙朝）上，北京：中国人民大学出版社1988年版，第130页。

姓,儒学教官在每月朔望召集生员宣读训饬,如有不遵者则由教官和地方官从重治罪。

二、教育制度

清代学校教育制度基本承袭明代旧制。中央官学设有国子监和特殊性质的宗学、旗学、觉罗学,还有算学馆及俄罗斯学馆等;地方官学设有府、州、县等"儒学"。此外还有书院。清代学校制度比较完整,但因特别重视科举,所以较之前代更加有名无实,形同虚设。

(一) 中央官学

1. 国子监(又称太学)

顺治元年(1644年)修葺明北监建成太学。置祭酒、司业满汉各一员,总理监务;监丞,满汉各一员,负责绳愆厅;博士,满汉各一人;助教,满十六人,蒙八人,汉六人;学正,汉四人;学录,汉二人,负责教学;典籍,汉一人,掌图书;典簿,满汉各一人,掌文牍事务。① 学生来源不一,一般由国子监直接收录的称监生,其中又有优监、荫监、例监之别。此外还有贡生,其中分岁、恩、拔、副、优、功"六贡"。"岁贡"是六贡中的正规生,其中又有正贡、陪贡、二陪贡。岁贡有定额,如顺治二年,定府学每年贡一名,州学三年贡二名,县学二年贡一名,一正二陪,正贡不堪取陪贡,一陪不堪取二陪。但岁贡名额时有变更。"恩贡"是国家遇有典庆吉事,特发恩旨,由各省选送的乡贡。"拔贡"是由各省地方学校选拔的,初定每隔十二年选拔一次,后改为六年,后又改为十二年。"优贡"与拔贡没有多少不同,亦不常举行。"副贡"生是乡贡副榜送入监的学生。"功贡"是廪生有军功二等准作监生,但不久即废。

国子监生分别编在率性、修道、诚心、正义、崇志、广业大堂肄习,分内外两班,学生最多时共计三百名,较之明代相差甚远。

国子监生所习学科有"五经""四书"、性理、习字等科。乾隆二年曾命"仿宋儒胡瑗经义斋,治事斋法,严课诸生。凡明经者,一经或兼经","其治事者,如历代典礼、赋役、律令、边防、水利、天官、河梁、算法之类,或专治一事,或兼治数事"②。后又将《钦定四书文》分给太学诸生,这是乾隆命方苞选辑的明清科举时文,作为"举业指南"之用。

2. 算学馆

初于康熙九年(1670年)取满州官学生六人、汉军官学生四人,令钦天监教肄。至康熙五十二年(1713年)始设算学馆于畅春园,选八旗子弟入学学习算法。至乾隆四年(1739年)以算学馆隶属国子监,称"国子监算学",设算学生十二名。乾隆十年(1745年),钦天监奏准设天文生二十四名,交与算学馆附学肄业。国子监算学生,满十二名,蒙、汉军各六名;汉人十二名;钦天监附学生二十四名,共六十名。凡满州、蒙古、汉军算学生俱于八旗官学生中考取。汉人算学生,均由国子监会同算学馆考取。

---

① 《皇朝文献通考·学校考》
② 《国子监志》

3. 俄罗斯学馆

雍正六年(1728年)俄罗斯遣其陪臣子弟鲁喀、佛多德等到京,恳请肄业。清廷即在北京国子监下设立"俄罗斯学馆",选派汉满教师,教授其学习汉满语文及经史书籍。乾隆六年(1741年)又在理藩院建立俄罗斯学堂,聘请驻京俄人教授汉满贵族子弟学习俄文。国子监又于满汉助教内简选二人专掌教事。

4. 贵族学校

除国子监外,京城内为贵族功臣子弟设立学校,名目繁多,有宗学、觉罗学、旗学等,这也是清朝官学制度的重要特色之一。

(二)地方官学

清代地方官学,依其地方区划设有府学、州学、县学,统称"儒学",并于乡间置社学。此外还有地方上的特殊学校,如商学、卫学、土司学等。商学设于顺治十一年(1654年)在长芦、两淮、山东、陕西盐运司所属专设学校,而山西、河东则于运城另设运司学。卫学于顺治十六年(1659年)在直隶山海、宣府设立。土司学设立于顺治十五年(1658年),为瑶族土司子弟而设。

府、州、县儒学,由官府配置教官,府设教授、州设学正、县设教谕各一员,各学均设训导,员额不定。教官的任务不在于教书,而是要"宜严束生徒,按季考课","务立课程,令其时至学宫,面加考试"。对于"亲老家贫,势不能在学肄业者,亦必分题考校,每月定期"。可见,地方儒学教官仅以组织考试为任,而学生不一定在学肄业,只要按时支领膏火,参加月课、季考或领取题目,回家作文。

清代地方儒学的管理,各省都设有专职学官,称提学道、提学御史或提学学政。

儒学生员亦别为三等:附学生、增广生、廪膳生。每次录取生员名额皆有定数,分"大""中""小"学,随各地情况不等。生员入学前称"童生",童生入学需经县、府、院三级考试合格才有入学资格,俗你"秀才"。生员在学,并非以洪书课业为主,而主要任务在于参加考试以取得乡试资格。

儒学学科,据《大清会典》载为:《御纂经解》《性理》《诗》《古文辞》及校订《十三经》《二十二史》《三通》等书。又据《整朝文献通考》载为:《四书》《五经》《性理大全》《资治通鉴纲目》《大学衍义》《历代名臣奏议》《文章正宗》等书。总之,不外儒家经典和体现官方哲学思想的宋明理学著作,以及应付科举考试的"时文"之类,超出这些规定的书,绝对不许诵读,所谓"若非圣贤之书,一家之言,不实于官学者,士子不能诵习"。

各省地方除府州县学外,乡间设有社学。康熙九年(1670年)曾令各省设社学,置社师。"凡府州县每乡置社学,选择文艺通晓、行谊谨厚者,充社师。"令近乡子弟年十二岁以上二十岁以下者入学肄业。此外,还有"义学",如雍正元年(1723年)曾命"各省改生祠书院为义学,延师授徒,以广文教"。

(三)书院

清代书院的发展,是由其总的文教政策决定的。清代初年几十年间,害怕书院讲学宣扬反清复明思想,因而对于书院采取抑制政策。如顺治九年(1652年),令敕"各提学官督率教官,务令诸生将平日所习经书义理,著意讲求,躬行实践,不许别创书院群聚徒党,及号召他方游食之徒,空谈废业"①。但是,清初学者如孙奇逢、黄宗羲、李颙、颜元等,都还是在书院讲学的。后因清代提倡理学,一些封疆大吏,颇有设置书院的,如张伯行即在福建、山东、江苏等省设立书院,订立学规,讲习理学,只是为数不多而已。直至雍正十一年(1733年),明末清初的大学者相继去世,清廷才命各省省会建一书院并赐帑金一千两,作为开办费用。雍正十一年的圣谕中指出:"近见各省大吏渐知崇尚实政,不事沽名邀誉之为;而读书应举者亦颇能屏去嚣浮奔竞之习。则建立书院,择一省文行兼优之士,读书其中,使之朝夕讲诵,整躬励行,有所成就,俾远近士子观感奋发,亦兴贤育才之一道也。"②这里,清楚地说明了迟迟提倡书院的理由。此后各省相继建立书院,但此时书院实际上已成为官学的一种形式。到乾隆二年(1737年),书院简直成了省立"大学"。当时的谕旨指出:"古者乡学之秀升于国,然其时诸侯之国皆有学。今府、州、县学并建,而无递升之法。国子监虽设于京师而道里辽远,四方之士不能胥会,则书院即古侯国之学也。"③因此,清代书院多为官立,书院与科举考试联系亦更加密切。

清代少数书院在乾嘉以后,受到汉学兴起的影响,由一些汉学家主讲其中,多以"朴学"教授学生。著名学者阮元(1764—1849)设诂经精舍于浙江,设学海堂于广东,不课八股文,而以经史为主,并及小学、天文、地理、算法等科,为书院开创了一股新的学风。此外,还有以诗词文章为重点的书院,如沈归愚主讲紫阳书院,颇提倡词章之学;姚鼐主讲钟山书院,提倡桐城派的古文等。

第二节　清朝的科举制度

清代的科举制度大体因袭明制,顺治时基本定制,康熙时自上而下引起普遍关注,考试方法较之前代更为繁杂而周密,且在考试步骤、考试文体以及考生待遇方面,都有新的规定。

一、科举考试制度和办法

清代科举制度大体因袭明制,然而其考试办法比较前代更为繁杂而周密。正式科举考试仍为乡试、会试、殿试,但在正式科举之前尚有"童试",这是参加科举考试的前提。

"童试"。"童试"既是地方县、州、府学的入学考试,也是获取"秀才"资格的考试。清代规定,读书人凡未取得"秀才"身份之前称"童生"。"童生"经过县试、府试、院试及格者

---

① 《古今图书集成·选举典》
② 《皇朝文献通考·学校考》
③ 《清会典事例》卷三九五

称为"秀才",同时可入地方州县学为生员。县试由知县考试,及格后续应府试。府试考官由管辖本县的知府担任,及格者再应院试。院试由中央派遣"钦命提督某省学政"主持,合格者称秀才。获得秀才资格才能参加乡试、会试、殿试的逐级考试。

"乡试"。规定三年一次,在子、卯、午、酉年八月举行,如遇大庆典,亦有时特开恩科,乡试在省举行。凡属本省的府、州县学员与贡监生等均可应试。考试内容分三场,每场三日,第一场试以《论语》《孟子》《中庸》各一文,五言八韵一文。第二场试以"五经"各一文。第三场试以策问五道,"经义"文即八股文;经义文"四书"题用朱熹《集注》,"五经"题,《易》主程朱传本义,《书》主蔡沈《传》,《诗》主朱熹《集传》,《春秋》主胡安国《传》,《礼记》主陈澔《集传》。乡试取中者为举人,各省均有定额,大省为数十名,小省四、五十名不等,并时有变动。乡试文科举行之后,于同年十月亦开武科乡试。考试的内容分外场、内场,外场试马射、步射、技勇等,内场默写武经。但以外场为主,内场形同虚设。

"会试"。各省乡试中式的举人,次年入京会试,即在丑、辰、未、戌年举行,试期多在三月,所以也称春试或春闱,因由礼部主持,也称礼闱。会试考试内容与乡试大致相同。举人会试及格称贡士,无定额,平均每年约300名,以雍正八年460名为最多,乾隆五十四年96名为最少。各省名额多少不等,以各省应试举人实数,按省之大小,人之多寡定出比例加以录取。会试亦设有武科,于是年九月举行,各省武举人参加,考试内容与武乡试同。会试名额不定,临时以外场合格情况请旨定夺。

"殿试"。此为科举考试最后阶段,会试中举的贡士参加。殿试前亦须先复试,考试内容为时务策一道,在保和殿举行。殿试经钦定御批,分为三甲,一甲三名赐进士及第,依次称状元、榜眼、探花;二甲若干名,赐进士出身;三甲若干名,赐同进士出身。武进士亦须经复试后应殿试。第一日试马步箭;第二日试弓刀石;第三日带领引见,等候钦定甲第。第一甲赐武进士及第,第一名为武状元,第二名为武榜眼,第三名为武探花;第二甲赐武进士出身;第三甲赐同武进士出身。

殿试中式的进士,一甲三人可直接授翰林院官职;二、三甲可再考翰林院庶吉士,叫作"馆选",考中后入院读书,取得来年高爵资格;不中者另授其他官职。

清代科举考试,除上述正科之外,还曾开设不定期的特科,如"博学鸿词科""经学特科""孝廉方正科"等等,名目繁多,不胜枚举。

二、科举考试对学校教育的影响

清代对于科举非常重视,其因虽有选拔官吏的需要,但首要原因是笼络和收买汉族地主阶级知识分子,达到巩固统治的目的。

清代科举考试对学校教育影响最大者乃是科举内容采用八股程式。清代考试自小考到会试,试文均重在八股,虽在康熙二年有废八股之举,然至康熙七年,又恢复使用,且愈发空疏、形式,命题更不合理。八股文题必须取之于"四书""五经",然经四百余年使用,可出题都已出尽,为了避免士子抄袭成文起见,所以想了许多离奇古怪的题目。如只取半句为题"则吾从先进",把上面截了令人不知所问。有所谓截搭题"其为仁之本欤?子曰巧言令色",割裂原书,不伦不类。面对这种考试,作为科举准备场所的各级官学,只能以应付此等文章为务,不仅经世致用之学不能顾及,就连"四书""五经"等经义及文史书籍也不能基本弄懂,因此中央、地方虽设官学,只不过是有名无实的空架子而已,一些士子侥幸中式,亦多为无真才实学者。

第三节　宋元明清时期的私学

一、蒙学和经馆

宋元明清四朝的私学,是汉唐私学的继续和发展,是我国封建社会与官学并存的一项重要教育制度。

这一时期私学,大体分为两类。一类是以识字和学习基本知识为主的"蒙学",相当于"小学";一类是在蒙学的基础上,学习儒家经典、理学著作,准备参加科举考试的"经馆"等,相当于"大学"。两类私学,有的分别设置,但多数统一于一校之内,阶段划分亦不明显。

"蒙学"或称"乡学""村学""私塾",一般是私人设立,学生来校就读;但也有宗族设立的"义学"和富有人家设立的"家馆",延聘教师去任教的。陆游诗:"儿童冬学闹比邻,据案愚儒却自珍,授罢村书闭门睡,终年不着面见人。"农家十月乃遣子入学,谓之冬学。此"冬学",和苏轼所说的"吾八岁入小学,以道士张简易为师,童子几百人……而日益进"①中所谓"小学",当即此类私学。入学学生不受年龄限制,以相应程度为准,虽以儿童为多,但也有青年或成人。蒙学教育一般说,是以授书、背书和写字为最基本的内容,教学中强调牢固记忆和基本训练以及培养儿童符合封建伦常道德的品质和习惯。

经馆是经过蒙学识字教育之后,逐渐进入以应科举为目的、程度较高的私学阶段,有的以舍馆命名。耐德翁《都城纪胜》记载:"都城内外……乡校家塾、舍馆、书会,每一里巷,须一二所。弦诵之声,往往相闻。遇大比之岁,间有登第补中舍选者。"经馆的教学内容,主要为攻读儒学经典及注疏文字,教材以"四书""五经"等为主,元明以后,强调学习朱熹《四书集注》,同时兼习史书选篇和历代名家散文,从中学习古文,还要诵读诗赋。此时还要求学生开始学作诗赋和八股文章,广泛涉猎"程墨""房稿"之类的时文,作为科举应试的预备。

私学教学组织一般不采用班级制,而是在总的"教学计划"下,个人进度不一,教师个别教授。私学中,学规极严,订有严格的罚则,除罚站、罚跪外,经常使用戒尺"打手心""笞臀"等体罚,严重影响儿童身心的发展。

私学教师的水平相差极为悬殊,教师的旨趣也有很大不同,有的是"不屑仕进","耻事权贵";有的是"不与时俯仰",从而"隐居教授";有的当朝士大夫以"传道授业"为儒者要务

---

① 《东坡志林》

而"授徒讲学",但更多的是屡试不第,为了养家糊口而"教授乡里"。但因从事私学教学者人数众多,再由于私学办学不拘条件,教学制度极为灵活,因此,在我国封建社会后期,私学之设比比皆是。私学中培养的人才数量以及为巩固封建制度所起的作用和影响,甚至为官学所不及。

二、私学教材的编撰

在宋元明清时期私学中,蒙养教材的编写和使用,是值得我们重视的。此时期的蒙学教材,是在汉唐使用的《急就篇》《开蒙要训》等书的基础上发展而来的。但是与前代相比,这一时期的私学教材种类繁多、层出不穷,在数量上和质量上都有所提高。教材编撰者们在注重儿童的个性,做到教材通俗易懂且容易记诵等方面下了很大的功夫。例如,陆放翁诗自注云:"农家十月,乃遣子入学。所读《杂字》《百家姓》之类,谓之村书。"可见,南宋时村塾所用教本,除早有流传的《蒙求》《太公家教》《千字文》外,又有《百家姓》《三字训》等书。而沿袭到元明时期,使用最普遍、流传最长远的则为《三字经》《百家姓》《千字文》三书,一般合称为"三、百、千"。

《三字经》相传为宋王应麟所作,也有人认为系宋末区适子撰或元初人就《三字训》改作。但究竟何人所作,尚难断定。该书言简意赅,全书从教育重要性开始,随即提出封建教育纲领,进而介绍一些名物常识、经书子书、历史知识、历代勉学好学事例等等,内容丰富。全书共有356句,1068个字,反复字五次以上者不及十分之一。在编制方面,采用三字一句、押韵成文,读起来朗朗上口,便于背诵,而且文字简练,善于概括。

《百家姓》是一部关于中文姓氏的书,也是一部典型的启蒙识字教材。成书于北宋初年,原收集姓氏411个,后增补到504个;其中单姓444个,复姓60个。内容虽无义理可言,但四姓一句,字韵舒畅,便于诵读,切于实用,很受民众和蒙童青睐。

《千字文》相传为梁武帝周兴嗣所著。他模写王羲之书1000个不同的字,编为四言韵语,共250句,主要供儿童识字,其内容包括天文、博物、历史、人伦、教育、生活各方面的知识。隋唐即已盛行于世,至宋朝时已成为广泛采用的蒙学教材。

另外,学者们在编撰童蒙教材方面既注重对传统经典童蒙教材的采用,又注重根据时代变化加以更新。这一时期教材编撰专业、专门化渐渐成为一种趋势。私学学者们编辑了众多的分门别类的教材,总的来说,分为道德教育、历史知识、诗词歌赋等几大类,如专门用于伦理道德教育的《性理字训》、用上下两句对偶的形式来生动地讲述历史知识的《十七史蒙求》等。分类教材的出现,顺应了教师们教学的要求,有益于更专注地针对各个领域对儿童进行教育。

童蒙教材如春笋般涌出,对于古代的儿童教育意义非凡。童蒙教育一直是官学所忽略的部分,承担其任务的始终是私学,童蒙教育也因此成为私学领域的核心组成部分之一。童蒙教材的发展带动了宋元时期童蒙教育走向兴盛,也间接培育了大批的文化人才,这造就了宋元时期文学、科学等多方面学科的发展,从而形成文化鼎盛局面。而这种影响还不局限于当时,《三字经》《百家姓》等优秀教材被一代代传承下去,成为明清之际童蒙教育的经典之作,书中奠定的通俗易懂、品德培养、寓教于乐等特点,被历代教育者所重视和发扬,成为古代教育史上的一面旗帜。

三、私学的日常教育活动

(一) 宋元时期私学教育

私学在宋辽金元时期尤为盛行,离不开私学创办者们的不懈努力。这一时期,学生的求学方式有三大类:建塾聘师、登门拜访和游学。学子们求学的目的并不仅限于科举考试。一些士人并不十分看重功名,而是想在向名儒求教的过程中探讨人生哲理和宇宙真理。宋辽金元时期的史料中,讲述了大量勤奋学习、扎实钻研的例子,出现过不少这样聪明好学的佳话。范仲淹次子范纯仁虽贵为官宦之家,求学时却极为刻苦,直至深夜仍学习不辍。"仲淹门下多贤士,如胡瑗、孙复、石介、李觏之徒,纯仁皆与从游。昼夜肄业,至夜分不寝,置灯帐中,帐顶如墨色。"①

私学教师在讲学和教育的过程中是十分认真的,在童蒙教育上也始终保持严谨、负责的态度。著名理学家程颢,暇时亲至乡校,"召父老与之语。儿童所读书,亲为正句读,教者不善,则为易置"。② 这一时期私学教师的教学方法在继承以往教学经验的基础上,推陈出新,有所发展。

第一,制定学规与教学计划。朱熹在《童蒙须知》中,分衣服冠履、言语步趋、洒扫涓洁、读书楔子、杂细事宜等目,对儿童生活起居、学习、道德行为礼节等均做详细规定,如"凡为人子弟,当洒扫居处之地,拂拭几案,当令洁净";"凡读书,须整顿几案,令洁净端正"。③

第二,循循善诱,因材施教。南宋著名理学家陆九渊便是如此,"教人不用学规,有小过,言中其情,或至流汗。有怀于中而不能自晓者,为之条析其故,悉如其心"。④ 元代学者刘因,"家居教授,师道尊严,弟子造其门者,随材器教之,皆有成就"。⑤ 故而当时学子们争相拜入其师门。

第三,聚而讲学,坐而论道。"延祐初,谦居东阳八华山,学者翕然从之。寻开门讲学,远而幽、冀、齐、鲁,近而荆、扬、吴、越,皆不惮百舍来受业焉。"⑥这个过程,既考验了学生的学习效果,也加强了师生间的沟通和交流,故而被广泛应用在私学领域中。

第四,传授知识的同时加强伦理道德教育。古代教育的目的是将学子培养成"忠君孝亲,一心为国,有气节"的儒学士人,这在教育的过程里是贯彻始终的。"忠"和"孝"是古代宗法观念和伦理道德中最为核心的部分,故而童蒙教材里的故事多采用忠臣和孝子的典型例子,在潜移默化中影响儿童们的思想观念。

第五,以身作则。北宋名儒胡瑗,"为湖州教授,训人有法,科条纤悉备具,以身率先,

---

① 《宋史·范纯仁传》
② 《宋史·道学传一》
③ 《童蒙须知》
④ 《宋史·儒林传四》
⑤ 《元史·刘因传》
⑥ 《元史·儒学传一》

虽盛暑,必公服坐堂上,严师弟子之礼,视诸生如其子弟,诸生亦信爱如其父兄,从之游者常数百人"。①

此外,宋辽金元时期的童蒙教育,将识字教育作为重要内容。当时流行的蒙学读物,如《千字文》《百家姓》等,都有着朗朗上口、通俗易懂的特点,所用文字也多为常用而不难写的古字古词,有益于培养儿童的识字能力。南宋项安世在其《项氏家说》中说:"古人教童子多用韵语,如今《蒙求》《千字文》《太公家教》《三字训》之类,欲其易记也。"②这一时期的童蒙教育对于如何开展识字教育拥有一套完善的教学体系:读书辨其音,写字认其形,作文晓其义,这三步是依次进行的。这一时期的童蒙教育,私学教师们根据儿童身心发展的特点,教学做到简洁明了、通俗易懂,并富含趣味性。"寓教于乐",奠定了古代社会诸多童蒙教育的原则,为后世所沿袭和借鉴。

(二)明清时期私学教育

由于明清时期科举考试内容变化不大,因而,塾师在私塾的日常教学活动和内容也比较固定化和格式化,日常教学活动安排得比较紧凑,从早忙到晚,甚至在节假日还得指导学生参加一些礼仪教化活动和民间艺术活动。日常基本的教学活动包括正句读、诵书、歌诗、习书数、温书、教礼仪等。其中,大声诵读和背书成为私塾学生一项重要的学习活动。明清私塾日常教学包括《三字经》《百家姓》《千字文》《孝经》《小学》《日记故事》以及四书五经相关内容,以文史内容和道德教化为主,学生只是摇头晃脑地跟着先生朗读、背诵。同时,根据所学和所记内容,模仿科举时文形式进行遣词造句甚至作文。

明清时期教学管理活动主要采用简单粗暴的体罚。无论私塾还是社学,塾师大都采取体罚的办法来管理和约束学生。为了惩戒和约束学生,各类私塾及社学均制定了相关的学规。如苏州陆门蓣氏《庄塾规条》:"入塾生徒,倘有违逆父母,兄弟相争及出口骂詈、与人殴斗者,必从重扑责,罚跪以俟将来;又或坐立不正、癡笑无常、偭越规矩者,谴责毋赦。"③各类私塾制定了包括体罚在内的学规,给了塾师对学生体罚的尚方宝剑和合法权力。根据这些学规,我们可推测塾师对违规违纪学生采取罚跪、罚站、罚背书、罚抄写、打手心、打屁股、鞭打、棍打等办法,来约束其遵守学规、潜心学业、敬重师长。明代是各级各类学校使用体罚最普遍的时期,清代私塾仍沿袭这一做法,只是程度有所减轻。尽管如此,家长对塾师的体罚行为并不反对,家长允许甚至赞许塾师对自己的孩子进行体罚,出于两种心理驱动:一是"望子成龙"心情迫切,唯恐自己的孩子不认真读书,难成大器;二是对"万般皆下品,唯有读书高"的认可。正是在这两种心态驱动下,家长授权塾师对不遵守私塾学规的孩子进行体罚,塾师和家长的目的是一致的,都是为了让学童安心踏实地读书,以期在科举考试中成为成功者。

---

① 《宋史纪事本末·学校科举之制》
② 《项氏家说》
③ 《庄塾规条》,光绪《陆门蓣氏支谱》卷13,见刘晓东《明代塾师与基层社会》,商务印书馆2010年版,第194页。

第四节 王夫之的教育思想

王夫之,明末清初进步教育思潮的代表人物,他将中国古代唯物主义思想发展到顶峰,与顾炎武、黄宗羲并称明清之际三大思想家,有称其"不愧是中国 17 世纪又一位伟大的思想家和教育家"①。

一、人物生平

王夫之(1619—1692),字而农,号姜斋,湖南衡阳人,出身于中小地主家庭。晚年隐居于湘西蒸左石船山(今湖南阳县曲兰),故后人称他为船山先生。

王夫之自幼"颖悟过人",四岁入私塾,十岁从父亲王朝聘学习五经经义,广泛阅读古代哲学和史学书籍。十四岁考中秀才,二十四岁考中举人。崇祯十二年(1639 年),王夫之第三次参加乡试落第后,意识到国家民族危急,他以"东林""复社"为楷模,与郭季林等一般青年朋友,组织了"匡社"。明亡后,为了阻止清兵南下,王夫之曾和他的"匡社"知己管嗣裘在衡阳举兵起义,但终因寡不敌众"战败军溃",于是投身于桂王的南明政府,担任过翰林院庶吉士官职。由于南明永历王朝的腐败以及当时内阁王化澄与太监夏国祥弄权卖国,王夫之辞职返家,而后一直逃避在湘西一带。他始终反对清政府,不肯剃发,为了避免清政府的追捕,从三十三岁起一直幽居在穷乡僻壤或荒凉的深山之中,后迁徙在石船山,筑草堂而居,称为"湘西草堂",在这里他十七年如一日,闭门著述,愤笔疾书,写下许多不朽著作。

王夫之著作很多,生前均未刻印。现存《船山遗书》共 72 种,258 卷。与哲学、教育和政治有关的著作有《周易外传》《尚书引义》《读四书大全说》《张子正蒙注》《思问录》《俟解》《黄书》《噩梦》及《读通鉴论》等。

二、关于教育作用的思想

(一) 教育是治国之本

王夫之指出:"王者之治天下,不外政教之二端。语其本末,则教本也,政末也。"②王夫之认为治理国家,教育最为根本。历史上许多王朝的衰亡,并非"其政之无一当于利病也",而只是因为"言政而无一及于教也",即衰亡在"失其育才"。王夫之指出国家衰亡的重要原因,就是"教化日衰",学校教育"名存实亡",培养不出"可用之士",并告诫欲"安天下",当以"文教为重",须把教育置于重要地位。

---

① 孙培青:《中国教育史》,上海:华东师范大学出版社 2000 年版,第 275 页。
② 《礼记章句》卷五

王夫之认为，教育的发展又离不开政治，只有"政立民安"，才能"学校兴"。在政治和教育的关系上，"语其先后，则政立而后教可施焉"。① 同时，他又认为，教育的发展还必须以经济为基础，人民"衣食足"而"天下治"，"乃可以文"。王夫之正确指出了教育对于治理国家的重要作用，教育的发展又必须受制于政治与经济，他的这种辩证的认识，弥足珍贵。

（二）日生日成的人性论

王夫之关于教育在人的发展过程中作用的认识，是同其人性论紧密联系在一起的。他提出人性"日生日成"的著名论断，认为人性不是一成不变的，而是后天学习而成的，是"日生则日成"②，"继善成性"的。

王夫之认为，人性是一种人类所具有的潜在的发展能力，即所谓"气禀"。这种能力在生活环境变化过程中，通过"新故相推"而发展，因此人性是"屡移而异"，"未成可成，已成可革"的。③ 人性正是在这个过程中，"日生日成"以至于善的。

王夫之认为"习"在人性形成、发展中起重要作用，他说："孟子言性，孔子言习。性者天道，习者人道。《鲁论》二十篇皆言习，故曰：'性与天道不可得而闻也。'已失之习，而欲求之性，虽见性且不能救其习，况不能见乎！《易》言：'蒙以养正，圣功也。'养其圣于童蒙，则作圣之基立于此。人不幸而失教，陷于恶习，耳所闻者非人之言，目所见者非人之事，日渐月溃千里巷村落之中，而有志者欲挽回于成人之后，非洗髓伐毛，必不能胜。"④这一段话不但说明"习"对于人性的重要，而且说明不良教育养成不良习惯，要改变极不容易，所以必须从幼小时就注意教育，这就是继善成性的过程，亦即教育的过程。

三、理欲统一的道德观

王夫之的道德观具有两个显著特点。其一，他反对理学家的"存天理，灭人欲"之说，主张"天理"和"人欲"紧密相联，"天理"即在"人欲"之中。他说："终不离人而别有天，终不离欲而别有理也"⑤，"有欲斯有理"⑥，"理与欲皆自然而非人为"⑦。王夫之这个观点的重要意义在于，他把人们正当的物质利益要求，即"人欲"看作人类生存所不可缺少的。绝不能灭人欲以求天理，禁欲、窒欲都是阻碍人性发展的。在这种主张之下的教育，就要重视人性的发展，满足人们的欲望，要推己及人，反对禁欲纵欲，主张节欲而不是灭欲："推其私而私皆公，节其欲而欲皆理。"⑧王夫之的这种道德观，是对佛、老二氏和宋明理学家道德观念的批判和否定，是适应资本主义萌芽和新兴市民阶级需要的，有要求解脱束缚的社会

---

① 《礼记章句》卷五
② 《尚书引义》卷三
③ 《尚书引义》卷三
④ 《俟解》
⑤ 《读四书大全说》卷八
⑥ 《周易外传》
⑦ 《张子正蒙注》
⑧ 《四书训义》

意义,具有历史的进步性。

其二,他提倡不以"一人之私"而"废天下之公"。① 在君臣关系上,臣该不该忠君,不能一概而论,取决于君主是否为"天下之君",能否成为"天下所供奉"。假如"君非天下之君","人心不属",那么就不该为"一人之私"而"废天下之公"。也就是说,臣不应该对非天下之君主尽忠。王夫之对传统的君臣之伦和忠君观念提出了异议,做出了自己的理解和分析,富有时代气息。

四、教学思想

(一) 强调立志

王夫之和其他学者一样,主张为学要以立志为先。"志立则学思从之,故才日益而聪明盛,成乎富有;有志之笃,则气从其志,以不倦而日新。"②他认为,意与志不同,"意者,乍随物感而起也;志者,事所自立而不可易者也。庸人有意而无志,中人志立而意乱之,君子持其志以慎其意,圣人纯乎志以成德而无意。盖志一而已,意则无定而不可纪"③。因此,"善教人者,示以至善以亟正其志,志正,则意虽不立,可因事以裁成之"④。人之立志,必须专一。他说:"人之所为,万变不齐,而志则必一,从无一人而两志者。志于彼又志于此,则不可名为志,而直谓之无志。"⑤他这样强调立志的重要性,在为学、力行两方面具有重大意义。

(二)"因人而进"

王夫之主张教者必须了解受教育者,必须根据受教育者的特点进行教育。他认为学生是有个性的,有"刚柔敏钝之异"。教育要顺应学者的个性施教,偏高偏低都会影响教学效果。"夫智仁各成其德,则其情殊也,其体异也,其效也分也……故教者顺其性之所近以深造之,各如其量而可矣。"⑥他认为一个人有长处也有偏处,教者要引导发展学者的长处,使他能够进步;矫正学者的偏处,使他能够走上正当的道路。"教思之无穷也,必知其人德性之长而利导之,尤必知其人气质之偏而变化之。"⑦他还认为教者要考虑到学者的接受能力和基础乃至于主观努力的程度等等。总之,要根据学习者的具体条件施教。

---

① 《读通鉴论》卷十四
② 《张子正蒙注》卷五
③ 《张子正蒙注》卷六
④ 《张子正蒙注》卷六
⑤ 《俟解》
⑥ 《四书训义》卷十
⑦ 《四书训义》卷十五

(三)"有序"与"不息"

王夫之认为,教学不但要"习",还要注重"时",指出"学而不习,习而不时"是学者的通病。他所说的"时"有两个含义,一是循序渐进之义,一是有恒之义。他把《学记》这样标点:"大学之教也时,教必有正业,退息必有居学。"解释说:"时者,有序而不息之谓也,恒守也。"①而"有序"和"不息"又是相互联系,相互结合的。教学既要循序渐进,不躐等,不速成,又要有恒心,不间断,这样就可以使学习较易"因其序则可使之易"②。

(四)学思结合

王夫之认为,学与思"二者不可偏废,而必相资以为功"。"致知之途有二:曰学曰思。学则不恃己之聪明,而一唯先觉之是效,思则不徇于古人之陈迹而任吾警悟之灵……学非有碍于思,而学愈博则思愈远;思正有功于学,而思之困则学必勤。"③这就是说,学要博学而思要深入。学要尽量吸取过去的成就而不可任凭自己的主观臆测;思要注重独立思考,深入钻研,不可为过去的框子所拘牵。学习的知识面愈广阔,思考愈可深远,愈可贯通。深入遇到困难,感到不够深刻就会愈益了解博学的必要。将学习前人的知识与独立思考创新相结合,二者同时并重,互相促进,这样才可使学习有进步。王夫之的观点,发展了先秦儒家学思结合的论述,同时反映了王夫之朴素辩证法的思想。

(五)知行结合

王夫之在知行关系问题上,既不同意朱熹的"知先行后"之说,也不同意王守仁的"知行合一"之说。他主张行先知后,知行并进,互相为用。"行可兼知,而知不可兼行……君子之学,未尝离行以为知也。"④"知行相资以为用,唯其各有致功,而亦各有其效,故相资以互用。则于其相互,益知其必分矣。同者不相为用,资于异者乃和同而起功,此定理也。"⑤他认为在人们的认识中,知与行各有其功效,又必须相互为用,因此,只有知行并进,才能"知同而起功",这是认识事物的一条定理。王夫之在知行二者中更注重"行",认为不能离行以为知,要在行上取得知识,要在行上检验知识。

(六)自勉与自得

王夫之主张教师对学生的要求必须严格,决不能降低标准去迎合苟且偷安的心理;学生对自己也应坚持高标准,不能要求教师降低要求来迁就"俯从"自己的"易为""无知",否则将使自己陷于"不知不能"的悲境。他说:"学者不自勉,而欲教者之俯从,终其身于不知

---

① 《礼记章句》
② 《张子正蒙注》卷四
③ 《四书训义》卷六
④ 《尚书引义》卷三
⑤ 《礼记章句》

不能而已矣。"①他所指的高标准,是指"圣功"而言,但他所讲的原则具有积极意义。

王夫之在强调"自勉"的同时,还指出注重"自得",即学习积极性原则。"有自修之心则来学,而因以教之。若未能有自修之志而强往学之,则虽教亡益。"②这里他强调学生学习要有"求通之志",即要有学习心理上的准备性和努力钻研的继续性,然后再有教师的启发式教学,就会获得好的效果。这就是"教在我而自得在彼"③的道理。

五、论教师

王夫之在教学上极重视教师的作用。他认为教师要"正言""正行""正教",强调教师应该以身作则,为人师表,要以自己的模范行为教育和影响学生,以扶正世道人心。他认为"师弟子者以道相交而为人伦之一。……故欲正天下之人心须顺天下之师受"。④ 教者学者是一种道义的结合,教师负有"正人心"的重要任务,绝非可有可无者。正因为教师如此重要,选择教师关系到整个社会的人心道德。因此,王夫之说:"主教有本,躬行为起化之原;谨教有义,正道为渐摩之益。"⑤指出教师必须在实际行动与道德行为上,能做学生的榜样。"躬行"是陶冶学生的根本。躬行即"身教",即"不言之教"。所谓"圣人有独至,不言而化成"。只有以不言之化,而行感化之教,才能使学生"自生其心",达到真正的自得。教师的"躬行"在道德教育上具有极重要的意义。

王夫之还要求教师必须有丰富的、正确的知识,能够"温故知新"。欲明人者必须先自明,王夫之说:"夫欲使人能悉知之,能决信之,能率行之,必昭昭然知其当然,知其所以然,由来不昧而条理不迷。贤者于此,必先穷理格物以致其知,本末精粗晓然具著于心目,然后垂之为教,随人之深浅而使之率喻于道,所以遵共教,听其言,皆去所疑,而可以见于行……欲明人者先自明,博学详说之功,其可不自勉乎。"⑥王夫之提出的对教师的要求,都是教师所应必备的条件,不仅在当时具有重要意义,而且在当前也有借鉴意义。

王夫之是明末清初进步教育思潮的代表人物。他通过总结历代的治乱、得失、兴衰、存亡的经验教训,在人性论、理欲关系、知行关系、学思关系等教育的基本理论问题上,对理学教育进行了批判,继承和发展了传统哲学的朴素唯物论,在斗争中建立了唯物主义的宇宙观和历史观。王夫之的哲学思想是我国古典唯物主义发展的最高峰,他的教育思想在我国古代教育思想发展史上占有重要地位。

---

① 《四书训义》卷三十五
② 《礼记章句》
③ 《四书训义》
④ 《四书训义》卷三十二
⑤ 《四书训义》卷三十二
⑥ 《四书训义》卷三十八

第五节 颜元的教育思想

颜元是清初杰出的思想家、教育家,实学教育思潮的代表人物。他所创立的"颜李学派"及其学术论点,对有清一代学术思想的发展有着举足轻重的作用。

一、人物生平

颜元(1635—1704),字易直,又字浑然,号习斋,河北博野人,清初著名的启蒙主义思想家。他一生主要从事学术研究、教授生徒,晚年曾主持漳南书院。他亲自为书院设立规章,将书院分成文事、武备、经史、艺能、理学、帖括六斋,颇负盛名。他还行医卖药,参加生产劳动。

颜元二十四岁接触到陆王语录,"始知世有道学一派",颇信陆王所谓"直见本心知行合一之说"。二十六岁得《性理大全》,于是又醉心于程朱之说,认为比陆王"尤纯粹切实"。但是由于他受其师贾珍的治学精神影响以及他自幼接触的实际的生活道路,逐渐认识到朱熹所规定的礼仪"有违于性情","始觉宋儒之言性,非孟子本旨,宋儒之为学,非尧舜孔孟之旧"。逐渐从程朱的信徒,走向其对立的立场。特别在他晚年到南方旅行之中,见到"人人禅子,家家虚文",使其反对程朱的态度更加坚决。非但理学,汉儒训诂之学亦在他的反对之列。他在批判理学的过程中,提出了他的"习行之学",认为这才是周公孔子之学,构成了他的独特的学术和教育思想体系。在他的主要著作《存学编》《存性编》《四书正误》和《朱子语类评》中,系统阐发了他的教育理论和基本观点,这是研究颜元教育思想的主要资料。

二、对理学教育的批判

颜元的教育思想具有鲜明而强烈的批斗性。他从其唯物主义世界观出发,对传统教育进行了深刻的批判。他认为几百年以至两千年来,教育就已走入"文墨世界",汉儒讲章句训诂之学,晋人竞尚清谈,隋唐又流为佛老,到宋儒变本加厉,讲的是主静主敬之学。总之都只是在文字书本上做工夫,为害甚大。他说:"训诂、清谈、禅宗、乡愿,有一足以惑世诬民,而宋人兼而有之,乌得不晦圣道误苍生至此也。"[①]

颜元对传统教育的批判,概括起来说,他认为有三大祸害,即:毁坏人才,灭绝圣学和败坏社会风气。

所谓"毁坏人才",颜元认为教育培养出来的人,多不学无术。宋儒整天讲学,教人读书、静坐,这样得来的闻见议论,"如望梅画饼,靠之饥食渴饮不得"[②]。受了这种教育的

---

① 《习斋记余》卷三
② 《存学编》

人,自以为知识很丰富,其实是"读书多愈愚,审事愈无识,办经济愈无力"①。他直接批评朱熹说:"千余年来,率天下人故纸中,耗尽身心气力,作弱人、病人、无用人者,皆晦菴为之也。"②

所谓"灭绝圣学",是指训诂、禅宗教育日盛,则孔门实事实理的学术便日见衰竭。颜元哀叹说:"嗟呼!学校之废久矣!……逮于魏晋学政不修,唐宋诗文是尚,其流毒至今日,国家之取士者,文字而已,贤宰师之劝课者,文字而已;父兄之提示,朋友之切磋,亦文字而已,……求天下之治,乌可得哉?"③正由于教育只是流于文字工夫、静坐语录上,学校中也就没有学术可言。他还指出:"后人为汉儒所诬,从章句上用功,为释民所惑,从念头上课性。其结果,'道亡学丧',通二千年成一欺局矣!哀哉!"④

所谓"败坏社会风气",是说传统教育的,主静、读书,造成社会道德、经济和人才的衰败。颜元说:"天下皆读作、著述、静坐,则使人减弃士农工商之业,天下之德不惟不正,且将无德;天下之用不惟不利,且将无用;天下之生不惟不厚,且将无生……渐至今日,旷代不见一帝臣王佐之才,千里不见一礼乐和好之家,数乡不见一孝弟忠信之人。徒闻家家程注朱注,人人套文钞策,子午科也,卯酉科也,乾坤全坏于无用老学究。"⑤

三、教育思想

(一) 论教育的作用

颜元是从两个方面来论述教育的作用的:一是教育的社会政治作用;二是教育对人性发展的作用。

颜元认为,教育培养人才是治国安邦的基础。"有人才则有政事,有政事则有太平。"⑥主张"一风俗而成治功,莫善于取人以德,其本莫重于谨庠序之教"⑦。他认为:"昔人言本原之地在朝廷,吾以为本原之地在学校","学校,人才之本也"⑧。可见他对学校和教育是十分重视的。他还猛烈抨击八股取士制度,认为八股最终将导致政治腐败、世风日下。由此,颜元提出教育的目的是要培养"肯做工夫庸人"的"圣人",要想"致富强",出现"列之朝廷者皆经济臣"的良好局面,就必须使"天下之学校皆实才实德之士",培养经世致用的人才。

颜元还认为,教育的作用在于预防和去掉"引蔽习染"。在人性论上,他不同意理学家把性分为义理之性和气质之性两橛,而又说气质之性是恶的。他认为,人性善,"恶者,引

---

① 《朱子语类评》
② 《朱子语类评》
③ 《存治编·学校》
④ 《习斋言行录》卷上
⑤ 《习斋记余》卷九
⑥ 《习斋言行录》卷下
⑦ 《习斋言行录》卷下
⑧ 《习斋记余》卷九

蔽习染也"。去掉引蔽习染，恢复人的善性，正是教育所应起的作用，这是必要而且可能的。即便习染很深，也是可以教好的，更重要的是教育要发挥"习善"的作用，预防引蔽习染。"使天下相习于善，而预远其引蔽习染。"①颜元这种重视环境对人的影响，强调教育可以改造引蔽习染的观点，是具有一定积极意义的。

（二）关于教育目的和内容

颜元要求培养经世致用的人才。他明确提出"学所以明伦耳"②，他要求所培养的人不仅要有仁、义、礼、智等德行，而且应当掌握一定的专业技能，这样有实才实德的人才是能够利济苍生的圣贤。他说："人于六艺但能究心一二端，深之以讨论，重之以体验，使可见之施行，则如禹终身司空，弃终身教稼，皋终身专刑，契终身专教而已，皆成其圣矣。"③他又说："学须做成一件便有用，便是圣贤一流。试观虞廷五臣，只各专一事，终身不改，便是圣；孔门诸贤各专一事，不必多长，便是贤。"④颜元所说的圣人和理学家所说的圣人是不同的，他关于教育目的的主张沿用了儒家传统圣贤的观点，但赋予了新的内容，尤其是培养专业人才的思想，反映了生产力发展和社会分工的需要，反映了当时新兴市民阶级富国强兵的要求和他的初步民主思想。

颜元的教育内容是和他教育目的的主张紧密相连的。颜元强调要达到培养"有学术""有治功"的学用一致的济世人才的目的，教育内容必须反对空疏无用的书本和空谈，要以"实文""实行""实体"和"实用"为原则。他提倡文武兼备，反对重文轻武；提倡劳动教育，反对不劳而食。颜元主张以尧舜周孔的"六府""三事""三物"为主要教育内容。他在《删补三字序》中说："三事，六府，尧舜之道也，六德，六行，六艺周孔之学也，古者师以是教，弟子以是学，居以养德，出以辅政，朝廷以取士，百官以奉职。"三事指正德、利用、厚生说；六府指金、木、水、火、土、谷说。六德指智、仁、圣、义、中、和；六行指孝、友、睦、姻、任、卹；六艺指礼、乐、射、御、书、数。颜元的教育内容远远超出先秦六府三事三物范畴，以征诸物、见诸事紧密与社会实际结合为要，以"实用""经济"为标准，比过去更丰富、更发展。

颜元晚年主持漳南书院并提出一项教育计划，这集中体现了他的"实用"的教育内容的主张。他把书院分成六斋，各习不同课程：

1. 文事斋　课礼、乐、书、数、天文、地理等科；
2. 武备斋　课黄帝、太公以及孙吴五子兵法，并攻守营阵陆水诸战法，射御技击等科；
3. 经史斋　课十三经、历代史、诰制章奏、诗文等科；
4. 艺能斋　课水学、火学、工学、象数等科；

---

① 《存性编》
② 《存治编》
③ 《习斋言行录》卷下
④ 《习斋言行录》卷下

5. 理学斋　课静坐，编著程朱陆王之学；
6. 帖括斋　课八股举业。

六斋中除理学斋、帖括斋是"以应时制"，"以示吾道之广"①的权宜之计外，其余四斋是颜元"实学"的具体教育内容。只有学习这些内容才能实现"垦荒、均田、兴水利"以富天下，实现"人皆兵，官皆将"以强天下，最终实现"举人才、正大经、兴礼乐"以安定社会秩序。颜元的教育思想代表了当时启蒙思想家的一致认识。

（三）关于教学方法

颜元极为重视教学方法。其特点是，以唯物主义认识论为基础，强调"主动""习行"，从而和"主静"与偏重语言文字的传统教育方法根本对立。

颜元"反静主动"的观念是很强烈的，他认为，此二者势不两立，不可调合，并关系到人才的培养和国家的强弱。他说："吾尝言一身动则一身强，一家动则一家强，一国动则一国强，天下动则天下强。益自信其考前圣而不谬，俟后圣而不惑矣。"②

所谓"主动"，指教学要通过实际活动，通过具体的事去学去教，学者才能学得真知识，教者才有好的教学效果。教人为学既然主动，就必须注重习行。"习"是颜元教学方法的中心原则。他提出"觉思不如学，而学必以习"。他以学医为例，认为绝不能"止务揽医书千百卷、熟读详说"，还必须"从事方脉、药饵、针灸、摩砭、疗疾救世"。反对宋代以来的死读书，强调在习行中做学问，在实做中求知识，这是颜元教学思想中最本质的原则。

"格物致知"是颜元"习行"原则的主要方法。他运用唯物主义观点解释"格物致知"，认为"物"就是客观实际存在的具体事和物。"格物"就是亲自去接触这个事，去做这件事，就像用手格杀野兽，身实习之，实行之。只有通过"格物"，才能达到"致知"，获得真正的知识。他说："譬如欲知礼，任读几百遍礼书，讲问几十次，思辨几十层，总不算知。直接跪拜周旋，摔玉爵，执币帛，亲下手一番，方知礼是如此……是谓格物而后致知矣。"③从此出发，颜元反对理学家"读书穷理"的方法，认为读书只是"学中之一事"，只是习行经济之"谱"，但只有谱是不能解决实际问题的，所以他说："盖读书乃致知中之一事，专为之则浮学。"④从而强调读书目的在于运用，强调读了书本，必须照书上所说的去习行。即便读书少，只要习行了，亦自受用不尽。

颜元的教育思想，富于创新、别开生面、实事求是、讲求实效，是明末清初实学精神的集中体现。虽然受时代和阶级的局限，他的基本立场仍以维护封建统治为目的，但从其主导思想来看，毕竟反映了资本主义萌芽出现后，新的市民阶级的利益，敢于冲破封建专制思想的束缚，提出了与理学唯心主义相对立的唯物主义教育理论，是中国古代教育史上的

---

① 《习斋记余》卷三
② 《习斋言行录》卷下
③ 《四书正误》卷一
④ 《习斋年谱》卷上

重大突破。

复习思考题

1. 述评清初文教政策的内容及其具体表现。
2. 王夫之在教学思想上提出了哪些具体的方法？
3. 颜元提出的"实学""实行"以及"习行"的具体内容是什么？有何积极意义？

第八章
鸦片战争到洋务运动时期的教育

鸦片战争之后,西方资本主义列强用坚船利炮打开了中国的大门,中国国情和社会发生了急剧变革,中国由封建社会沦为半殖民地半封建社会。在"数千年来未有之变局"的时代背景下,社会各领域出现了系列变革,尤其是洋务派开展的洋务运动,是探索中国自强之路的重要尝试,并对教育变革与发展产生了重要影响。在这种变局和背景下,中国传统教育逐渐式微,对传统教育的变革和向近代教育的转型成为教育发展的必然趋势。因此,清朝统治者开始对传统教育进行一系列改革,尤其是洋务运动时期的教育改革,拉开了中国教育近代化的序幕,为中国教育走向近代化奠定了重要基础。

【学习目标】

1. 了解教会学校的产生和发展。
2. 掌握洋务教育的实施情况。
3. 熟练掌握张之洞的"中体西用"思想及其历史影响。

第一节 清末传统教育的式微

在"数千年来未有之变局"的背景下,中国传统教育与社会发展一样,矛盾日益凸显,走向衰落。清朝统治者依然固守旧制,导致中国教育的发展步履维艰,"陷入难以自拔的困境"①,在文教政策、学校教育及科举制度等诸多方面表现得非常明显。

一、文教政策:高压钳制,笼络兼施

作为中国历史上第二个少数民族统一政权的清王朝,在以武问鼎中原后,积极吸收先朝文教经验,采取笼络与高压并举的措施,恩威并施、礼与法双行、怀柔与高压并用,笼络民众服务于其统治。鸦片战争以后,面对"日之将夕,悲风骤至"之颓况,为了维持摇摇欲坠的统治,清朝统治者依然顽固守旧,没有放松对文化教育的控制,继续沿用立朝初期的高压与笼络兼施的文教政策。同时,在学术上,提倡义理、考据和辞章之学,视其为学术正统,其他学术均被视为异端邪说。此外,清朝统治者为了禁锢、钳制思想,大力推行文字狱政策,将士子牢牢掌控在自己手里,凡是文章有悖逆之词、抵触之语者均严加惩处,以儆效尤。正如龚自珍在《己亥杂诗》中所言:"避席畏闻文字狱,著书只为稻粱谋。"

二、学校教育:有名无实,空疏腐化

清末的教育制度依然延续清初,在官学方面,中央设有国子监以及觉罗学、宗学、旗学、算学和俄罗斯学馆等中央官学,在地方上设有府学、州学、县学、义学、社学、私塾、书院等。但是,至清末时期,这些学校大多名存实亡、有名无实,少有教学活动,读书声鲜闻。时人在描述官学情形时指出:"近年生徒入学,不过轮期画到,查学之日,教习择其在家课读者,背诵数章塞责;该教习亦止于画到,查学时始行到学,间有在学住宿者,并不教读。其宗室、觉罗及咸安宫、景山各官学,亦复如此。"②在教学内容上,由于受到文教政策和科举制度的影响,师生埋首于故纸堆,专研义理、考据和辞章之学,教学内容也走向空疏无用,难复"经世致用"之初衷。此外,学校教育与科举制度联系密切,学生求学多为求取功名,科举制度仍然成为学校教育的指挥棒。正如严复所指出:"自学校之弊既极,所谓教授、训导者,每岁、科两试,典名册、计赞币而已。师无所谓教,弟无所谓学,而国家乃徒存学校之名,不复能望学校之效。"③

三、科举制度:流弊百出,学风颓败

清末科举制度弊端百出,腐朽不堪。科举考试依然以八股文为体裁,考题亦多是偏、

---

① 孙培青:《中国教育史》,上海:华东师范大学出版社2008年版,第295页。
② 昆冈等:《钦定大清会典事例》卷三百九十三。
③ 《严复集》第一卷,北京:中华书局1986年版,第89页。

怪、难,广大士子即使高中,也无多少真才实学。诚如康有为在《请废八股试帖楷法试士改用策论折》中所言:"巍科进士,翰苑清才,而竟有不知司马迁、范仲淹为何代人,汉祖、唐宗为何朝帝者。若问以亚非之舆地、欧美之政学,张口瞪目,不知何语矣。"①与此同时,科举制度导致士风日下,学风颓败,广大士子为求取功名,在科举考试中出现了营私舞弊、行贿受贿等不良现象,诸如"通关节""顶替""倩枪""联号"、夹带、换卷、贿买贿卖等更是普遍。例如关于"通关节"的记载:"考官之于士子,先期约定符号,于试时标明卷中,谓之关节,亦曰关目。……每届科场,送关节者,纷纷皆是。或书数虚字,或也欤或也哉或也矣。于诗下加一墨圈者,银一百两,加一黄圈者,金一百两。"②清末时期,科举制度选拔人才的作用已大打折扣,从考试内容到考试程序各个环节等均出现病态,难以为清政府选拔出经世致用之才,随着民族危机的加深,改革科举制度已成为清政府的普遍共识。

第二节 教会教育的产生与发展

西方文化的输入,始于明代,利玛窦等传教士也开始在中国从事传教活动,西方科学文化也随之引入中国。鸦片战争之后,随着不平等条约的签订,中国教育主权也因此部分丧失,西方传教士以此为保障,除传教、办医院、办新闻事业等之外,他们陆续开办教会学校,进行文化教育活动,目的在于培养为他们服务的牧师和顺民,对中国传统教育产生了巨大冲击。

一、早期的教会学校

鸦片战争之前,西方传教士已经在中国沿海一带进行传教活动,并开始设立学校。在早期的教会学校中,以英华书院和马礼逊学堂影响最大。

1818年,英国伦敦传道会传教士马礼逊在东南亚的马六甲创办了英华书院,目的在于"为宣传基督教而学习英文和中文"。面向当地华人教学,传教士米怜(William Milne,1785—1822)为第一任院长,1822年米怜病逝后,由曾在英华书院修业的宏富礼(James Humphreys)接任。1839年,英国传教士、汉学家理雅各(James Legge,1815—1897)接任院长,并于1843年将书院和附属印刷厂迁至香港,更名为英华神学院,直到1856年停办。英华书院主要分为小学、中学及中学以上程度两个部分,所开设的课程主要有宗教、英文、中文、天文、地理、数学、伦理、哲学等。虽然英华书院不在中国本土开办,却是第一所主要面向华人所办的教会学校,也是第一所近代新式学校。

最早创办于中国本土的、比较正式的教会学校是马礼逊学堂,于1839年在澳门成立,

---

① 《请废八股试帖楷法试士改用策论折》,《戊戌变法》第二册,上海:神州国光社1953年版,第209-210页。
② 徐珂:《清稗类钞》第五册,上海:商务印书馆1917年版,第5页。

因纪念马礼逊而得名,由美国长老会传教士布朗(Samuel Brown,1810—1880)主持并担任教师。1842年,香港割让给英国后,布朗便将学堂迁往香港,成为香港开埠后的第一所学校,1850年停办。与中国传统的儒学教育不同的是,学堂教学充满宗教和近代化气氛,学生按程度分第一、第二、第三、第四班,课程包括中文科和英文科,英文科计有天文学、历史、地理、算术、代数、几何、初等机械学、生理学、化学、音乐、作文等课目,中文科计有四书、《易经》《诗经》《书经》等课目。中文科由华人任教,英文科由英美人任教。这是传教士在华本土所创办的中国近代第一所传播西学的洋学堂,所培养的学生中,以容闳、黄宽、黄胜等人比较知名,其中又以容闳对中国近代教育影响最大。

鸦片战争后,各国及各教会传教士在条约的保护下纷纷开办学校,新的教会学校在通商口岸纷纷设立。至1860年,仅江南一带的天主教小学达90所,设于"五口通商口岸"的基督教小学达50所。比较著名的有:1844年,英国"东方女子教育协进社"传教士爱尔德赛(Mary Ann Aldersey)在宁波创办的女塾,课程有《圣经》以及国文、算术等,还要学习缝纫、刺绣,这是传教士在中国创办的第一所教会女学,也是中国最早的女子学堂[①],实开中国"女学先声"。1850年,传教士南格禄(Claudius Gotteland,1803—1856)在上海创办的圣依纳爵公学,吸收中国贫家子弟入学,后改为徐汇公学,这是天主教会在中国开办的最早的教会学校。

二、教会学校的扩张

鸦片战争之后,随着《南京条约》《天津条约》等不平等条约的签订,教会学校在通商口岸并向内地扩张,数量大幅增加,办学层次也由早期的初等教育扩大到中等和高等教育。特别是1877年第一次传教士大会的召开,教会学校改变了过去各自为政、零星分散的办学状态,开始加强联系,联合办学,加速了教会学校的制度化发展。至19世纪末,教会学校增加至2000所左右,学生数增长到4万人以上,虽然数量增加不多,但是办学层次更高了,中等学校占10%,很多学校都在中学的基础上发展了大学班级,大学总数虽然不到200人,却表明教会大学正在逐渐形成中。[②]

这一阶段设立的教会学校,比较著名者简列如下:1863年法国天主教在上海创办的圣芳济书院,1864年美国长老会狄考文夫妇在山东登州创办的蒙养馆(后改为登州文会馆,即今齐鲁大学的前身),1865年丁韪良在北京创办崇实馆,1867年公理会在通州设立潞河书院(后发展为华北协和大学,进而发展为燕京大学),1871年圣公会在武昌设立文氏学堂(后改为文化书院,即今华中师范大学前身),1879年圣公会在上海创办圣约翰书院(1894年改为上海圣约翰大学),1881年圣公会在上海创办圣玛利亚女校,1882年监理会林乐知在上海设立中西书院(后与苏州的博习书院合并,发展为东吴大学),1885年长老会在广州设立格致书院(后发展为岭南大学)。这一时期还出现了传教士和中国官绅合办的新式学堂,如1873年至1874年间创办的上海格致书院。

[①] 王炳照等:《简明中国教育史》,北京:北京师范大学出版社2007年版,第256页。
[②] 顾长声:《传教士与近代中国》,上海:上海人民出版社1991年版,第228页。

三、教会学校联合组织

第二次鸦片战争之后,西方各教派的教会学校走向联合。1877 年 5 月,第一次传教士大会在上海召开,大会成立了"学校教科书委员会",主要成员有丁韪良、韦廉臣、狄考文、林乐知、傅兰雅等,主要任务是编辑、出版教会学校的教科书,力图统一教会学校的教学内容。学校教科书委员会的成立,对教会学校办学方向指导、教材的编写和教学内容的统一发挥了推动作用,也促进了各教派传教士、教会与学校之间的联系和交流。同时,也可以说这是中国近代最早编辑出版教科书的专门机构,它编写、出版的中小学教科书对中国教科书的近代化以及对传播西方科学文化起到了积极的促进作用。

1890 年 5 月,第二次在华基督教传教士大会在上海召开,会上决议将"学校教科书委员会"改组为"中华教育会",标榜"以提高对中国教育之兴趣,促进教学人员友好合作为宗旨",皆在对在华基督教教育进行全面规划和指导,推举狄考文为首任会长,决定每三年召开一次会议。

1912 年,中华教育会再次改组为"全国基督教教育会",并在福建、华西(包括四川、云南和贵州)、广东(包括广东和广西)、华东(包括浙江、江苏和安徽)、华中(包括湖北和江西)、东北、华北(包括直隶、山西、陕西、甘肃)及山东与河南八省区设立 8 个教育分会。1915 年在第二届全国基督教教育会董事会上,经过激烈争辩,又改名为"中华基督教教育协会",推举美国传教士贾腓力(Frank D. Gamewell)、路义思(R. E. Lewis)为正副总干事。

中华教育会不仅是中国基督教教育的最高领导机构,而且是西方殖民政府推行殖民奴化教育的机构,对当时中国教育的发展产生了较大影响。

第三节 洋务运动时期的教育

经过两次鸦片战争的沉重打击和农民运动的强烈冲击,中国处于内忧外患、民族危亡的历史局面。面对"数千年来未有之变局"和"数千年未有之强敌",以李鸿章、曾国藩、左宗棠、张之洞等为代表的洋务派,为了维护清朝的封建统治,提倡开展"自强""求富"的洋务活动,在不触动封建专制制度的前提下,进行了带有一定资本主义倾向的改革,以适应剧变的新形势,史称"洋务运动"。在洋务运动时期,为了培养洋务运动所需人才,教育则成为洋务运动的重要组成部分,洋务教育得以迅速发展,通过洋务学堂的创办、留学教育的倡导,开启了中国教育近代化的篇章。

一、创办洋务学堂

兴办洋务学堂,是洋务运动的重要组成部分。在"中学为体,西学为用"的思想指导下,洋务派创办了系列新型学堂,旨在为洋务运动培养所需要的翻译、外交、军事、工程技术等多方面的专门人才,教学内容以所谓"西文""西艺"为主。在19世纪60年代初至90年代末的近40年间,洋务派共创办新式学堂30余所。综观洋务运动时期所创办的新式学堂,大致可分为三类:第一类是方言学堂,即外国语学堂,旨在培养外交和翻译人才;第二类是军事学堂,旨在培养近代军事技术人才,提高清政府的军事实力;第三类是技术学堂,旨在培养大批电报、矿物、轮船制造、航海、医学等各领域的专门人才,为中国早期工业、军事的近代化奠定基础。

外国语学堂主要有:1862年在北京开设的京师同文馆(近代第一所外国语学校),1863年在上海开设的上海广方言馆,1864年在广州开设的广州同文馆,1887年在新疆开设的新疆俄文馆,1888年在台湾开设的台湾西学馆,1889年在珲春开设的珲春俄文馆,1893年在武昌开设的湖北自强学堂等。这些学堂以学习外国语为主,主要培养外交和翻译人才。

军事学堂主要有:1866年在福州开设的福州船政学堂,1881年在天津开设的北洋水师学堂(近代第一所海军学校),1885年在天津开设的天津武备学堂(近代第一所陆军学校),1890年在南京开设的江南水师学堂,1896年在南京开设的江南陆军学堂,1896年在武昌开办的湖北武备学堂等。这些学堂以学习军事知识技能为主,为清政府培养军事人才,以期提高清政府的军事实力。

技术学堂主要有:1867年在上海开设的江南机械学堂,1876年在福州开设的福州电报学堂,1879年在天津开设的天津电报学堂,1882年在上海开设的上海电报学堂,1892年在湖北开设的湖北矿务局工程学堂,1893年在天津开设的天津西医学堂,1895年在山海关开设的山海关铁路学堂,1896年在南京开设的南京储才学堂等。这些学堂以学习西方先进技术为主,为清政府培养技术类专门人才。

洋务派创办新型学校的类型

类型	名称	时间	地点	创办者	备注
语言类	京师同文馆	1862年	北京	清政府	近代第一所外国语学校
	上海广方言馆	1863年	上海	李鸿章	
	广州同文馆	1864年	广州	李鸿章	
	湖北自强学堂	1893年	武昌	张之洞	
军事类	北洋水师学堂	1881年	天津	李鸿章	近代第一所海军学校
	天津武备学堂	1885年	天津	李鸿章	近代第一所陆军学校
技术类	福州船政学堂	1866年	福州	左宗棠	近代第一所技术学校
	江南机械学堂	1867年	上海	李鸿章	

图8-1 洋务派创办新型学校的类型

(一)京师同文馆

京师同文馆是我国最早的官办新式学校。鸦片战争后,在与西方列强的交涉中,中国官员苦于缺乏翻译和外交人才,在对外交涉中频频受挫。恭亲王奕䜣对此深有感触地说:

"查与外国交涉事件,必先识其性情。今语言不通,文字不辩,一切隔膜,安望其能妥协!"①因此,奕䜣等在《奏请设立同文馆折》中又指出:"欲悉各国情形,必先谙其语言文字,方不受人欺蒙。各国均以重资聘请中国人讲解文义,而中国迄无熟悉外国语言文字之人,恐无以悉其底蕴。"②在洋务派的奏请下,1862年,清政府在北京设立京师同文馆。京师同文馆最初是一所专修外国语的学校,隶属于总理各国事务衙门,初创时只有英文馆,1863年又设立法文馆和俄文馆,后又陆续设立了天文算学馆、德文馆和东文馆。1900年,八国联军攻占北京时停办;1902年,并入京师大学堂。

同文馆教师(教习)有外国人也有中国人,按职责分为总教习、教习和副教习。至1898年底,同文馆先后共聘请中外教习86名,其中外国教习50余名,大多从传教士中聘请,担任外语、天文、化学、格致、医学、万国公法等方面的教学任务;中国学者30余名,担任汉文、算学等方面的教习。副教习协助教习的教学工作,一般都是从优秀的高年级学生中挑选,他们仍不脱离学生的身份,需在馆学习、考试,每门课程设1~4人不等。同文馆最初由总理各国事务衙门直接管理,没有设置专任长官总教习。直到同治八年(1869年),才聘美国传教士丁韪良为总教习,总揽全馆教务。光绪二十年(1894年)由英国人欧礼斐接任总教习。

同文馆学生入学途径主要有三种:咨传、招考和咨送。在咨传方面,初创时以咨传为主,学生最初限于八旗子弟,由各旗推荐,再由总理各国事务衙门择优录取,年龄一般在15岁以内。在招考方面,招考始于1867年增设天文算学馆时,此后招考范围扩大,凡15岁以上、20岁以下文理通顺者,不分满汉,皆可报考。对于举贡生、监生,则"如有平日讲求天文、算学、西国语言文字,不拘年岁,准其取具印结、图片,一律收考。"③在咨送方面,咨送生由上海广方言馆和广东同文馆从本馆优秀生中选送,他们多成为京师同文馆毕业生中的佼佼者。

在课程设置方面,则根据学生情况,按照八年制和五年制的构想,分别拟定了分年课程计划。对于"汉文熟谙、资质聪慧者",则按照八年制课程计划,即:

    首年:认字写字,浅解辞句,讲解浅书。
    二年:讲解浅书,练习文法,翻译条子。
    三年:讲各国地图,读各国史略,翻译选编。
    四年:数理启蒙,代数学,翻译公文。
    五年:讲求格物,几何原本,平三角,弧三角,练习译书。
    六年:讲求机器,微分积分,航海测算,练习译书。

---

① 舒新城:《中国近代教育史资料》(上册),北京:人民教育出版社1981版,第119页。
② 高时良:《中国近代教育史料汇编·洋务运动时期教育》,上海:上海教育出版社1992年版,第37页。
③ 高时良:《中国近代教育史料汇编·洋务运动时期教育》,上海:上海教育出版社1992年版,第73页。

七年:讲求化学,天文测算,万国公法,练习译书。
八年:天文测算,地理金石,富国策,练习译书。①

而对于"其年齿稍长,无暇肄及洋文,仅藉译本而求诸学者",则按照五年制课程计划,即:

首年:数理启蒙,九章算法,代数学。
二年:学四元解,几何原本,平三角,弧三角。
三年:格物入门,兼讲化学,重学测算。
四年:微分积分,航海测算,天文测算,讲求机器。
五年:万国公法,富国策,天文测地理金石。

同文馆对学生的学业考核是非常严格的,主要以考试督促、检查学生的学业,日常考试范围分为月课、季考、岁考,月课规定每月初一日举行,季考规定二、五、八、十一月的初一日举行,岁考规定每年十月初十日前完成。每届学生三年举行一次大考,由总理各国事务衙门主持,其成绩作为授官或降革的依据,"优者授为七、八、九品等官,劣者分别降革、留学等因"。

京师同文馆,自1862年成立,至1902年并入京师大学堂,虽然办学仅有40年,但其在中国近代教育史上具有重要的象征意义。它被视为中国近代教育的开端,对洋务学堂的涌现发挥了示范作用。京师同文馆的创立,是中国教育发展史上的一座里程碑,是中国教育由传统向近代转变的重要标志。

(二)福州船政学堂

福州船政学堂,又称"求是堂艺局",由闽浙总督左宗棠于1866年创办,船政大臣沈葆桢长期主持其事。左宗棠在创办福州船政局时,即明确地将设厂造船与人才培养紧密联系起来。沈葆桢任船政大臣后,将求是堂艺局分为前学堂、后学堂两部,实为两个专业,学制五年。

前学堂又称造船学堂或法国学堂,学习造船技术,旨在培养船舶制造和设计人才,主设有造船专业,同时还开设有法语、基础数学、解析几何、微积分、物理、机械学、船体制造、蒸汽机制造等课程。同治七年(1868年),沈葆桢为了培养技术工人,又在前学堂内增设"绘事院"和"艺圃"。"绘事院"是招收"聪颖少年通绘事者",使其学习船图、机器图的制作;"艺圃"则是招收15岁以上、18岁以下的"有膂力悟性者",名曰"艺徒",实行半工半读,学习期限3年。"艺圃"实际上是一所在职培训学校,这种通过工读结合形式有计划地培养生产和技术骨干的做法,实开我国近代职工在职教育的先声。

---

① 高时良:《中国近代教育史料汇编·洋务运动时期教育》,上海:上海教育出版社1992年版,第86页。

后学堂又称驾驶学堂或英国学堂，分驾驶和管轮两班，旨在培养海上航行驾驶人员和海军船长，主要专业为驾驶专业，之后增设了轮机专业。课程分别设有数学（几何、三角、代数）、物理、化学、机械学、地理、天文气象、法语和英语，并规定《圣谕广训》《孝经》以及策论为共同必修课。

福州船政学堂的学生来源并没有严格限制，"闽中艺局学生，均民间十余岁粗解文义子弟"①，学制五年。学业考核则是以考试的形式检验学生学业，"至于考试办法，定为每三月一次，由较远分别等第，得一等者奖洋十元，二等者无奖，三等者记过一次，两次连考三等则加以警告，三次连考三等，则勒令退学"②。教学人员基本上聘自英、法两国，其中有专职教师，不少聘来担任船政局指导工作的技术人员也兼任教师。除教授书本知识外，强调实习，"必亲试之风涛，乃足以觇其胆智，否则实心讲究，譬之纸上谈兵，临阵不免张皇"③。造船专业深入车间从事体力劳动，实习船体的设计；驾驶专业配有专用的练船，让学生上船训练驾驶，据《严几道年谱》记载，严几道毕业时被派登"建威"练船练习，"巡历南至星加坡槟榔屿各地，北至直隶湾辽东湾各地"④。

1913 年，福州船政学堂从船政局中析出，改组为三个独立的学校：前学堂改组为福州制造学校；后学堂改组为福州海军学校，直属民国政府海军部；"艺圃"改组为艺术学校。

福州船政学堂从创办到改组，历时近半个世纪，可以说是洋务学堂中持续时间最久的一所学校。在此期间，共毕业学生 510 名，其中前学堂造船专业毕业八届计 143 人；后学堂驾驶专业毕业十九届计 241 人，轮机专业毕业十一届计 126 人。船政学堂培养了诸如邓世昌、刘步蟾、林泰曾以及严复等中国第一批近代海军军官和第一批工程技术人才，为近代中国海军输送了第一代舰战指挥和驾驶人才，由船政学堂毕业的学生成为中国近代海军和近代工业的骨干中坚，在近代中国各项科技事业中发挥了重要作用。福建船政学堂是中国最早的近代技术学校，在人才培养的数量和层次方面，是其他同类学校难以比拟的，被誉为"近代中国海军人才摇篮"。

二、倡导洋务留学

随着洋务运动的不断开展，洋务派认识到，要全面深入地学习西方的先进科学技术，仅仅在国内兴办洋务学堂还不够，需要派学生到国外进行实地教育。因此，留学教育成为洋务运动时期教育的重要组成部分，洋务派在创办新式学堂的同时，还开启了近代中国公费留学的教育实践。洋务运动时期，留学教育主要是派遣留美和留欧学生。

---

① 高时良：《中国近代教育史料汇编·洋务运动时期教育》，上海：上海教育出版社 1992 年版，第 333 页。
② 高时良：《中国近代教育史料汇编·洋务运动时期教育》，上海：上海教育出版社 1992 年版，第 388 页。
③ 朱有瓛：《中国近代学制史料》第一辑（上册），上海：华东师范大学出版社 1983 年版，第 444 页。
④ 朱有瓛：《中国近代学制史料》第一辑（上册），上海：华东师范大学出版社 1983 年版，第 447 页。

(一)赴美留学

同治七年(1868年),《中美续增条约》(蒲安臣条约)第七条规定:"嗣后中国人欲入美国大小官学学习各等文艺,须照相待最优国之人民一体优待。"① 而在此之前,容闳于1867年向曾国藩建议派遣学生赴美留学,并得到曾国藩同意,但因故未能实现。同治十年(1871年),曾国藩、李鸿章等根据容闳拟定的留学教育计划,上奏《奏选派幼童赴美肄业办理章程折》,并附《挑选幼童前赴泰西肄业章程》十二条,得到清政府批准。1872年出发的留美学生是近代中国政府派出的首批留学生,他们的成功得益于容闳的倡导。② 容闳(1828—1912),广东香山南屏镇(今属珠海)人,是近代第一位毕业于西方著名大学(耶鲁大学)的中国人,被誉为"中国近代留学教育之父"。③ 按照拟定的留美教育计划,派遣幼童留学的目的是"学习军政、船政、步算、制造诸学,约计十余年业成而归,使西人擅长之技,中国皆能谙悉,然后可以渐图自强"④,计划每年选送30名幼童,四年共计120名,学习年限为15年,每年回国30名。1872年8月11日,第一批赴美留学幼童詹天佑、容尚谦等30人,经过上海预备学校培训后,由陈兰彬带领赴美。幼童到美国后,先分配至美国教师家里学习英文,合格者可进入美国学校,不合格者留在教师家庭继续学习。第二、三、四批幼童也分别于同治十二年(1873年)、同治十三年(1874年)和光绪元年(1875年)顺利赴美。

> **人物卡片**
>
> 容闳(1828—1912),广东香山南屏镇(今属珠海)人。7岁时进入马礼逊开办的预备学堂;1847年,容闳被布朗夫妇带往美国深造,于1850年考入耶鲁大学,获得文学学士和荣誉法学博士学位,成为"耶鲁大学中国第一毕业生"。回国后,积极投身洋务、参与维新并走向革命。其主要成就是促成上海江南机器制造局的设立和组织第一批幼童官费赴美留学。容闳的代表作是《西学东渐记》,将留学教育视为"中国复兴希望之所系",并立下宏愿"以西方之学术,灌输于中国,使中国日趋于文明富强之境"。

留美学生在学习西学的同时还要兼习中学,"随时课以中国文义",如《孝经》《五经》《国朝律例》及《小学》等。遇有节日,则由监督"传集各童宣讲《圣谕广训》",甚至早晚要拜孔子神位,防止幼童被洋化而丢掉了中国教育的正统。在各种因素的影响下,这些留美学

---

① 高时良:《中国近代教育史料汇编·洋务运动时期教育》,上海:上海教育出版社1992年版,第853页。
② 孙培青:《中国教育史》,上海:华东师范大学出版社2008年版,第320页。
③ 田正平,肖朗:《中国教育经典解读》,上海:上海教育出版社2005年版,第333页。
④ 高时良:《中国近代教育史料汇编·洋务运动时期教育》,上海:上海教育出版社1992年版,第867页。

生并没有按照计划完成学业而被中途撤回。1881年,新任留美学生监督吴子登指责留学生"专好学美国人为运动游戏之事,读书时少而游戏时多","绝无敬师之礼,对于新监督之训言,若东风之过耳","学生已多半入耶稣教"。他断言留美幼童"放浪淫佚",都已"美国化","此等学生,若更令其久居美国,必致全失其爱国之心,他日纵能学成回国,非特无益于国家,亦且有害于社会"①。加之国内守旧派与之遥相呼应,美国掀起排华浪潮,清政府于1881年7月解散留美事务所,留美学生分三批被撤回国。如此,120名留美幼童,除先已撤回、病故及少数不愿回国的26人外,余下的94人分三批撤召回国。

(二) 赴欧留学

洋务派在派遣幼童留美的同时,还奏请派遣学生留学英、法、德等欧洲各国。留学欧洲始于船政大臣沈葆桢的意见,以福州船政学堂的学生为主。1873年12月,福州船政学堂的外国技术人员和教师按合同即将期满回国,福州船政学堂面临着后续发展问题。对此,沈葆桢于是年12月提出派遣学生出国留学的建议。他在《奏请分遣学生赴英法两国学习造船驶船折》中提出,从前学堂、后学堂中选派学生分赴法英留学,这一建议得到李鸿章、左宗棠等人的支持,同意施行。

1875年初,船政学堂法国监督日意格回国为船政局购买设备,沈葆桢趁此机会呈奏派遣学生出国游历,此次奏准选派前学堂学生魏瀚、陈兆翱、陈季同三人,后学堂学生刘步蟾、林泰曾二人,随同日意格"前往游历英吉利、法兰西等处",以便"涉历欧洲,开扩耳目,既可以印证旧学,又可以增长心思"②。1876年,李鸿章借洋员李劢协任满回国之机,派天津武弁卞长胜等7人,随同赴德国军营学习兵技,期限3年,这是最早的陆军留欧学生。1877年,李鸿章等合奏遣派福州船政学堂学生赴欧留学事宜,并制定出洋留学章程,以"查制造各厂,法为最盛;而水师操练,英为最精"③,遣派前学堂制造学生14名、制造艺徒4名赴法国学习制造,遣派后学堂驾驶学生前往英国学习驾驶兵船,所派学生均是船政学堂的优等生。1881年,李鸿章看到船政学堂留学教育的实效后,"初次选择三十人出洋,已拔其尤",故从前学堂选派8名、后学堂选派2人,共计10人,由香港出发分赴英、法、德三国学习营造、枪炮、火药、轮机、驾驶、鱼雷等。1886年,船政大臣裴荫森奏请选派第三次留欧学生,最终从北洋水师中选取陈恩焘等10名学生,从后学堂选取黄鸣球等10名学生,赴欧学习驾驶;从前学堂选取郑守箴等14人,赴欧学习制造。此次共选取34名学生,除黄裳吉外,其余33人均从香港出发,是为第三届留欧学生。1897年,裕禄奏请选派第四次留欧学生,选取施恩孚等6名学生赴法国学习制造,学习期限为6年。

这些留欧学生,自1879年开始陆续回国,被量材使用,虽然难以人人尽展其才,但也

---

① 容闳:《西学东渐记》,长沙:湖南人民出版社1981年版,第104页。
② 陈学恂,田正平:《中国近代教育史料汇编·留学教育》,上海:上海教育出版社1991年版,第229页。
③ 陈学恂,田正平:《中国近代教育史料汇编·留学教育》,上海:上海教育出版社1991年版,第230页。

对近代中国社会的发展产生了重要影响,将近代中国军舰制造技术提升到一个新水平,为近代中国海军事业的发展发挥了重要作用。

第四节 张之洞的教育思想

作为清末洋务派的主要代表之一,张之洞与曾国藩、李鸿章、左宗棠并称晚清"四大名臣"。张之洞不仅对近代中国民族工业发展发挥了重要作用,也是近代中国教育改革发展的参与者与实施者,在中国教育由封建教育向近代化教育的迈进过程中做出了历史性贡献。美国学者威廉·艾尔斯在其《张之洞与中国教育改革》一书中称:"在张之洞的一生中,中国教育的形态发生了根本性变化,对此,他的努力具有决定性意义。"我国台湾学者苏云峰也评价道:"正是由于张之洞的贡献,而使中国教育始走向近代化道路。"①因此,张之洞的教育思想在中国教育史中具有重要意义。

一、人物生平与教育实践

张之洞(1837—1909),字孝达,号香涛,谥文襄,直隶南皮(今属河北交河县)人,生于贵筑县(今贵阳市)。他出身于封建官僚家庭,自幼家教严格、读书用功,受过严格的儒家思想教育和中国传统学术熏陶。14岁中秀才,16岁中举人,27岁中进士,授翰林院编修,开始其仕途生涯,逐渐成为晚清重臣。1903年,主持制定了我国第一个近代学制——癸卯学制。1907年,张之洞任军机大臣,掌管学部,总揽全国教育大权。次年,以顾命重臣晋太子太保。

在张之洞看来,"中国不贫于财,贫于人才",中国欲走向富强,则"舍学校更无下手之处"。正是基于对教育地位和作用的深刻认识与重视,在中央和地方任职时,他始终重视兴学办学,通过改革书院、兴办新式教育、派遣留学、兴办社会教育等活动,积极促进教育的改革发展。例如,1869年任职湖北学政时,改革两湖书院和经心书院;1874年,任职四川学政时,修建尊经书院;1883年,任山西巡抚后,建立令德书院;1889年,任两广总督后,先后创办了黄埔鱼雷学堂、电报学堂、广东水陆师学堂及广雅书院等。尤其是,1889年调任湖广总督后,积极推进"湖北新政",创办了江南陆军学堂、湖北武备学堂、湖北方言学堂、江南铁路学堂、武昌自强学堂(今武汉大学前身)、湖北农务学堂(今华中农业大学前身)及湖北工艺学堂等一系列洋务学堂,对武汉文教进行锐意而系统的改革,直接促进了武汉近代中国文教中心地位的形成。

清末新政时期,张之洞参与了近代中国第一次重大学制改革活动。1903年,张之洞与张百熙、荣庆等厘定《奏定学堂章程》,即"癸卯学制",这是中国近代第一个以法令形式公布的在全国范围推行的学制。1905年9月,张之洞与袁世凯等奏请废止科举、以兴学

---

① 张敏杰:《一百位中国古代思想家》,南昌:江西教育出版社2013年版,第158页。

校,结束了实施长达1300多年的科举制度。在四十余年的政治生涯中,张之洞关心重视教育,开展了丰富的教育实践,形成了系统的教育思想,对中国教育的近代化发展进程产生了重要影响。

二、论教育目的与教育作用

张之洞出于维护清政府统治的目的,致力于整顿封建传统教育,以培养"明体达用"之才。在"中体西用"思想指导下,着力对旧式教育进行整顿和改革,承继中国"实学"传统。在张之洞看来,救国之道不在于技术而在于人才,他指出:"立国由于人才,人才出于立学。"①他认为,立国救国之道关键在于人才,"人才日多,国势日强",而人才则出于学校,因此,他每每任职均重视兴学办学,致力于教育改革,借学校为国家统治培养人才。

针对清末空疏腐化、读书为官的学风,张之洞锐意改革,力图培养经世致用之才。同治七年(1868年),在考试士子时,他主张讲求实学,目的在于"得通经学古之士,经世致用之才"②,并"以根柢之学砥砺诸生""必以端品行务实学两义反复训勉"③。张之洞的教育目的,也体现在他的办学实践中。在地方任职时,他在湖北、四川、山西等地修建、改革了诸多书院,其目的是提倡实学,旨在培养"经世致用之士","羽翼圣道,匡济时艰"。同时,他还对各类教学内容提出了具体的要求,即"经义以通大义为主,不取琐屑;史学以贯通古今为主,不取空论;性理之学以践履笃实为主,不取矫伪;经济之学以知今切用为主,不取泛滥"。

同时,张之洞提出"非天下广设学堂不可"。他在《劝学篇》中专置"设学"一目,倡议"各省各道各府各州县皆宜有学,京师省会为大学堂,道府为中学堂,州县为小学堂。中小学以备升入大学堂之选,府县有人文盛物力充者,府能设大学,县能设中学,尤善。小学堂习《四书》、通中国地理、中国史事之大略,算术、绘图、格致之粗浅者。中学堂各事,较小学堂加深。而益以习《五经》,习通鉴,习政治之学,习外国语言文字。大学堂又加深加博焉。"④同时,还提出"学堂之法"六条,即"新旧兼学""政艺兼学""宜教少年""不课时文""不令争利"和"师不苛求"。由此可见,张之洞所主张的培养"经世致用"之教育目的,依然是以儒家思想为本,依然试图以儒家思想维护清政府风雨飘摇的统治,深刻体现出"中体西用"的教育思想。

三、"中学为体,西学为用"的教育思想

"中学为体,西学为用"是中国近代社会和教育史上的重要社会思潮和文化思潮。它起于洋务运动,在19世纪60年代初开始,就有学者用"主辅""本末""体用"表达"中学"与"西学"两者之间的关系。冯桂芬、郑观应、沈寿康、孙家鼐等人均对此有系列表述。1898

---

① 张之洞:《张文襄公全集》(1),北京:中国书店1990年版,第684页。
② 许同莘:《张文襄公年谱》卷一,上海:商务印书馆1947年版,第12页。
③ 许同莘:《张文襄公年谱》卷一,上海:商务印书馆1947年版,第13页。
④ 《劝学篇·设学》

年春,张之洞发表《劝学篇》,对"中学为体,西学为用"思想进行总结,形成了较为系统的思想体系,张之洞也成为"中学为体,西学为用"思想的集大成者。

洋务运动时期,不同的政治派别对于"西学"的态度截然不同。保守派极力反对西学,维护中国固有传统文化;资产阶级维新派主张学习西学,全盘西化。针对两者之间的矛盾与争论,张之洞认为二者均有偏执之处:"旧者因噎而食废,新者歧多而羊亡。旧者不知通,新者不知本。不知通则无应敌制变之术,不知本则有非薄名教之心。"①他担心仅仅偏重中学或者西学,易造成"学者摇摇,中无所主,邪说暴行,横流天下"的局面,如此则导致中国之祸"在九州之内矣"。因此,张之洞撰写《劝学篇》,以期达到"规时势,综本末"之目的。《劝学篇》共计24篇4万余字,分内篇与外篇,各有主旨,"《内篇》务本,以正人心;《外篇》务通,以开风气"。通篇主旨则归于"中学为体,西学为用"。

其中,内篇包括"同心""教忠""明纲""知类""宗经""正权""循序""守约"和"去毒"共九篇;外篇包括"益智""游学""设学""学制""广译""阅报""变法""变科举""农工商学""兵学""矿学""铁路""会通""非弭兵"和"非攻教"共十五篇。内篇主要论及"中学",外篇主要论及"西学",论述中兼论中、西学之关系。他指出要"新旧兼学",即"四书、五经、中国史事、政书、地图为旧学,西政、西艺、西史为新学。旧学为体,新学为用,不使偏废"②。

在"中学"与"西学"的论述中,张之洞所主张和重视的是"中学",他指出:"今欲强中国,存中学,则不得不讲西学。然不先以中学固其根柢,端其识趣,则强者为乱首,弱者为人奴,其祸更烈于不通西学者矣。"③由此可见,张之洞视中国传统的经史之学为根本,主张坚持传统的纲常名教,致力于维护中国传统的三纲五常,"五伦之要,百行之原,相传数千年更无异义。圣人所以为圣人,中国所以为中国,实在于此"④,以此反对维新派推行的君主立宪政治体制,同时提倡民权和男女平等的主张:"故知君臣之纲,则民权之说不可行也;知父子之纲,则父子同罪、免丧废祀之说不可行也;知夫妇之纲,则男女平权之说不可行也。"⑤

对于"西学",张之洞认为其目的在于"以开风气",学习内容主要包括西政、西艺、西史。西史即西方各国历史,西政即"学校、地理、度支、赋税、武备、律例、劝工、通商",西艺即"算、绘、矿、医、声、光、化、电"。他还主张根据学习者的具体情况和各级教育的不同而有序学习:"才识远大而年长者,宜西政。心思精敏而年少者,宜西艺。小学堂先艺而后政,大中学堂先政而后艺。"⑥

对于"中学"与"西学"的关系,张之洞主张"旧学为体,新学为用,不使偏废"。在他看来,"中学"为内学,是根本,是一切学问的基础,必须放在学习的首位:"今日学者,必先通经以明我中国先圣先师立教之旨,考史以识我中国历代之治乱、九州之风土,涉猎子集以

---

① 《劝学篇·序》
② 《劝学篇·设学》
③ 《劝学篇·循序》
④ 《劝学篇·明纲》
⑤ 《劝学篇·明纲》
⑥ 《劝学篇·设学》

通我中国之学术文章,然后择西学之可以补吾缺者用之、西政之可以起吾疾者取之。"①而"西学"则为外学,学以应世事,可以用来充当维护封建统治的工具和手段。因而,"中学"为主,"西学"是从。在通"中学"的基础上,才能学"西学"以补"中学"之不足。

张之洞的《劝学篇》从理论上对"中体西用"做了系统论述,并使之成为完整的思想体系,成为洋务派办教育的指导思想,促进了资本主义文化、教育在中国的传播,推动了中国传统教育迈向近代教育的进程,对清末以至民国初年的教育,包括教育宗旨、培养目标、学校制度、课程设置和教材、教法诸方面产生了深远的影响,成为近代新教育制度建立的政策基础和理论根据。但是,其根本目的是维护封建制度统治,维护"中学"的正统地位,依然没有摆脱封建教育的阴影,尤其是对维新运动,阻碍了维新思想的广泛传播,在某种意义上来说,它又阻抑了思想启蒙,延缓、阻碍了中国教育由传统向近代发展的历程。

复习思考题

1. 简述洋务运动时期的教育改革举措。
2. 简要介绍洋务学堂的发展概况。
3. 述评张之洞的教育思想。

---

① 《劝学篇·循序》

第九章
维新运动和清末"新政"时期的教育

中日甲午战争之后,随着民族危机的加剧,以康有为、梁启超、严复等为代表的维新派发起了维新运动,开展了一场资产阶级教育思想的宣传和教育改革,即"戊戌变法"。"戊戌变法"失败后,尤其是1900年八国联军侵入北京后,中国的社会矛盾进一步激化,清政府不得不于1901年1月下诏变法,推行"新政"。清末十年的"新政"中,在文化教育方面实施了一系列的改革举措,催生出新的学制、新的教育管理机构以及新的教育宗旨。

【学习目标】

1. 掌握"百日维新"中的教育改革实践。
2. 了解清末"新政"的主要内容,掌握"癸卯学制"的主要内容和特点。
3. 重点把握康有为、梁启超、严复的教育活动和教育思想。

第一节 维新运动时期的教育改革

鸦片战争以后,伴随着"西学东渐"以及洋务运动的发展,中国的思想界涌动着一股资产阶级启蒙思潮,即早期的改良主义思潮。早期改良主义思潮主要以王韬、容闳、汤震、郑观应、薛福成等人为代表,早期改良派对西方政治、经济、文化以及中国社会的危机和洋务运动的局限有较深的认识,他们的社会观念和治国方略带有明显的资产阶级意识。他们认识到,改革的关键在于人才,人才的基础在于教育。正是有早期改良派的教育思想启蒙,才会导致甲午战争后维新教育思潮的一触即发,并迅速转化为维新教育运动的动力。1895年中日甲午战争失败后,早期改良主义思潮开始转变为救亡爱国运动,即以康有为、梁启超、谭嗣同和严复等为代表的维新变法运动。自1898年6月11日进入高潮,至9月21日,被以慈禧为首的顽固势力绞杀而失败,史称"百日维新"。

一、维新派的教育活动

教育改革是维新运动的重要内容,为宣传维新变法主张、培养变法人才,维新派通过兴办学校、创办学会、发行报刊等方式开展了系列教育活动。

(一) 兴办学校

维新派为了培养变法人才和传播变法思想,创办了系列学堂,主要有万木草堂、时务学堂、通艺学堂、时敏学堂、浙江求是书院、江苏储才学堂、经正女学等,影响最大的是万木草堂和时务学堂。

万木草堂:于1891年到1895年由康有为在广州长兴里设立。其课程有内、外课之分,内课为理论学习,涉及义理、考据、经世和文字学四种课程;外课为校内演说和校外游历。除此之外,还设置有体育课和音乐课。在教学组织方面,康有为任总教授,另从学生中选出若干名高才生作为"学长",领导学生读书。学生除了听讲外,主要靠自己读书、写笔记、记功课簿,功课簿要求每半月呈交一次。万木草堂实际上是康有为培养变法人才和宣传维新理论的基地。当时的学生有陈千秋、梁启超、麦孟华、徐勤等100余人,后来大多成为戊戌变法运动的重要人物。

时务学堂:1897年10月,由熊希龄、陈宝箴、黄遵宪、梁启超、谭嗣同在湖南长沙创办。学堂聘请李维格为西文总教习、梁启超为中文总教习。梁启超为学堂拟定了《湖南时务学堂学约》十条,即立志、养志、治身、读书、穷理、学文、乐群、摄生、经世、传教。学堂的课程分为普通学和专门学:普通学学习经学、公理学和诸子学,专门学学习公法学、掌故学和格算学。同时,制定有《时务学堂功课详细章程》,旨在使学生有变法思想和广博的知识,培养出了蔡锷、范源濂等著名弟子。光绪二十四年(1898年)戊戌变法失败后,时务学堂被迫停办。

(二)创办学会

维新运动领导人把创办学会作为组织人力的重要手段,以便造成声势。梁启超指出:"欲振中国,在广人才。欲广人才,在兴学会。"他要求全国各地广立学会,这样才有实现"雪仇耻""修庶政"的可能。在康、梁的影响下,全国各地分别成立了北京强学会、上海强学会、北京保国会、桂学会、浙学会、陕学会、苏学会、闽学会、圣学会、质学会、蒙学会和译书公会等。其中,当时影响较大的学会主要是北京强学会、上海强学会、北京保国会和湖南南学会等。维新派以学会作为宣传变法思想、集聚变法力量的重要阵地,逐渐形成维新变法的政治团体。

(三)发行报刊

维新派还通过开设报馆、发行报刊宣传维新变法思想,充分认识到报刊的价值功用,使其成为推进维新运动的有力工具。1895年8月,康有为与陈炽在北京创办《万国公报》,同年更名为《中外纪闻》。1896年以后,随着各地学会的成立,其出版、发行的报刊如雨后春笋般涌现,例如《时务报》《国闻报》《蒙学报》《湘学报》《知新报》《广仁报》《实学报》等。其中,影响较大的是《时务报》和《国闻报》。《时务报》创办于1896年,由梁启超担任主编,以宣传变法、救亡图存为宗旨,是"百日维新"的官报,也是维新派所办理的最重要的、影响最大的报刊。《国闻报》由严复等人在1897年创办于天津,刊登国内各省要闻,同时译载重要政论及名著,成为维新派的重要宣传工具,与上海《时务报》分掌南北舆论界的引领地位。

二、百日维新中的教育改革

中日甲午战争以后,西方列强试图加强对中国的掠夺,国家民族面临被瓜分的局面。以康有为、梁启超等为代表的维新派开始大声疾呼,力图救亡图存。自1898年6月11日至9月21日的"百日维新"中,光绪帝颁布了一系列改革诏令,其中教育改革是一个重要方面。

(一)废除八股,改革科举制度

1898年6月17日,康有为在《请废八股试帖楷法试士改用策论折》中指出:"惟今变法之道万千,而莫急于得人才;得才之道多端,而莫先于改科举;今学校未成,科举之法,未能骤废,则莫先于废弃八股矣。"① 是年6月23日,光绪帝下诏废除八股,改试策论,"著自下科为始,乡会试及生童岁科各试,向用《四书》文者,一律改试策论"②。7月30日,光绪

---

① 汤志钧,陈祖恩:《中国近代教育史资料汇编·戊戌时期教育》,上海:上海教育出版社1993年版,第37页。
② 汤志钧,陈祖恩:《中国近代教育史资料汇编·戊戌时期教育》,上海:上海教育出版社1993年版,第47页。

帝下诏开设经济特科:"经济特科之设,朝廷原期拔取真才,以备贤良之选,非为倖进之途开营谋之路。"①经济特科是贵州学政严修于1897年12月16日奏请设立的,于1898年1月27日正式开设,区别于传统的进士科,拟分为内政、外交、理财、经武、格物、考工六项,并强调科举考试要以实学实政为主,不讲求楷法。"百日维新"后,虽然恢复了八股考试,罢经济特科,但人们开始向往富有朝气的新式教育。广大知识分子不愿再去问津八股文,对科举考试的热衷程度也降低。

(二) 设立京师大学堂

兴办学堂是"百日维新"的主要措施之一。首先是创办了近代中国第一所国立大学,即京师大学堂。京师大学堂的设立,早在"百日维新"前就多有倡议。1896年6月12日,刑部左侍郎李端棻在《奏请推广学校折》中,就提出设立京师大学堂的建议;1896年8月,管理书局大臣孙家鼐在《议复开办京师大学堂折》中提出开办京师大学堂的六条具体意见。1898年6月11日,光绪帝在《明定国是诏》中指出:"京师大学堂为各行省之倡,尤应首先举办。"②在光绪帝的严令督促下,总理衙门委托梁启超起草了《京师大学堂章程》,并于是年7月3日上报,光绪皇帝当即批准设立京师大学堂,吏部尚书孙家鼐为管学大臣管理大学堂事务,许景澄任中学总教习,丁韪良为西学总教习。

《京师大学堂章程》共计8章52条,对大学堂的性质、办学宗旨、课程、入学条件、学成出身、教习聘用、机构设置、经费筹措及使用都做了详细规定。其中,"总纲"规定:"今京师既设大学堂,则各省学堂皆当归大学堂统辖,一气呵成;一切章程功课,皆当遵依此次所定,务使脉络贯注,纲举目张。"③由此可见,京师大学堂不仅是全国最高的学府,也是全国最高的教育行政机关。在课程设置中,依然贯彻的是"中体西用"的思想,将课程分为普通学和专门学,普通学为必修课,亦即基础课程,包括经学、理学、掌故学、诸子学、逐级算学、初级格致学、初级政治学、初级地理学、文学、体操学10门,学习年限为3年,要求学生年龄在20岁以下者必须从英、法、俄、德、日五国语言文字中认习一种。普通学课程卒业后,方可进入专门学的学习。专门学分高等数学、高等格致学、高等政治学(包括法律学)、高等地理学(包括测绘学)、农学、矿学、工程学、商学、兵学、卫生学(包括医学)共10门,学生从中选学1至2门,学习年限也是3年。在这6年课程规划中,西学比重高于中学。1900年,八国联军入侵北京,京师大学堂遭到破坏,校务停顿。次年恢复开办,京师同文馆亦并入京师大学堂,成为大学堂的译学馆,并被纳入清末学制系统,规模逐步扩大。1910年,京师大学堂发展为设有经、法、文、格致、农、工、商七科的综合性大学。1912年更名为北京大学。

---

① 汤志钧,陈祖恩:《中国近代教育史资料汇编·戊戌时期教育》,上海:上海教育出版社1993年版,第86页。
② 朱有瓛:《中国近代学制史料》第一辑(下册),上海:华东师范大学出版社1986年版,第633页。
③ 汤志钧,陈祖恩:《中国近代教育史资料汇编·戊戌时期教育》,上海:上海教育出版社1993年版,第125-126页。

(三) 改革书院，建立新式学堂

提倡西学，筹办新式学堂是"百日维新"中的重要教育改革内容。1898 年 6—7 月间，康有为上书奏请广开学校以养人才。是年 7 月 10 日，光绪帝下诏令书院改学校，将各省府厅州县内的大小书院，"一律改为兼习中学西学之学校"①。以省会的大书院为高等学堂，郡城的书院为中学堂，州县之书院为小学堂，均依照《京师大学堂章程》办理；同时，将地方上的义学与社学等也一律改革，兼习中学与西学；对于民间祠庙，"其有不在祀典者，即着由地方官晓谕民间，一律改为学堂"。凡此举措，以期达到"风气遍开，人无不学，学无不实"之局面。

除废八股、兴学堂外，维新派还采取派员出国游学、设译书局和编译学堂以及改《时务报》为官报等重要举措来宣扬变法，致力救亡图存。变法失败后，除京师大学堂继续筹办外，其余教育措施宣告废止，但其影响是深远的，"在维新浪潮的冲击下，科举制度已走向末路，建立新式学堂成为不可阻挡之势，西方知识在课程中逐步确定并不断扩大范围。维新运动中的教育改革为中国近代新学制的产生做了舆论准备，打下了实践的基础。中国第一个近代学制，在维新运动教育改革的推动下，呼之欲出"②。

第二节　清末"新政"时期的教育改革

戊戌变法失败后，西方列强掀起瓜分中国的狂潮，国内爆发了义和团运动。与此同时，八国联军侵入北京，随着《辛丑条约》的签订，民族矛盾进一步激化。在严酷形势的逼迫下，清政府为了维护其摇摇欲坠的封建统治，慈禧太后于 1901 年 1 月 29 日，以光绪帝的名义颁布上谕，指出"世有万古不变之常经，无一成不变之治法"③，由此拉开了清末"新政"的序幕。在"新政"时期，教育改革是重要内容，对此，清政府颁布了系列教育改革政令，其中包括建立新学制、废除科举制、建立新的教育行政机构和厘定教育宗旨等。

一、建立新学制

建立新学制，是清末"新政"中教育改革的重要方面。"新政"时期，共制定有两个学制，即"壬寅学制"和"癸卯学制"。

(一) 壬寅学制

中国近代教育史上第一个以中央政府名义制定的全国性学制系统，是"壬寅学制"。

---

① 汤志钧，陈祖恩：《中国近代教育史资料汇编·戊戌时期教育》，上海：上海教育出版社 1993 年版，第 55 页。
② 王炳照等：《简明中国教育史》，北京：北京师范大学出版社 2007 年版，第 288 页。
③ 沈桐生：《光绪政要》卷二十六。

1902年，在张百熙的主持下，拟定了一系列学制改革文件，总称为《钦定学堂章程》，因该年为壬寅年，所以又称"壬寅学制"。

该学堂章程包含了《京师大学堂章程》《考选入学章程》《高等学堂章程》《中学堂章程》《小学堂章程》和《蒙学堂章程》六个文件。按章程所拟，将整个教育纵向分为三段七级：第一段为初等教育，分蒙学堂（6~9岁）、寻常小学堂（10~12岁）及高等小学堂（13~15岁）三级；第二段为中等教育，只有中学堂（16~19岁）一级；第三段为高等教育，分高等学堂或大学预科（20~22岁）、大学堂（23~25岁）及大学院（没有年龄限制）三级。与普通教育并行的还有师范教育和实业教育，师范教育分师范学堂及师范馆二级，实业教育分简易实业学堂、中等实业学堂、高等实业学堂三级。不算大学院，整个学制年限长达20年。

"壬寅学制"虽然正式公布，但未能实施。1904年，被"癸卯学制"所取代。

（二）癸卯学制

鉴于"壬寅学制"存在的不足，1903年，清政府授命张百熙、荣庆和张之洞三人，以日本学制为蓝本，重新拟定学堂章程，即《奏定学堂章程》。《奏定学堂章程》于1904年1月13日公布，因该年是癸卯年，故该学制又称为"癸卯学制"。这是中国第一个经正式颁布并在全国范围内推行实施的学制。

该学堂章程包括《学务纲要》《各学堂管理通则》《各学堂奖励章程》《各学堂考试章程》《初等小学堂章程》《高等小学堂章程》《中学堂章程》《高等学堂章程》《大学堂章程》（附《通儒院章程》）《蒙养院及家庭教育法》《初级师范学堂章程》《优级师范学堂章程》《初等农工商实业学堂章程》（附《实业补习普通学堂章程》及《艺徒学堂章程》）《中等农工商实业学堂章程》《高等农工商实业学堂章程》《实业教员讲习所章程》《译学馆章程》《进士馆章程》等。

根据该学堂章程，学制依然将学校教育纵向分为三段七级：第一阶段为初等教育段，设蒙养院4年、初等小学堂5年、高等小学堂4年，共三级13年；第二阶段为中等教育段，设中学堂5年，仅为一级5年；第三阶段为高等教育段，设高等学堂或大学预科3年、分科大学堂3或4年、通儒院5年，共计三级11年。

与普通教育并行的还有师范教育和实业教育两个系统，其中，师范教育分初级师范学堂和优级师范学堂两级，实业教育由初等实业学堂、中等实业学堂、高等实业学堂及补习学堂、艺徒学堂和实业教员讲习所实施。除此之外，还置有译学馆、进士馆、仕学馆以及方言学堂等，均属于高等教育阶段的特殊教育机构。

癸卯学制颁布后一直沿用到1911年清朝灭亡，在此期间，根据形势的发展和实施中的问题，清政府对学制进行了一定的调整与修改。例如，在初等小学堂方面，在1910年将初级小学堂的学制缩短为四年，并于1911年将四年小学教育作为义务教育，这也是我国近代实施义务教育的开始。在中等教育方面，以德国为模板，将中学分为文、实两科，课程分为主课和通习两类。在女子教育方面，则开放"女禁"，颁布《女子小学堂章程》《女子师范学堂章程》，女子教育在中国开始取得合法地位。在补习教育方面，1905年开始设立半日学堂、平民补习学堂，使教育普及于民间。

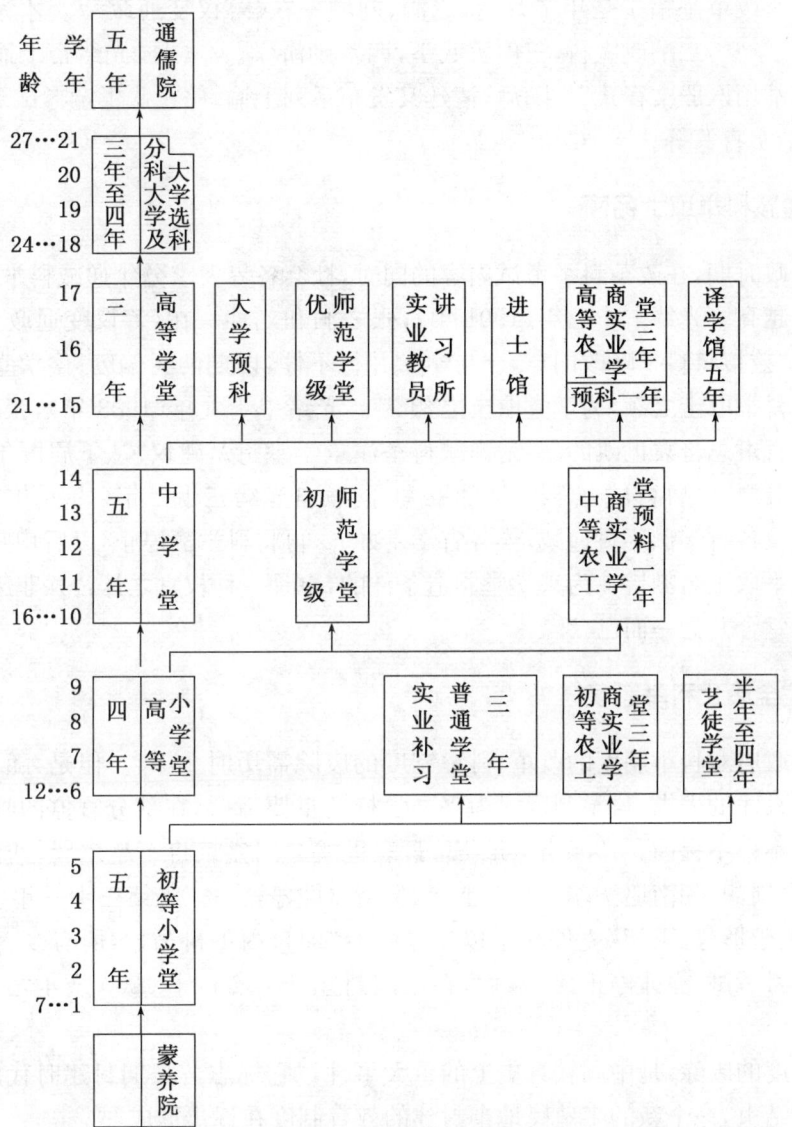

图 9-1 癸卯学制系统图

二、废除科举制

科举制度自隋唐确立,成为封建社会的重要选士取士制度。清末时期,随着时局的变化和新式教育的发展,科举制度的弊端日益凸显,关于改革科举制度的呼声日益强烈。清末时期,科举制的改革与废除,大体经历了三个步骤。

(一) 改革科举考试内容

自鸦片战争以后,改革科举考试内容的讨论始终是教育改革的重要内容。自地主阶级改良派的魏源、龚自珍到资产阶级维新派的康、梁、严等人,乃至张之洞、袁世凯等官员,均积极抨击科举制的弊端,呼吁改革科举制。1901 年,清政府推行新政后,重新确立百日维新中的科举改革举措。是年7月,张之洞、刘坤一在《筹议变通政治人才为先折》中提出:一设文武学堂,二酌改文科,三停罢武举,四奖励游学。① 8月,光绪帝上谕中指出"一切考试均不准用八股文程式"。随后,清廷又发布系列上谕,停止武生童考试及武科乡、会试,停止捐纳实官等等。

(二)递减科举取士名额

清末新政时期,在改革科举考试内容的同时,社会各界要求分年递减科举取士名额的呼声也越来越高。光绪二十七年(1901年),张之洞和刘坤一在《筹议变通政治人才为先折》中提出,"兹拟将科举略改旧章,令与学堂并行不悖,以期两无偏废;俟学堂人才渐多,即按科递减科举取士之额,为学堂取士之额"②。光绪二十九年(1903年),张百熙、荣庆、张之洞会同直隶总督袁世凯的《奏请递减科举注重学堂折》,建议"从下届丙午科起,每年递减中额三分之一,暂行试办"③。清廷准奏,同意自光绪三十二年(1906年)丙午科始,将会试中额及各省学额逐科递减,俟各省学堂办齐,再将科举额停止,以后均归学堂考取。这种减少科举取士名额旨在为兴学堂制造条件的,也是一种权宜之计:"并非废罢科举,实乃将科举学堂合并为一而已。"④

(三)完全废止科举制度

根据清政府对科举制度的改革,科举制度的废除需历时10年。但是,随着新学的发展和对新学人才的需求,科举制度成为兴办学校的重要障碍,在部分官僚的呼吁下,科举废止的计划不得不提前。1905年,直隶总督袁世凯会同盛京将军赵尔巽、两湖总督张之洞、两江总督周馥、湖南巡抚端方联合上奏,奏请立即停科举。光绪三十一年(1905年)八月,清政府迫于形势,下诏《立停科举以广学校》:"即自丙午科为始,所有乡、会试一律停止;各省岁、科考试,亦即停止。"⑤至此,在中国封建社会实行了1300余年之久的科举制度终告废除。

科举制度的废除,是中国教育史上的重大事件,"它标志着长期封建时代的旧教育在形式上宣告结束,一个新的半殖民地半封建的教育制度在逐步形成"⑥。

三、建立新的教育行政机构

随着科举制度的废除、学制的推行,为了适应教育新形势的发展,清政府对教育行政机构做了相应的改革,以此来保障学制的落实,加强教育管理。

在中央层面:1904年,张之洞奏请设立总理学务大臣,统辖全国学务。学务大臣下设

---

① 朱有瓛:《中国近代学制史料》第一辑(下册),上海:华东师范大学出版社1986年版,第120页。
② 舒新城:《中国近代教育史资料》(上册),北京:人民教育出版社1985年版,第56页。
③ 舒新城:《中国近代教育史资料》(上册),北京:人民教育出版社1985年版,第61页。
④ 舒新城:《中国近代教育史资料》(上册),北京:人民教育出版社1985年版,第60页。
⑤ 舒新城:《中国近代教育史资料》(上册),北京:人民教育出版社1985年版,第65页。
⑥ 王炳照等:《简明中国教育史》,北京:北京师范大学出版社2007年版,第289页。

六处,分掌各项教育事宜。1905年,清政府取消了学务大臣的设置,在中央成立学部,作为管理全国教育事业的最高行政机关,国子监也随之并入学部。学部的最高长官称为尚书,尚书之下有左右侍郎辅之。又设有各项事务官,其中,左右丞各一员,协助尚书、侍郎管理全部工作,领导各司;左右参议各一员,协助尚书侍郎核定法令章程,审议各司重要事宜。组织机构分为五司十二科:一为总务司,内分机要、案牍、审定三科;二为专门司,内分专门政务、专门庶务两科;三为普通司,内分师范教育、中等教育、小学教育三科;四为实业司,内分实业教务、实业庶务两科;五为会计司,内分度支、建筑两科。每司设郎中一人,每科设员外郎一人,分掌本部事务及全国各项教育事宜。

> **学　部**
>
> 　　中国现代教育行政总机关的设立始于光绪三十一年(1905年)十月成立的"学部"。山西学政宝熙、江苏学政唐景崇、顺天学府陆宝忠、翰林院编修尹铭绶等先后奏请仿日本文部省制度,设立"学部"或"文部",并主张将礼部、国子监、翰林院等机关并归裁撤。结果,政务处奏请设立"学部",将"国子监"归并,序位在礼部前,而以荣庆为"尚书"(学部最高长官)。光绪三十二年(1906年)闰月二月二十日,颁发《学部官制职守清单》,组织始渐完备。
>
> ——周予同:《中国现代教育史》,福州:福建教育出版社2007年版,第30页。

在地方层面:1906年,在各省设立提学使司,设提学司一员,"统辖全省学务,归督抚节制"①。提学使司设有学务公所,下设总务、专门、普通、实业、会计、图书六课。提学司下设省视学6人,巡视各府、厅、州、县学务。同时,在各厅、州、县设立劝学所,"按定区域、劝办小学,以期逐渐推广普及教育",以之作为各厅、州、县的教育行政机构;劝学所设县视学1人,兼任学务总董,下分若干学区,每区设劝学员,"任一学区内劝学责"。自此,从中央学部到各个具体学区,形成了一套完整的教育行政管理机构。

四、厘定教育宗旨

中国正式确立新的教育宗旨是在新学制建立以后。其正式颁布是在光绪三十二年(1906年),由学部拟定并颁布,教育宗旨为"忠君、尊孔、尚公、尚武、尚实"。对此,学部在《奏请宣示教育宗旨折》中指出,"中国政教之所固有,而亟宜发明以距异说者有二:曰忠君,曰尊孔。中国民质之所最缺,而亟宜箴砭以图振起者有三:曰尚公,曰尚武,曰尚实"②。"忠君",是要"务使全国学生每饭不忘忠义,仰先烈而思天地高厚之恩,睹时局而涤风雨飘摇之惧",如此可以使"一切犯名干义之邪说皆无自而萌";"尊孔",是要让学生在儒学的熏陶之中"使国教愈崇,斯民心愈固";"尚公",是使人人皆能"视人犹己,爱国如

---

① 朱有瓛等:《中国近代教育史资料汇编·教育行政机构及教育团体》,上海:上海教育出版社1993年版,第40页。
② 舒新城:《中国近代教育史资料》(上册),北京:人民教育出版社1985年版,第217页。

家";"尚武",是要"使全国学校隐寓军律,童稚之时已养成刚健耐苦之质地",使学生"守秩序,养威重,以造成完全之人格",使人人皆知"有当兵之义务";"尚实",是要学以致用,使学生"人人有可农、可工、可商之才,斯下益民生,上裨国计"。这是中国近代第一次正式颁布的教育宗旨,体现了"中体西用"的精神。

清末新教育制度的建立标志着中国两千多年封建传统教育的瓦解和资产阶级新教育制度在形式上的正式确立,对中国教育的现代化进程发挥了重要作用。但是,新教育制度是以"中体西用"思想为指导的,实质上仍然是一个半殖民地半封建性质的教育制度。

第三节　康有为、梁启超、严复的教育思想

一、康有为的教育思想

(一)生平及教育活动

康有为(1858—1927),字长素,号广厦,广东南海人,人称南海先生。出生于封建官僚家庭,自幼接受儒学及程朱理学熏陶,还曾潜心于陆王心学及佛学。1879年,康有为到香港大开眼界,后又阅读《海国图志》《瀛环志略》等书,开始接触西方文化。1888年,康有为第二次到北京参加顺天乡试,借机第一次上书光绪帝请求变法,提出了"变成法,通下情,慎左右"三条纲领性的主张,因受阻未果。1891年,康有为在广州设立万木草堂,开始培养变法人才和宣传变法思想,其间完成了他的《新学伪经考》和《孔子改制考》两部专著,其变法理论基本成熟。

1895年,康有为到北京参加会试,得知《马关条约》签订,便联合各省举人签名上万言书,即著名的"公车上书"。是年7月,他与弟子梁启超等创办《中外纪闻》,8月又在北京组织强学会。1898年,光绪帝召见,任命他为总理衙门章京,准其专折奏事,推行其变法主张。维新运动失败后,康有为出逃法国。为获得国际支持,他曾游历列国,会见欧洲各国君主。辛亥革命后,康有为回国主编《不忍》杂志,宣扬尊孔复辟,反对共和制,与北洋军阀张勋发动复辟,拥立溥仪登基,成为一名保皇派。1927年3月,病逝于青岛。

(二)论教育的作用:"教育乃安邦治国之本"

康有为对教育改革的迫切愿望源于对教育作用的认识。维新运动中,无论上书还是呈折,他都将"兴学育才"作为维新救国的基本保障加以强调。在《公车上书》中,康有为指出教育是安邦治国之本,一个国家的强弱关键是看国民的智慧,"才智之民多则国强,才智之士少则国弱"。他指出:"尝考泰西之所以富强,不在炮械军器,而在穷理劝学。"因此,变法的首要任务在于发展教育,"欲任天下之事,开中国之新世界,莫亟于教育"。

(三)变科举、兴学校

康有为认为,要改良教育,首先要改革科举,而改科举又首在废八股,先以切近时务的策论取士,待学校普遍开设后,再进一步谋求彻底变革科举之事。1898年,他在《公车上书》中说:"变法之道万千,而莫急于得人才。得才之道多端,而莫先于改科举。"①因此,他建议光绪帝立即下诏废八股,改试策论,"以其体裁,能通古证今,会文切理,本经原史,明中通外,犹可救空疏之宿弊,专有用之问学。然后宏开校舍,教以科学,俟学校尽开,徐废科举"②。

在主张变科举的同时,康有为积极提倡普建学校,改变传统的教育内容,传授科学技术,培养新型人才。他在《请开学校折》中呼吁"今者,广开学校为最要矣"。他具体介绍了欧、美、日兴学的情况,提议"远法德国,近法日本,以为学制"。他在《请开学校折》中设计了一个学校系统:乡立小学(7岁入学),教文史、算数、舆地、物理、歌乐,8年毕业,是为强迫(义务)教育阶段,"其不入学者,罚其父母"。县立中学(14岁入学),加深各科教学,并学外国语,重视实用学科。省、府立专门高等学校或大学,京师设立大学堂作为中央设立的最高学府。他还提到设师范、分学科、撰课本、定章程等各项兴学的具体事务,在百日维新时多被采纳。

(四)《大同书》中的理想教育体制

《大同书》是康有为的代表作之一,写于1884年,初名《人类公理》;1902年完稿时改名为《大同书》。该书中,康有为描绘出一幅"大同"社会的蓝图。

《大同书》中描绘出了一个完整而系统的理想教育体制的蓝图,体现大同世界人人平等,教育普及,施教合理,使人健康发展的愿景。在该书中,康有为设计了一个前后衔接完整的教育体系,这个学制体系是:

人本院:妇女怀孕后入人本院实施"胎教",并对孕妇实施性格、情绪、道德及美育教育。

育婴院与慈幼院:婴儿在人本院三至六个月,断乳后进入育婴院,招收半岁至3岁儿童受教;再置慈幼院,招收3至5岁儿童,接受学龄前教育,内容为保健和知识启蒙。幼儿的保育目标是"养儿体,乐儿魂,开儿知识"。

小学院:儿童6岁入学,接受初等教育,至10岁。遵循"以德育为先""养体为主,而开智次之"的原则,功课宜少,游戏宜多。

中学院:学生11岁入学,接受中等教育,至15岁。中学院阶段是人生的关键时期,"一生之学根本",学问之通否、德行之成否,全是在这个时期定型的,所以中学院应德智体兼重,仍以德育为重。

大学院:招收16岁以上中学毕业生,接受高等教育,至20岁。大学是专门之学,故

---

① 舒新城:《中国近代教育史资料》(上册),北京:人民教育出版社1981年版,第36页。
② 舒新城:《中国近代教育史资料》(上册),北京:人民教育出版社1981年版,第39页。

"于育德强体之后,专以开智为主",由学生"各从其志",自由选择所学专业,使其德、智、体均达到基本要求。

《大同书》中的教育体制是一个全面系统且富有资产阶级性质的教育制度,其所提出的重视学龄前教育、男女教育平等等教育理念与主张,是值得肯定的。但是,在当时的时代背景下,带有明显的乌托邦色彩。

二、梁启超的教育思想

(一)生平及教育活动

梁启超(1873—1929),字卓如,一字任甫,号任公,又号饮冰室主人、饮冰子、哀时客、中国之新民、自由斋主人,广东新会人。梁启超自幼在家中接受传统教育,"八岁学为文,九岁能缀千言"。十二岁中秀才,十七岁中举人,十八岁入京。1890年,结识康有为,投其门下,后入读康有为创办的万木草堂,协助康有为编著《新学伪经考》和《孔子改制考》。1895年,开始积极参与维新运动,与康有为一起发动"公车上书"运动,并参与领导北京强学会和上海强学会。1896年,任《时务报》主编,使该报成为当时影响最大、发行量最多的一份报纸。1897年,任长沙时务学堂主讲,积极宣传变法维新,这时学界开始将"康梁"并称。1898年,办理京师大学堂译书局事务,协助康有为推行新政。1920年以后,梁启超专门从事著述讲学活动,先后在南开和清华大学任教,著作主要有《中国近三百年学术史》《中国历史研究法》《清代学术概论》,教育代表作有《变法通议》《湖南时务学堂学约》《教育政策私议》《论教育当定宗旨》等,均收入《饮冰室合集》,是研究梁启超教育思想的主要参考文献。

(二)论教育作用与宗旨:"开民智"和培养"新民"

梁启超重视教育的作用,他认为国家的强弱以教育为转移,指出"世界之运,由乱而进于平,胜败之原,由力而趋于智。故言自强于今日,以开民智为第一义。智恶乎开,开于学;学恶乎立,立于教"[①]。因此,他将兴学重教视为救亡图存的重要内容,并指出教育的作用在于"开民智,育人才"。与此同时,梁启超将"开民智"与"兴民权"联系起来,他指出:"权者生于智者也,有一分之智,即有一分之权;有六七分之智,即有六七分之权;有十分之智,即有十分之权","今日欲申民权,必以广民智为第一义"[②]。也就是说,要在提高民智的基础上实现民权政治。

鉴于教育周期长、见效慢,梁启超主张教育必须要有明确的方向和目的。1902年,梁启超在《论教育当定宗旨》中指出:"教育者,其收效纯在将来,而现在必不可得见者也,然则他事无宗旨,可以苟且迁就,教育无宗旨,则寸毫不能有成,何也?宗旨者,为将来之核

[①] 汤志钧,陈祖恩:《中国近代教育史资料汇编·戊戌时期教育》,上海:上海教育出版社1993年版,第2页。
[②] 杨家骆:《戊戌变法文献汇编》第二册,台北:鼎文书局1973年版,第551页。

者也,今日不播其核,而欲他日之有根有芽有茎有干有果,必不可期之数也。"①因此,他主张教育必须有正确的目的,即"养成一种特色之国民",也就是要培养"新民"。在梁启超看来,"新民"必须具有新道德、新思想、新精神、新的特性和品质。②

(三) 变科举、兴学校主张

甲午战争后不久,梁启超即提出了变科举、兴学校的系统主张。他指出:"变法之本在育人才,人才之兴,在开学校,学校之立,在变科举。"③又提出"兴学校养人才,以强中国,惟变科举为第一义。大变则大效,小变则小效"。然而变科举的关键是改革八股取士制度,他认为八股取士制度是"兴学校"的一大障碍,是中国锢塞文明之一大根源。因此,他向光绪帝建议"将下科乡会试,及此后岁科制,停止八股试帖,推行经济六科,以育人才以御外侮"。

在《论科举》一文中,梁启超还提出了改革科举制的上策、中策、下策三种模式。"上策"是取消科举,由国家厘定学制,按照西方模式兴办小学、中学、大学,大学毕业之后还可以择优送到外国留学。"中策"即放弃对学校制度的改变,但要对科举考试制度进行重大调整。"下策"是学校制度和考试制度不变,但是考试内容有新的要求。

在变科举的同时,梁启超主张要兴办学校,把学校视为立国之本,认为变法图强之道有千万条,但一切皆归于学校。对此,他主张建立新的学校体系,并主张根据日本的学校制度兴办学校,分为四个阶段实施:幼儿期,0～5岁,接受家庭及幼稚园教育;儿童期,6～13岁,接受小学教育;少年期,14～21岁,接受中学、师范或实业教育;成人期,22～25岁,接受大学教育,包括文、理、工、农、商、医、法及师范等。

(四) 论儿童教育:"人生百年,立于幼学"

梁启超特别重视儿童教育,在1896年的《论幼学》一文中,明确提出"人生百年,立于幼学"的主张。因此,他提倡为孩子创办新式小学,并主张教育内容要丰富多彩、合乎儿童年龄特征,充分开展课外活动,如参观、游戏、体育、音乐等。教育方法要适合儿童年龄与心理特点,强调减少课时,每天学习时间不应超过3个小时,"使无太劳"。他反对中国传统教育的体罚,认为这是一种"亡国灭种"的教育方法,强调对儿童要"导之以理,扶之以术"。

同时,梁启超建议中国应首先从小学教育的教材入手,对教学内容和方法进行改革。对此,他编写的书包括:① 识字书。要求选择实用的字,采用合理的方法进行编排,让儿童尽快识得约2000个常用字。② 文法书。即教儿童联字成句,联句成篇的方法。③ 歌诀书。将当前各种知识,选择切用者,借鉴中国古代的经验,编成韵语。④ 问答书。可与歌诀书相配合。歌诀助记忆,问答通过设问以发明之,引导学生理解。⑤ 说部书。文言

---

① 梁启超:《论教育当定宗旨》,《新民丛报汇编》,第275页。
② 郭齐家:《中国教育史》,北京:人民教育出版社2015年版,第488页。
③ 《梁启超全集》(第一卷),北京:北京出版社1999年版,第15页。

合一,采用俚语俗话,广著群书,包括圣教史事等,让儿童阅读。⑥ 门径书。即开列儿童应读书目。⑦ 名物书。即字典。

(五) 论女子教育

梁启超是中国近代史上较早提倡女学的教育家之一,他积极提倡兴办女学。1896年,他在《时务报》发表《论女学》一文,阐发了发展女子教育的重要意义。他认为中国女子教育的落后是导致中国贫弱的重要原因之一,他说:"我推极天下积弱之本,则必自妇人不学始。"认为"女子无才便是德"是"祸天下之道",并指出女子教育"上可相夫,下可教子,近可宜家,远可善种",所以开展女子教育意义重大。因此,他极力主张废缠足,提倡妇女解放,女子教育应与男子教育权平等。1897年,梁启超发表《倡设女子学堂启》,并附《女学堂试办略章》,对女子学堂的办学宗旨、课程设置、教职人员、管理制度、招生对象等方面,进行了具体阐述。梁启超的女子教育主张,反映了他的男女平等、妇女解放的思想。1898年,他积极参与中国第一所女学——经正女学的创办,以实际行动推动女子教育的发展。

(六) 论师范教育:"群学之基"

1896年,梁启超在《学校总论》中指出"师范学堂不立,教习非人也"①。1897年,他专门写了《论师范》一文,专门论述师范教育问题,这也是中国近代教育史上首次专文论述师范教育问题。梁启超重视师范教育的作用,将其视为各种学校的基础。他指出:"故师范学校立,而群学之基悉定。"②他认为,中国师范教育的兴办,不能依靠传统教师和外国教习,而是要培养符合时代要求的教师:"故夫师也者,况,学子之根核也。师道不立,而欲学术之能善,是犹种稂莠而求稻苗,未有能获者也。"因此,他主张"故欲革旧习,兴智学,必以立师范学堂为第一义"。由此可见,他将师范教育看作整个教育质量提高的基础与保证,必须首先办理,"今日而言变法,其无遽立大学堂而已,其必自小学堂始……以师范学堂之生徒,为小学之教习"。基于此,他力倡师范教育,在设计教育体制的时候,增加了师范教育。他还详细介绍了日本师范学校的课程设置,设置中等师范、专科师范和师范大学三级师范网,作为我国办师范学堂的参考;强调师范学校的课程要突出师范性,要重视教育类课程的设置,使师范生能充分把握"教术"。

三、严复的教育思想

严复是清末颇有影响的资产阶级启蒙思想家、翻译家和教育家,首次将西方的进化论思想传入中国,提倡"物竞天择""适者生存""优胜劣汰",人称"六十年来治西学者,无其比也"。

---

① 汤志钧,陈祖恩:《中国近代教育史资料汇编·戊戌时期教育》,上海:上海教育出版社1993年版,第7页。
② 李友芝等:《中国近现代师范教育史资料》第一册,北京:北京师范学院1983年版,第130页。

(一) 生平及教育活动

严复(1853—1921),字又陵,又字畿道,福建侯官(今闽侯县)人。1866年考入福州船政学堂后学堂,主要学习驾驶专业。1877年,被公派到英国留学,先入普茨茅斯大学,后转到格林威治海军学院。1879年,毕业回国,在福建船政学堂担任教习;次年,调任天津北洋水师学堂总教习(教务长),后任会办、总办(校长)。1896年,创办天津俄文馆,为中国最早的俄语学校。1902年,赴北京任京师大学堂附设译书局总办。1905年,协助马相伯创办复旦公学;次年,任复旦公学校长,不久又被安徽巡抚恩铭聘去安庆任安徽师范学堂监督。1908年,出任学部审定名词馆总纂。辛亥革命后,京师大学堂更名为北京大学,严复受袁世凯之命担任北京大学首任校长,兼任文科学长。

严复著述甚丰,尤其是他所翻译的《天演论》《原富》《群学肄言》《群己权界论》《社会通诠》《穆勒名学》《名学浅说》《法意》《美术通诠》等西洋学术名著,成为近代中国开启民智的重要人物,"是我国近代史上第一个比较系统地介绍和传播西方资产阶级自然科学和社会科学的启蒙人物,是毛泽东同志曾经称誉的近代史上向西方寻求真理的先进的中国人之一"①。

(二) 教育旨在"开民智"

从进化论的观点出发,严复认为一个国家兴衰存亡的主要原因在于自身状况。他认为,中国之弱,就是因为民智闭塞,学术空疏,缺乏竞争的总体实力,救国的唯一良方是"开民智",即全面提高国民素质。他对当时变法维新的政治改革持低调估价,认为"民智不开,不变亡,即变亦亡"②。因此,"为今之计,惟急从教育上著手,庶几逐渐更新乎"③。严复把教育视为强国之本是正确的,但如果不消除政治上的阻碍,教育也难以改革和发展。

(三) 论学"西学"

严复积极提倡学习西学,认为这是变法救亡的急务。他在《论世变之亟》中对比中西之学的一系列差别,基本上都是颂扬西学而贬抑中学的。他指出,中国若要富强,"非讲西学不可",且"西学"对中国而言,"救亡之道在此,自强之谋亦在此"。此外,严复反对"中学为体,西学为用",认为中西之学各有其体用,就西学而言,是以自由为体,以民主为用。因此,他不赞成争论"西政"和"西艺"哪个更重要,认为"艺政二者乃并出于科学,若左右手"④。严复过于美化西学是片面的,有全盘西化的倾向。但他强调要从整体上来看待和学习西学,抓住其民主和科学的实质,而不是取其皮毛,这又是他高出一般人的见解。

---

① 王炳照等:《简明中国教育史》,北京:北京师范大学出版社2007年版,第325页。
② 《严复集》,北京:中华书局1996年版,第539页。
③ 王蘧常:《严几道年谱》,台北:商务印书馆1977年版,第74-75页。
④ 《严复集》,北京:中华书局1996年版,第559页。

（四）德、智、体三育并重论

严复是中国最早论述三育并重的教育家,是中国近代从德、智、体三要素出发构建教育目标模式的第一人。严复的德、智、体"三育论"源于近代英国实证主义哲学家斯宾塞的教育著作《教育论》。严复认为,一国的政治经济状况、参与国际竞争的能力,取决于国民德、智、体三方面的发展水平,所谓"国之强弱、贫富、治乱者,其民力、民智、民德三者之征验也"①。因此,他指出:"讲教育者,其事常分三宗:曰体育,曰智育,曰德育,三者并重。"②必须从提高国民这三方面素质着手,"是以今日要政统于三端:一曰鼓民力,二曰开民智,三曰新民德"。"是三者备,而后可以为真国民"。所谓"鼓民力",就是提倡体育,包括禁止吸鸦片和女子缠足等陋习,使国民有强健的身体;所谓"开民智",就是要全面开发民众的智慧,提高民众的文化教育水平,但实际牵涉对传统教育体制、教育内容、学风和教学方法的改革,其核心是改革科举制度,废除八股取士和训诂词章之学,讲求西学;所谓"新民德",主要是改变传统德育内容,用西方的自由民主平等取代封建伦理道德,培养人民忠爱国家的观念意识。

（五）"痛除八股"论

严复在《救亡决论》一文中,深刻批判八股教育,他指出:"八股取士,使天下消磨岁月于无用之地,堕坏志节于冥昧之中,长人虚骄,昏人神智,上不足以辅国家,下不足以资事畜。破坏人才,国随贫弱。……然则救之之道当何如？曰:痛除八股而大讲西学,则庶乎其有瘳耳。东海可以回流,吾言必不可易也。"③对此,严复详细剖析了八股教育的三大弊端:其一是"锢智慧",八股式教育违反了由浅入深、由简到繁、循序渐进的学习规律;其二是"坏心术",主要是科举试场作弊之风盛行,导致丧失"羞恶是非之心";其三是"滋游手",八股教育目标单一,与生产严重脱离,导致士人与农工商壁垒分明,积累了一支庞大的官僚后备军,成为衣食仰赖于社会的游民。因此,他大声疾呼"痛除八股而大讲西学"。

> 八股取士,使天下消磨岁月于无用之地,堕坏志节于冥昧之中,长人虚骄,昏人神智,上不足以辅国家,下不足以资事畜。破坏人才,国随贫弱。此之不除,徒补苴罅漏,张皇幽眇,无益也。虽练军实,讲通商,亦无益也。何则？无人才,则之数事者,虽举亦废故也。舐糠及米,终致危亡而已。然则救之之道当何如？曰:痛除八股而大讲西学,则庶乎其有瘳耳。东海可以回流,吾言必不可易也。
>
> ——《救亡决论》

---

① 《严复集》,北京:中华书局1996年版,第16页。
② 《严复集》,北京:中华书局1996年版,第167页。
③ 《严复集》,北京:中华书局1996年版,第43页。

(六)体用一致的教育观

在确立中国未来文化教育发展的基本原则上,严复以强调"体用一致"而独树一帜。他指出,"一群之成,其体用功能,无异生物之一体",间接地对"中学为体,西学为用"观加以否定。他认为,体和用本不可分,中学与西学各不相同,"中学有中学之体用,西学有西学之体用,分之则两立,合之则两亡"。因此,他主张全面学习西方的自然科学与社会政治学说。

严复的"体用一致",还包括对西学整体性和发展性的认识。他把近代科学按从基础到应用的层次划分为三类:第一类称"玄学",即名学(逻辑学)和数学,属思维和工具学科;第二类是"玄著学",如物理学、化学等,属基础理论科学,提供应用学科的一般原理;第三类是"著学",如天学、地学、人学、动植之学、生理之学、心理之学、群学等,属应用学科。各类学科联成一体,相资为用,交叉发明,特别是名学、数学和各种基础理论学科更渗透到近代学术的方方面面。他认为,西学还是一个发展的体系,运用考察、实验、归纳等方法创造新知和验证学理,要不断更新、改进和发展。据此,他批评洋务教育只是急功近利地、孤立地学习西方的某些技术,或仅是抄袭西学的现成结论,忽视了西学的整体性和发展性。

复习思考题

1. 简要介绍维新派的教育改革举措。
2. 简述康有为《大同书》中的教育理想。
3. 分析康有为、梁启超、严复的教育思想与主张。
4. 简述清末"新政"时期的教育改革举措。
5. 简评"壬寅—癸卯"学制。

第十章
民国初期的教育

　　20世纪初,中华民族面临严重危机,激发了广泛的爱国救亡运动。1911年10月10日,武昌起义爆发,革命烽火燃遍全国。1912年1月,中华民国成立,结束了两千多年的封建专制制度。中华民国成立后,以孙中山为首的资产阶级革命派立即对中国封建传统教育进行改革,逐步推翻了封建教育制度,初步建立了资产阶级教育制度。

【学习目标】

1. 掌握民国初期教育改革的基本内容。
2. 熟练掌握"壬子癸丑学制"的主要内容和特点。
3. 熟练掌握蔡元培的教育思想及其北京大学改革实践。

第一节 民国初期的教育方针与政策

1912年1月,孙中山就任南京临时政府大总统。在教育方面,通过成立教育部、发布教育改革令和颁布新的教育宗旨等举措,开始对中国封建传统教育进行改革。

一、成立教育部

1912年1月3日,临时大总统孙中山任命蔡元培为教育总长,景曜月为教育次长。是年1月9日,教育部在南京成立(是年3月,教育部迁北京)。1912年8月,《临时大总统令公布参议院议决修正教育部官制》中,对教育部的运行机构进行了规定。由教育总长管理教育、学艺及历象事务,监督全国学校及所辖各官署。教育部下设有总务厅和普通教育厅、专门教育司、社会教育司,各司其职,事有专属。

1914年7月,对教育部官制进行重新修订,规定:教育部直属于大总统,设总务厅及"三司",教育总长统辖全国学务,并置教育次长一人,辅助总长整理事务。同时,教育部设有参事3人、司长3人、秘书4人、视学16人、佥事24人、主事42人、技正1人、技士2人等。此外,为加强对全国学务的视察,1913年1月20日,教育部公布《视学规程》,将全国划分为8个视学区,每区派2人为视学,"视察该区域之普通教育及社会教育"[①]。

二、发布教育改革令

教育部成立之后,其当务之急是敦促各地恢复正常教学秩序,为全国教育发展提供指导意见,"各省都督府或省议会鉴于学校之急当恢复,发临时学校令以便推行,具见维持学务之苦心"。因此,1912年1月19日,教育部发布《普通教育暂行办法》和《普通教育暂行课程标准》,借此改造中国封建传统教育,这是资产阶级首次以中央政策名义发布的教育文件。

《普通教育暂行办法》共14条,除敦促各地学校在农历新年后如期开学、按原学期计划正常教学外,还规定:"从前各项学堂,均改称为学校,监督、堂长,应一律改称校长","初等小学,可以男女同校","凡各种教科书,务合乎共和民国宗旨,清学部颁行之教科书,一律禁用","小学读经科一律废止","小学手工科应加注重","高等小学以上体操科,应注重兵式","初等小学算术科,自第三学年起兼课珠算","中学校为普通教育,文、实不必分科","中学校、初级师范学校,均改为四年毕业","废止旧时出身"等。[②]《暂行办法》体现了清除封建性、强调男女平等、注重实用技能等原则立场,使教育符合共和民国宗旨,比较

---

① 朱有瓛等:《中国近代教育史资料汇编·教育行政机构及教育团体》,上海:上海教育出版社1993年版,第112页。
② 朱有瓛:《中国近代学制史料》第三辑(上册),上海:华东师范大学出版社1988年版,第2页。

充分地反映了资产阶级的教育要求。

《普通教育暂行课程标准》共 11 条,拟定了初小、高小、中学校和师范学校的课程体系、内容及课时等。规定:初等小学的课程为修身、国文、算术、游戏体操,视地方情形可加设图画、手工、唱歌、裁缝(女子)之一科或数科;高等小学课程为修身、国文、算术、中华历史地理、博物、理化、图画、手工、体操(兼游戏)、裁缝(女子),视地方情形可加设唱歌、外国语、农工商业之一科或数科;中学校的课程为修身、国文、外国语、历史、地理、数学、博物、理化、图画、手工、法制、经济、音乐、体操,女子加家政、裁缝;初级师范学堂课程为修身、教育、国文、外国语、历史、地理、博物、理化、法制、经济、习字、图画、手工、音乐、体操,女子加家政、裁缝,视地方情形可加设农、工、商业之一科目。上述外国语科限从英、法、德、俄四种语种中选择,各级学校都配发有各种课程的学年分布和周教学时数表。《普通教育暂行课程标准》反映了《暂行办法》的有关原则,成为以后"壬子癸丑学制"关于小学、中学、初级师范课程设置的蓝本。

三、颁布新的教育宗旨

南京临时政府教育部的一项重要任务,就是为新生的资产阶级共和国的教育发展规划蓝图,其中具有战略意义的是确立民国教育宗旨。1912 年 7 月 10 日至 8 月 10 日,全国临时教育会议召开,其间提出的议案近百件,许多涉及重大的教育政策与措施,如教育宗旨、学校系统、各级各类学校令、小学教员薪俸规程、废除学校祀孔等。1912 年 9 月 2 日,教育部正式公布教育宗旨,即"注重道德教育,以实利主义教育、军国民教育辅之,更以美感教育完成其道德"①。这是中国近代第一个颁布实行的资产阶级国民教育宗旨,完全否定了清末"忠君""尊孔""尚公""尚实""尚武"的封建教育宗旨,体现了资产阶级受教育者德、智、体、美和谐发展的教育思想。民国教育方针包含了德、智、体、美四育,以道德教育为核心,将培养具有共和国国民健全人格的受教育者作为首要任务;以军国民教育和实利教育引导体育和智育,寄希望于教育能在捍卫国家主权、抑制武人政治、振兴民族经济方面发挥基础作用。新教育宗旨的颁布,是中国教育的一个进步,是资产阶级反对封建传统教育、建立资产阶级性质教育制度的一个重大胜利。

第二节 壬子癸丑学制

"壬子癸丑学制"是中国近代第一个资产阶级性质的学制。教育部成立后,经广泛征求意见和全国临时教育会议讨论而最终形成,并制定了各级各类学校教育的课程标准,奠定了民国初年的学校教育体制,一直沿用至 1922 年。

---

① 舒新城:《中国近代教育史资料》(上册),北京:人民教育出版社 1981 年版,第 223 页。

一、学制形成

民国成立,政体变更,彻底改订清末学制已势在必行。教育部成立后,其重要工作之一就是拟定新学制,教育部召集了一批留学欧美和日本的归国人员,分别拟定各级学校规程。最初意向是以欧美学制为蓝本,但因欧美学制不符合中国国情而转向以日本为蓝本,"我等知日本学制,本取法欧洲各国,惟欧洲各国学制,多从历史上渐演而成,不甚求其整齐划一,而又含有西洋人之习惯;日本则变法时所创设,取西洋各国之制而折衷之,取法于彼,尤为相宜"①。1912年7月,在教育部召开的全国临时教育会议上,讨论了学制改革问题,会议讨论通过了《学校系统案》;是年9月3日,教育部正式颁布《学校系统令》。1912年是旧历"壬子"年,故称"壬子学制"。

至1913年8月,教育部又颁布了《小学校令》《中学校令》《师范教育令》《专门学校令》《大学令》《小学教则及课程表》《中学校令施行规则》《师范学校规程》《高等师范学校规程》《公私立专门学校规程》《大学规程》《实业学校令》等法令,将"壬子学制"进一步具体和充实,逐步形成了一个全面完整的学制系统。1913年为旧历"癸丑"年,故称之为"癸丑学制"。因之是在"壬子学制"基础上进一步完善的,故统称为"壬子癸丑学制"。

二、学制体系

壬子癸丑学制的构成,可从纵向和横向两个方面来看,纵向构成主要是指各级普通教育,横向构成则是指各类教育。具体如下:

从学制的纵向构成来看,壬子癸丑学制主系列划分为三段四级,学制总年限为17—18年。初等教育段分初等小学校和高等小学校两级共7年,不分设男校、女校。其中,初等小学校4年,为义务教育,法定入学年龄为6周岁;高等小学校3年,均设补习科。中等教育段设中学校4年,不分级,但专为女子设立女子中学校。高等教育段不分级,年限为6—7年,设立大学,分为预科、本科和大学院三个层次。其中,大学预科3年(附设于大学);本科3—4年,分为文、理、法、商、医、农、工7科,其中法科和医科4年;大学院,不定年限。小学之下有蒙养园,大学之上有大学院。

从学制的横向构成来看,壬子癸丑学制除普通教育外,还设置有师范教育和实业教育两类。师范教育类分师范学校和高等师范学校两级,分别相当于中等教育与高等教育阶段。实业教育类分乙种实业学校和甲种实业学校,相当于高等小学校和中等教育阶段。此外,还设置有专门学校,相当于高等教育阶段,专门学校分预科、本科、研究科三个层次,预科1年,本科2—3年或酌情确定,分类培养各类高级应用型专门人才。壬子癸丑学制还特设或附设有补习科、专修科、讲习所之类的旁支。

"壬子癸丑学制"是中国近代第一个资产阶级性质的学制,以法定形式集中表达了资产阶级改革教育的构想。与清末"癸卯学制"相比,"壬子癸丑学制"有明显进步。第一,缩短了学制期限,较之"癸卯学制",共缩短3—4年,有利于教育的普及和平民化发展。第

---

① 朱有瓛:《中国近代学制史料》第三辑(上册),上海:华东师范大学出版社1988年版,第8-9页。

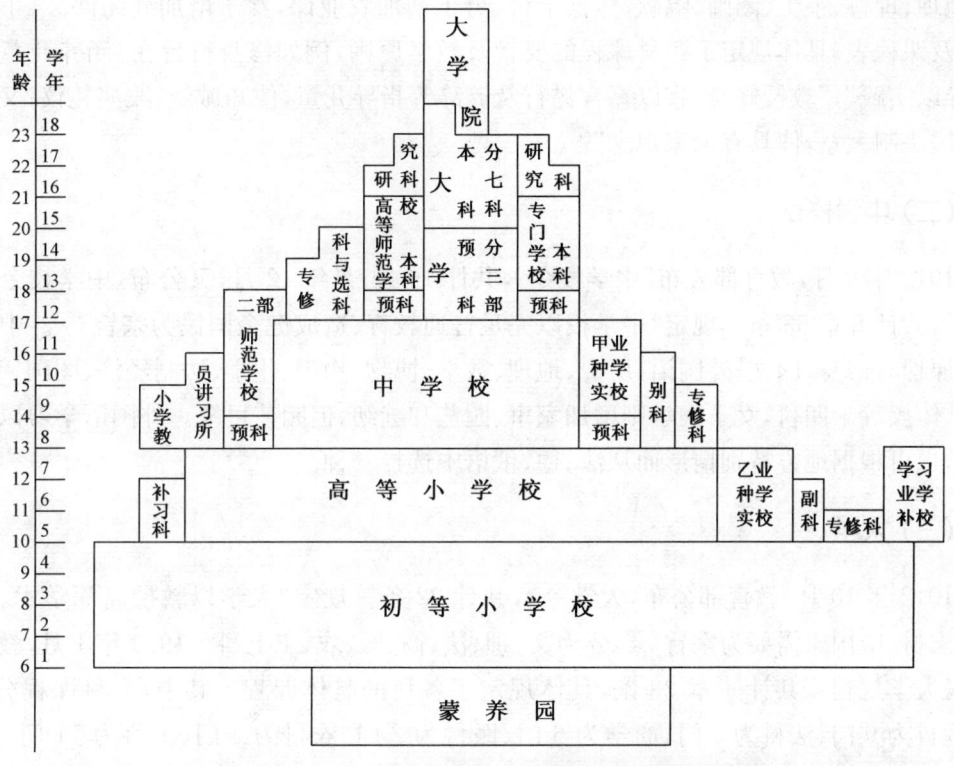

图 10-1 壬子癸丑(1912—1913)学制系统图

二,取消了专门为贵族设立的各类学校,废除了封建特权和等级限制。第三,女子享有与男子平等的法定教育权,初等小学已可以男女同学,普通中学、甲级实业学校、师范学校、高等师范学校都设立了女校。第四,从课程改革与教学方法看,取消了忠君尊孔的课程,增加了自然科学课程和劳动生活技能的训练,反对体罚,要求教育适合儿童身心发展的特点。第五,取消对毕业生奖励科举出身,有利于消除科举制度的弊端。

三、课程标准

在颁布学制的同时,为进一步规范各级各类教育,落实教育宗旨,教育部陆续颁布了各级各类学校的课程标准,对学校课程设置、教学目标、课时等做出了具体规定。

(一)小学校

1912年9月28日,教育部公布《小学校令》,共计9章47条。1912年11月,教育部公布《小学校教则及课程表》,共计教则18条,进一步制定了小学校的施行细则。规定:儿童6岁至14岁为学龄期,小学校教育"以留意儿童身心之发育,培养国民道德之基础,并授以生活所必需之知识技能为宗旨"①。初等小学校开设课程为修身、国文、算术、手工、图画、唱歌、体操七科,女子增加缝纫课;高等小学校开设课程有修身、国文、算术、本国历

---

① 舒新城:《中国近代教育史资料》(中册),北京:人民教育出版社1981年版,第444页。

史、地理、理科、手工、图画、唱歌、体操十科,男子增加农业课,女子增加缝纫课。《小学校教则及课程表》具体规定了各科课程的要旨及教学原则,例如修身科旨在"涵养儿童之德性,导以实践","教授修身,宜以嘉言懿行及谚辞等指导儿童,使知诫勉,兼演礼仪;又宜授以民国法制大意,俾具有国家观念"①。

(二) 中学校

1912年9月,教育部公布《中学校令》,共计16条;是年12月,又公布《中学校令施行规则》,共计8章52条。规定"中学校以完足普通教育、造成健全国民为宗旨"②。中学校开设课程有修身、国文、外国语、历史、地理、数学、博物、物理、化学、法制经济、图画、手工、乐歌、体操等十四科,女子中学则增加家事、园艺和缝纫,但园艺可缺。外国语学习以英语为主,也可根据地方特别情形而从法、德、俄语中选择一种。

(三) 大学

1912年10月,教育部公布《大学令》,共计22条。规定"大学以教授高深学术、养成硕学宏材、应国家需要为宗旨"③,分为文、理、法、商、医、农、工七科。1913年1月,教育部公布《大学规程》,共计4章28条,具体规定了各科的具体课程。其中,文科课程分为4门、理科为9门、法科为3门、商学为6门、医科为2门、农科为4门、工科为11门。④ 例如,文科课程分为哲学、文学、历史学、地理学等四门。

(四) 师范学校

师范教育分为师范学校和高等师范学校。自1912年9月至1913年3月,教育先后公布《师范教育令》《师范学校规程》《高等师范学校规程》《师范学校课程标准》《高等师范学校课程标准》,对师范教育的宗旨、课程设置、课时等做出了具体规定。根据这些法规政令,规定师范学校"以造就小学校教员为目的",女子师范学校"以造就小学校教员及蒙养园保姆为目的",高等师范学校"以造就中学校、师范学校教员为目的",女子高等师范学校"以造就女子中学校、女子师范学校教员为目的"。⑤ 在师范学校方面,根据师范学校分为预科和本科,预科的课程主要有修身、读经、国文、习字、外国语、数学、图画、乐歌、体操,女子师范学校则增加缝纫科;预科修业一年后升入本科,开设课程有修身、读经、教育、国文、习字、外国语、历史、地理、数学、博物、物理、化学、法制经济、图画、手工、农业、乐歌和体操等,女子师范学校本科则增加园艺、缝纫。在高等师范学校方面,分预科、本科和研究科,其中,预科开设课程有伦理学、国文、英语、数学、论理学、图画、乐歌和体操;本科则分为国

---

① 舒新城:《中国近代教育史资料》(中册),北京:人民教育出版社1981年版,第451页。
② 舒新城:《中国近代教育史资料》(中册),北京:人民教育出版社1981年版,第520页。
③ 舒新城:《中国近代教育史资料》(中册),北京:人民教育出版社1981年版,第640页。
④ 舒新城:《中国近代教育史资料》(中册),北京:人民教育出版社1981年版,第644页。
⑤ 舒新城:《中国近代教育史资料》(中册),北京:人民教育出版社1981年版,第700-701页。

文部、英语部、历史地理部、数学物理部、物理化学部、博物部,通习课程为伦理学、心理学、教育学、英语和体操,并具体规定各部的具体学习课程。

(五) 实业学校

1913年8月,教育部公布《实业学校令》和《实业学校规程》。其中规定:"实业学校以教授农工商业必需之知识技能为目的",并将实业学校分为甲、乙两种,"甲种实业学校施完全之普通实业教育;乙种实业学校施简易之普通实业教育;亦得应地方需要授以特殊之技术"①。实业学校的种类分为农业学校、工业学校、商业学校、商船学校和实业补习学校等,并具体规定了各类实业学校的通习课程和分科课程等。

综观各级各类学校课程标准,可以发现,在课程体系中废除了"读经讲经"课,一定程度上消除了封建传统教育的弊端,有效突显了资本主义文化在教育中的地位。同时,注重对学生进行传统道德教育,对中国传统文化采取批判继承的态度;在师范教育中,则有效突显了师范教育的特色与属性。此外,提高了乐歌、图画、手工等课程的地位,能够有效注意课程的应用性、平民化等特色。

第三节 蔡元培的教育思想与教育实践

蔡元培是中国近现代著名的资产阶级革命家和民主主义教育家。他的一生先后经历了清政府、南京临时政府、北洋政府和国民党政府时代,始终秉持爱国和民主的理念,致力于发展中国的新教育,为中国资产阶级民主主义教育制度的建立做出了突出贡献。民国成立之初,他以第一任教育总长的身份,苦心经营民国时期的教育,并提出"五育"并举的教育方针,为民国初期教育方针的制定提供了指导。1917年,任北京大学校长后,以"思想自由,兼容并包"为原则,对北京大学进行锐意改革,为中国高等教育的改革发展做出了开创性贡献,被称为"北大永远的校长"。

一、生平与教育活动

蔡元培(1868—1940),字鹤卿,号孑民,浙江绍兴府山阴县人。自幼饱读经史,十六岁中秀才,二十三岁中举人,二十六岁中进士,二十八岁授翰林院编修。中日甲午战争后,蔡元培深受震动,努力学习西学。戊戌变法失败后,其深感清廷政治改革"无可希望",断然离开翰林院南下,任绍兴中西学堂监督,提倡新学。1901年,任上海南洋公学特班总教习。1902年,与蒋智由等人发起成立中国教育会,被推举为会长;同年,在上海创设爱国学社及爱国女校。1904年,光复会在上海成立,被推举为会长。1905年,同盟会成立,任同盟会上海分会负责人。1907年,在驻德公使孙宝琦帮助下前往德国留学,入莱比锡大

---

① 舒新城:《中国近代教育史资料》(中册),北京:人民教育出版社1981年版,第777-778页。

学学习哲学、文学、美学和心理学等。1911年辛亥革命后,于11月回国。

1912年1月,蔡元培被任命为民国第一任教育总长,主持全国临时教育会议,主持制定了中国第一个资产阶级性质的教育制度(壬子癸丑学制),对南京临时政府的教育改革起了决定性的影响。① 1912年7月,因不满袁世凯的专制统治而辞去教育总长,再次赴德留学。1915年,与李石曾等组织留法勤工俭学活动,次年与吴玉章等人在法国巴黎成立华法教育会,具体负责中国青年到法国勤工俭学。1916年底回国。

1916年12月,蔡元培被任命为北京大学校长,1917年1月就职。任职北京大学校长期间,提倡学术研究,主张"思想自由,兼容并包",实行教授治校,对北大进行了重大改革,使之焕然一新。"五四"运动中,支持学生爱国行动,多方营救被捕学生。1927年,南京国民政府成立后,任大学院院长、中央研究院院长、国民政府常务委员等数职。

1931年"九一八"事变后,蔡元培奔走呼号,倡导抗日。1932年12月,与宋庆龄、杨杏佛等在上海发起组织"中国民权保障同盟",任副主席。1936年,与陶玄、张静江、李石曾等人在上海创办世界学校(即今上海世界小学),实行教育救国和科学救国。1937年,移居香港。1940年3月5日,病逝于香港。毛泽东特发唁电,称其为"学界泰斗,人世楷模"。周恩来在悼念挽联中说:"从排满到抗日战争,先生之志在民族革命;从五四到人权同盟,先生之行在民主自由。"美国著名教育家杜威对其评价道:"以一个校长身份,能领导那所大学对一个民族、一个时代起到转折作用的,除蔡元培而外,恐怕找不出第二个。"②

二、论"五育"并举的教育方针

1912年2月和4月,蔡元培屡次发表《对于教育方针之意见》一文,系统阐述了"五育"的内涵、作用和相互关系。从"民国教育应以养成共和健全人格为根本方针"的观点出发,蔡元培提出完全人格的养成,需要通过实施军国民教育、实利主义教育、公民道德教育、世界观教育、美感教育实现,这也成为民国元年制定教育方针的理论基础。

(一)军国民教育

军国民教育,即体育。蔡元培认为,军国民教育"与社会主义僻驰,在他国已有道消之兆",不是理想社会的教育。但是,考虑到当时中国所面临的国际局势和国内形势,蔡元培主张应当提倡军国民教育。在他看来,在国际局势上,当时中国"强邻交逼,亟图自卫,而历年丧失之国权,非凭借武力,势难恢复";在国内形势上,"且军人革命以后,难保无军人执政之一时期,非行举国皆兵之制,将使军人社会,永为全国中特别之阶级,而无以平均其势力"③。由此可见,蔡元培主张军国民教育,既是为了抵制侵略、恢复国权,又是为了打破军阀拥兵自重、捍卫民主共和而考虑。此后,他又将军国民教育发展成为普通体育,认

---

① 王炳照等:《简明中国教育史》,北京:北京师范大学出版社2007年版,第348页。
② 蔡元培研究会:《论蔡元培》,北京:旅游教育出版社1989年版,第122页。
③ 高平叔:《蔡元培教育论著选》,北京:人民教育出版社1991年版,第1页。

为体育是养成健全人格的重要途径,"夫完全人格,首在体育"①,强调体育的军事化,以此来强健学生体魄,健全学生人格。

(二)实利主义教育

实利主义教育,即智育。蔡元培指出,实利主义教育"以人民生计为普通教育之中坚",密切教育与国民经济生活的关系,加强职业技能的培训,使教育能发挥提高国家经济能力和改善人民生活水平的作用。蔡元培认为"今之世界,所恃以竞争者,不仅在武力,而尤在财力"②,世界各国的竞争不仅在军事,更在经济。同时,这也是蔡元培借鉴欧美国家的实用主义教育思想的结果,"此其说创于美洲,而近亦盛行于欧陆","今日美洲之杜威派,则纯持实利主义者也"③。同时,他结合中国实际,指出"我国地宝不发,实业界之组织尚幼稚,人民失业者至多,而国甚贫",因此,他把实利主义教育视为当务之急,将之视为富国强民、发展国家经济的重要手段。对此,他主张开设诸如历史、地理、物理、化学、算学、金工、木工、手工、博物等课程。实利主义教育的具体目标是,传授科学知识和技术,指导科学研究,培养发展智力,造就国家有用之才。

(三)公民道德教育

公民道德教育,即德育。蔡元培认为,军国民教育、实利主义教育仅是富国强兵之道,兵强国富后,容易出现"为私斗""为侵略""知欺愚""强欺弱"等弊端,因此,还需要实施公民道德教育。蔡元培将公民道德教育视为一切教育的根本、完全人格之根本。蔡元培所主张的德育是指自由、平等、亲爱,"道德之要旨,尽于是矣"④,以资产阶级道德观念培养学生。同时,他也注意到,中国传统道德内涵与西方资产阶级道德观念有相通之处,他将儒家所倡导的"义""恕""仁"与"自由""平等""亲爱"相对应,"三者诚一切道德之根源,而公民道德教育之所有事者也","这说明他看到了中西文化和道德思想的可融性、共同性"⑤。

(四)世界观教育

受康德二元论的影响,蔡元培把世界分为相对的现象世界和绝对的实体世界。在此基础上,他把教育分为现象世界的教育(体育、智育、德育)和实体世界的教育(世界观教育),美育介于二者之间,成为由现象世界进入实体世界的一个桥梁。蔡元培认为,世界观教育是教育的终极目的,是培养人"超乎现世之观念"的最高层次的教育,主张教育者"立于现象世界,而有事于实体世界者也。故以实体世界之观念为其究竟之大目的,而以现象

---

① 高平叔:《蔡元培教育论著选》,北京:人民教育出版社1991年版,第75页。
② 高平叔:《蔡元培教育论著选》,北京:人民教育出版社1991年版,第1页。
③ 高平叔:《蔡元培教育论著选》,北京:人民教育出版社1991年版,第2、5页。
④ 高平叔:《蔡元培教育论著选》,北京:人民教育出版社1991年版,第2页。
⑤ 郭齐家:《中国教育史》,北京:人民教育出版社2015年版,第520页。

世界之幸福为其达于实体观念之作用"①。即要立足于现象世界,而对实体世界的绝对自由产生追求的欲望,从而获得人性的最大自由和发展。

(五)美感教育

美感教育,即美育。蔡元培认为,美育"介乎现象世界与实体世界之间,而为津梁"。在他看来,现象世界中的"爱恶惊惧喜怒悲乐之情"和"离合生死祸福利害之现象",均可成为美育之资料,赋之以艺术,则可"为浑然之美感","而已接触于实体世界之观念矣"。1917年,他在《以美育代宗教说》中指出:"纯粹之美育,所以陶养吾人之感情,使有高尚纯洁之习惯,而使人我之见、利己损人之思念,以渐消沮者也。"②由此可见,他重视美育之作用,"故教育家欲由现象世界而引以到达于实体世界之观念,不可不用美感之教育"③。他任教育总长时,曾通令全国中小学开设美育课程,有意识地提高中小学美育的地位,还主张大学开设美学课。

蔡元培认为,五育尽管各自的作用不同,但均是"养成共和国民健全之人格"所必需的,是统一整体中不可分割的有机部分,因而是不可偏废的,"五者,皆今日之教育所不可偏废者也"。对"五育"在教育过程中所占比例,他指出:"军国民主义当占百分之十,实利主义当占其四十,德育当占其二十,美育当占其二十五,而世界观则占其五。"④但是,由于蔡元培的思想基础是唯心主义的,因而也使得其"五育"并举的教育方针蒙上了一层神秘的唯心主义色彩。

三、改革北京大学

1917年1月,蔡元培就任北京大学校长后,对北京大学进行全面改革,改变其封建官僚习气,使北京大学由一所封建痼弊的旧式学堂成为近代新型大学。

(一)抱定宗旨,改变校风

大学应成为"研究高尚学问之地",蔡元培就任北大校长的第一步就是明确大学宗旨,改变校风。1917年1月9日,蔡元培就任北大校长之后第一次演讲,即对学生提出三点要求:一是抱定宗旨,二是砥砺德行,三是敬爱师友。

在抱定宗旨上,蔡元培将之置于首位,他指出:"大学者,研究高深学问者也。""诸君须抱定宗旨,为求学而来。入法科者,非为做官;入商科者,非为致富。宗旨既定,自趋正轨。"⑤告诫学生要抱定正大之宗旨,勿志于做官发财,以免误人误己。

在砥砺德行上,蔡元培针对"风俗日偷,道德沦丧"之境况,告诫学生要"以身作则,力

---

① 高平叔:《蔡元培教育论著选》,北京:人民教育出版社1991年版,第3—4页。
② 高平叔:《蔡元培教育论著选》,北京:人民教育出版社1991年版,第87页。
③ 高平叔:《蔡元培教育论著选》,北京:人民教育出版社1991年版,第5页。
④ 高平叔:《蔡元培教育论著选》,北京:人民教育出版社1991年版,第6页。
⑤ 高平叔:《蔡元培教育论著选》,北京:人民教育出版社1991年版,第72页。

矫颓俗":"诸君为大学学生,地位甚高,肩此重任,责无旁贷,故诸君不惟思所以感己,更必有以励人。"①热切期望学生修德讲学,树立谨严之品行。具体做法:其一,要求学生自觉砥砺德行,束身自爱;其二,提倡"自动""自治""活泼进取"和"坚实耐烦"精神。要求加强品行修养,参加健康的社团活动,他倡导成立体育会、书画会、演剧会等各种学生社团,特别是还成立了"进德会",以加强师生的道德修养。

在敬爱师友上,蔡元培主张,改变学生的观念,使北大成为一所研究高深学问的学府,第一位重要的是教师。他明确指出,要打破北大学生不重视学术的习惯,"只有从聘请积学而热心的教员着手",以提起学生研究学问的兴趣。同时,蔡元培指出"教员之教授,职员之任务,皆以图诸君求学便利"②。他专门撰写《劝北大学生尊敬教师布告》,并号召同学之间互相友爱,因此他提倡和支持各种社团组织,鼓励学生开展各种积极有意义的活动,从事各种形式的调查,其重要目的之一,即"增进彼此相识的程度"。

(二)贯彻"思想自由,兼容并包"的办学原则

蔡元培在改革北京大学过程中,始终坚持"思想自由,兼容并包"的办学原则。他指出:"大学者,'囊括大典,网络众家'之学府也。"③因此,蔡元培反对封建主义的学术专制,规定大学里允许研究古今中外之学术,允许不同学派或同一学派不同观点的存在和发展,允许自由讲学。在教学与学术研究上,蔡元培指出"对于学说,仿世界各大学通例,循'思想自由'原则,取兼容并包主义"④,这是他改革北京大学的基本指导思想,"我对于各家学说,依各国大学通例,循思想自由原则,兼容并包。无论何种学派,苟其言之成理,持之有故,尚不达自然淘汰之运命,即使彼此相反,也听他们自由发展"⑤。

"思想自由,兼容并包"的办学原则,也体现在教师的聘任上。蔡元培对教师的聘任坚持"以学诣为主"的原则,只要在学术上有较深造诣的,无论国籍、思想、学科、学派、学历、年龄等一概聘任。对此,他聘请的教师有陈独秀、李大钊、胡适、周作人、刘半农、鲁迅等新派教员,形成了以陈独秀为首的革新营垒,成为蔡元培整顿和改革北大的依靠力量。此外,对于思想保守的旧派人物,蔡元培也积极引进,用其所长,譬如辜鸿铭、刘师培、黄侃、陈汉章、梁漱溟等人。这些学术精英们组成了一个强大的学术群体,使北大很快就成为全国首屈一指的学术研究中心。

(三)"学为基本,术为支干"的教育思想与实践

蔡元培主张在办学过程中处理好"学"与"术"的关系,他指出"学术"一词代表两方面,即"学为学理,术为应用"。二者的关系是"学必借术以应用,术必以学为基本,两者并进始

---

① 高平叔:《蔡元培教育论著选》,北京:人民教育出版社1991年版,第73页。
② 高平叔:《蔡元培教育论著选》,北京:人民教育出版社1991年版,第73页。
③ 高平叔:《蔡元培教育论著选》,北京:人民教育出版社1991年版,第171页。
④ 高平叔:《蔡元培教育论著选》,北京:人民教育出版社1991年版,第190页。
⑤ 高平叔:《蔡元培教育论著选》,北京:人民教育出版社1991年版,第710页。

可"①。文理科为"学",商医农工科为"术",要改变"轻学而重术"的思想。在这一思想指导下,他将北京大学的学科设置进行调整与改革:工科停办,商科改为商业学,并入法科,同时扩充文、理两科的专业门类,加强两科的建设。北大遂由原来的五科改为文、理、法三科大学。突出文理两科、强调基础理论的地位,也是蔡元培"大学为纯粹研究学问之机关"观点的延伸。

蔡元培不仅主张文、理科与应用学科分别设置,同时还主张要沟通文、理科。针对文、理科分科设置的弊端,蔡元培认为,文科学生"因与理科隔绝之故,直视自然科学为无用,遂不免流于空疏",而理科学生"乃与文科隔绝之故,遂视哲学为无用,而限于机械的世界观"。②基于此分析,他主张"沟通文理,合为一科"。1919年,北大评议会通过《文理科教务处组织法》,规定了教务长的人选及办法。与此同时,蔡元培又裁撤文理法三科界限,废科设系,全校设立14个学系,每系设系主任。原来的文理法科分别改为第一、二、三院,仅作为各系所在地区的标志,不代表一级机构。

与此同时,蔡元培针对年级制的弊端,实行选科制。他指出,年级制之弊端是"使锐进者无可见长"③,而选科制"比现行年级制、划一制可以发展个性"④。因此,蔡元培主张提倡并在国内国立大学中率先采用选科制。北大选科制规定:每周一课时,学完一年为一个单位;预科应修满40单位,以3/4为必修科,1/4为选修科;本科应修满80个单位,一半必修,一半选修。北大自1917年试点,1919年全校普遍实行选科制(学分制),打破了年级制的限制。1922年以后,全国其他高校也纷纷采用选科制。

四、论"教育独立"

"教育独立"作为一种思潮,萌发于"五四"之前,蔡元培是教育独立的积极倡导和支持者。1922年3月,蔡元培在《新教育》上发表《教育独立议》,4月又在《觉悟》上发表《非宗教运动》,阐明了其教育独立的基本观点。

蔡元培的教育独立论,首先呼吁的是教育脱离各派政党而独立。他认为,教育是促使受教者"个性与群性平均发达的",而政党则是"要制造一种特别的群性,抹杀个性"。同时,教育是求远效的,而政党则求近功。此外,在政党政治背景下,若是将教育权交与政党,"两党更迭的时候,教育方针也要跟着改变,教育就没有成效了"。其次,蔡元培主张教育应摆脱宗教的影响而独立。蔡元培认为,教育是进步的、共同的,而教会是保守的、差别的,尤其是,宗教"都是拘泥于陈腐主义,用诡诞的仪式,夸张的宣传,引起无知识人盲从的信仰,来维持传教人的生活"⑤,在蔡元培看来,这是对人权的侵犯。因此,他主张"教育事业不可不超然于各派教会以外"。

---

① 高平叔:《蔡元培教育论著选》,北京:人民教育出版社1991年版,第329页。
② 高平叔:《蔡元培全集》第三卷,北京:中华书局1984年版,第331页。
③ 高平叔:《蔡元培全集》第三卷,北京:中华书局1984年版,第332页。
④ 高平叔:《蔡元培全集》第三卷,北京:中华书局1984年版,第395页。
⑤ 高平叔:《蔡元培全集》第四卷,北京:中华书局1984年版,第179页。

> 教育是要个性与群性平均发达的,政党是要制造一种特别的群性,抹杀个性。……教育是求远效的;政党的政策是求近功的。中国古书说:"一年之计树谷,十年之计树木,百年之计树人。"可见教育的成效,不是一时能达到的。政党不能掌握政权,往往不出数年,便要更迭。若把教育权也交与政党,两党更迭的时候,教育方针也要跟着改变,教育就没有成效了。所以,教育事业不可不超然于各派政党以外。
>
> 教育是帮助被教育的人,给他们能发展自己的能力,完成他的人格,于人类文化上能尽一分子的责任。不是把被教育的人造成一种特别器具,给抱有他种目的的人去应用的。所以,教育事业当完全交与教育家,保有独立的资格,毫不受各派政党或各派教会的影响。
>
> ——《蔡元培教育文选》,北京:人民教育出版社1980年版,第145页。

蔡元培的教育独立思想,其基本要求主要包括以下方面:

第一,教育行政独立。要求各省设立专管教育的行政机构,由懂教育的专业人士主持。教育总长不能因政局变动而频繁变动。尤其是,他主张实行大学院、大学区制。教育部为大学院,统辖全国的学术和教育。将全国分为若干个大学区,大学区就是一个独立的教育行政单位,政府不得干预大学院及大学区事务。

第二,教育经费独立。政府指定款项,专作教育经费,不能移作他用,建立独立的学校教育会计制度。

第三,教育学术和内容独立。教育方针应稳定,不受政治干扰,能自由编辑、出版、选用教科书。

第四,教育脱离宗教而独立。主张学校不设神学科,也不能有宣传教义之类的课程或祈祷仪式,"以传教为业的人,不必参与教育事业"。

蔡元培的教育独立思想是特定历史时期的产物,这是针对当时宗教、军阀和帝国主义等控制教育的现状而提出的,反映了他希望按教育规律办教育事业,突显教育独立性和自主性的愿望,有其合理之处。同时,教育独立思想对推进收回教育权运动、抵制殖民教育等方面,也发挥了积极作用。但同时,我们也应意识到,教育是社会系统的重要组成部分,难以真正完全独立。

复习思考题

1. 述评"壬子癸丑学制"。
2. 述评蔡元培"五育并举"教育方针的主张。
3. 论述蔡元培对北京大学的改革举措。

第十一章
"五四"运动和大革命时期的教育

北洋政府时期,随着袁世凯就任中华民国临时大总统,开始推行君主立宪制,开展复辟帝制,教育领域出现了封建教育回潮现象。针对复古主义逆流,思想文化领域兴起了反封建的新文化运动。1915年,新文化运动兴起,在其影响和推动下,教育改革持续进行,教育思潮不断兴起,并制定出台了"新学制",开展了收回教育权运动。与此同时,马克思主义的传播,促进了无产阶级教育的产生,新民主主义教育开始萌芽。因此,在新文化运动和马克思主义的影响下,教育也对时代要求进行了回应与改革,呈现出崭新面貌。

【学习目标】

1. 了解新文化运动推动下的教育改革,重点掌握新文化运动影响的教育思潮。
2. 重点掌握1922年"新学制"的基本内容及其特点。
3. 了解新民主主义教育纲领的形成过程及其基本内容。
4. 掌握中国共产党领导和创办的主要革命干部学校。

第一节　新文化运动时期的教育改革与教育思潮

1915年9月,陈独秀在上海创办《青年杂志》,揭开了新文化运动的序幕。1919年5月4日,"五四"运动的爆发,标志着新文化运动的高潮。作为一场伟大的文化革命,新文化运动倡导的民主、科学思想,在中国社会产生了广泛而深远的影响,尤其是在教育领域引起巨大反响,促进了这一时期中国的教育改革,并兴起了形形色色的教育思潮,对中国社会和教育产生重要影响。

一、新文化运动推动下的教育改革

在新文化运动影响下,民主与科学思想广为传播,并对教育领域产生重要影响,全面推进了新教育的改革发展。

(一)恢复民国初年的教育宗旨

1916年6月,袁世凯倒台;同年9月,北洋政府撤销了袁世凯时期颁布的《教育纲要》。1917年5月,宪法审议会议否决了"定孔教为国教"的提案,并撤销了1913年《宪法草案》中规定的"国民教育以孔子之道为修身大本"的有关条文。1919年4月,由范源濂、蔡元培、陈宝泉、蒋梦麟等人组成的教育部教育调查会,提出了"养成健全人格,发展共和精神"的国民教育宗旨。所谓"养成健全人格",应具有的条件是"一、私德为立身之本,公德为服务社会国家之本;二、人生所必需之知识技能;三、强健活泼之体格;四、优美和乐之感情"。所谓"共和精神"应具备的条件是"一、发挥平民主义,俾人人知民治为立国根本;二、养成公民自治习惯,俾人人能负社会国家之责任"①。

(二)学校教学采用国语和白话文

提倡白话文,是新文化运动的主要内容之一,为学校教学采用国语和白话文创造了良好条件。1917年10月,第三届全国教育会联合会议决《推行注音字母以期语言统一案》,恳请"教育部速定国语标准,并设法将注音字母推行各省区,以为将来小学国文科改国语科之准备"②。1918年11月,教育部正式公布注音字母,供各地推广。1919年10月,全国教育会联合会提出改中小学国文科为国语科;1920年,北洋政府教育部发布通令,规定至1922年止,国民学校停止使用文言文编的教科书。此后,大、中、小学各科逐渐采用白话文教材,在教学中普遍以白话代替文言。至此,国语教学和白话文教材在学校教学中的位置得以确立,这是"五四"新文化运动中文化教育的一项重大改革,为教育的普及、文化

---

① 教育部:《第一次中国教育年鉴》,上海:开明书店1934年版,第9页。
② 《推行注音字母以期语言统一案》,《教育杂志》1917年9卷10号。

科学知识的传授、现代思想观念的传播扫除了语言文字方面的障碍。

(三)男女平等教育权的确立

新文化运动中,在教育观念上主张男女教育平等,对男女教育不平等的状况进行了猛烈抨击,女子教育也逐渐由"贤妻良母主义"向"男女平等"过渡,"大学开女禁"等争取男女平等教育权的呼声日益强烈。1917年,全国教育会联合会第三届会议向教育部提出了《推广女子教育案》,1918年获得教育部批准,规定"无论中学大学,男女同校,使他们受同等的预备,使他们有共同的生活"①。1920年,北京大学正式首次招收女生,各高校纷纷效仿,一些比较进步的中学开始实行男女合校,甚至同班。在此影响下,全面开放女子受教育权成为时代潮流。这些措施改变了三千年来男女教育不平等的状况,是中国教育史上一件划时代的事件。1922年,"新学制"取消了男女中学之间的差别。至此,女子享有与男子平等的教育权,在教育制度上予以确定,给予了制度保障。

二、新文化运动影响下的教育思潮

五四时期既是中国社会急剧变革的时期,也是文化思想活跃的时期,教育思想异彩纷呈,各种教育思潮层出不穷,呈现出一派百花齐放的历史镜像,有效促进了中国教育近现代化的发展历程。

(一)平民教育思潮

平民教育思潮萌生于民国初年,形成于新文化运动期间,"五四"运动之后达到高潮。② 它反对传统的封建"贵族主义"等级教育,提倡教育普及,主张教育应为平民平等享有,使普通平民获得文化知识,养成合格公民的资格。1916年10月全国教育会联合会通过《注意贫民教育案》,1919年10月又通过《失学人民补习法》,平民教育问题开始引起教育界和社会的重视,逐渐成为一种教育思潮。平民教育思潮的产生、发展和实践具有不同的倾向。一种倾向是革命的平民教育思想,以陈独秀、李大钊、邓中夏为代表的初步具有共产主义思想的知识分子,站在劳动人民群众的立场上,为广大"劳工阶级"争取教育权利,引导劳苦大众走向革命道路。另一种倾向是改良主义的平民教育思潮,他们将平民教育视为救国和改良社会的主要手段,希望通过平民教育逐渐提高国民素质,实现民主政治,进而达到改良社会的目的。

(二)工读主义教育思潮

工读主义思想萌发于第一次世界大战期间蔡元培、吴玉章、李石曾等人发起的留法勤工俭学运动,"五四"后形成工读主义教育思潮。其基本内涵是,以工兼学、勤工俭学、工人求学、学生做工、工学结合、工学并进,培养朴素工作和艰苦求学的精神,以求消除体脑差

---

① 梅生:《中国妇女问题讨论集》,上海:新文化书社1929年版,第91页。
② 王炳照等:《简明中国教育史》,北京:北京师范大学出版社2007年版,第358页。

别。由于提倡和参加者思想立场的差异,在"工读"旗号下形成了不同的主张。

1919年2月,由匡互生、周予同等发起组织的工学会,倡导"工学主义",认为工学会是"要把工和学并立,作工的人一定要读书,读书的人一定要作工。绝对反对作工的人可以'目不识丁、蠢如鹿豕',读书的人可以'高其身价、坐享福禄';一心想把我国数千年来'贵学贱工'的一种谬见一扫而空之"①。希望通过工读建立一个人人劳动、手脑并用、没有剥削的社会,将之视为实现民主自由、发展实业、救济中国社会的武器。

工读主义教育思潮重视教育与生产劳动的结合,促进了知识分子与工农的结合,虽然其宗旨互有差异,但在中国教育史上是具有重要意义的。20世纪20年中期,工读主义教育思潮渐趋中寂。

(三)职业教育思潮

职业教育思潮是由清末民初的实利主义和实用主义教育思想发展演变而来,滥觞于清末实业教育,起潮于民国初年。20世纪二三十年代,职业教育思潮成为中国教育领域影响最为深远的一种教育思潮。其代表人物有黄炎培、蔡元培、陆费逵等人,黄炎培是职业教育思潮的主要推动者。

蔡元培曾将实利主义列入资产阶级的教育宗旨;陆费逵曾指出,中国教育需要在国民教育、职业教育、人才教育三个方面加以改进,认为"职业教育则以一技之长可谋生活为主",这是中国学者对"职业教育"的最早阐述。陈独秀在《今日之教育方针》一文中明确指出,新的教育方针之一应是"职业主义"。1917年5月,黄炎培联合梁启超、蔡元培、范源濂、王正廷、郭秉文等40余人联名发起成立中华职业教育社,制定有社章,黄炎培任办事部主任,这是中国近代第一个研究、倡导、实验和推行职业教育的专门机构。该社社章指出:"方今吾国最重要最困难问题,无过于生计。根本解决,惟有沟通教育与职业。同人认此为救国家救社会唯一方法。"②职业教育思潮主张,职业教育的目的是"谋个性之发展,为个人谋生之准备,为个人服务社会之准备,为国家及世界增进生产力之准备"③。其办学方针则坚持"社会化"和"科学化","社会化"即"须同时和一切教育界、职业界努力沟通和联络"④;"科学化"即"以科学开发生产",用科学知识解决物质问题、人事问题,遵照"科学"行事。在它的推动下,职业教育思潮波及全国各地,并对1922年的新学制影响甚大。20世纪30年中期,该思潮趋于沉寂。

(四)勤工俭学运动

辛亥革命前,随着大批青年自费出国留学,自费留学生中出现"俭学"之风。例如,吴稚晖在英国留学期间"实行苦学之生活",李石曾等人以"以工兼学"的形式,在工作之余

---

① 《工学会旨趣书一》,《工学》月刊,1卷1号。
② 陈学恂:《中国近代教育大事记》,上海:上海教育出版社1981年版,第283页。
③ 董宝良、周洪宇:《中国近现代教育思潮与流派》,北京:人民教育出版社1997年版,第306页。
④ 中华职业教育社:《黄炎培教育文选》,上海:上海教育出版社1985年版,第155页。

"从事习课"。1912年,吴稚晖、李石曾等人发起组织"留法俭学会",以"节俭费用,为推广留学之方法;以劳动朴素,养成勤洁之性质"①为宗旨,并于北京设立预备学校。

第一次世界大战爆发后,法国向中国大量招募华工,大批华工"参战"赴法,华工教育事业逐渐扩大。对此,1915年,蔡元培、吴玉章等人在法国创立"勤工俭学会",以"勤于工作,俭以求学,以进劳动者之智识"②为宗旨,号召青年去法国半工半读,并制定了具体规章细目。1916年,蔡元培、吴玉章等人又发起成立华法教育会,作为留法勤工俭学的工作机构,该会以"发展中法两国之交通,尤重以法国科学与精神之教育,图中国道德、智识、经济之发展"③为宗旨。勤工俭学运动的内容主要是"勤工以谋生、节俭以求学",以勤工谋生解决物质生活的经济问题,以节俭求学增进精神生活。勤工俭学的方式主要有三种:先工后学、先学后工和半工半读。他们认为工和学都是目的,通过勤工俭学,使青年对西方社会先进的科学技术有更多的了解,对中国社会发展有更为深刻的认识,政治意识逐渐增强,变革中国社会的愿望更加强烈。1922年6月,赵世炎、周恩来等人发起成立"旅欧中国共产主义青年团",积极宣传马克思主义,产生了一批中国的无产阶级革命领袖和骨干。勤工俭学运动结束于1925年前后,其在教育史上的重要意义主要就在于它使知识分子和青年学生认识到教育与生产劳动相结合、脑力劳动与体力劳动相结合的重要价值,通过大规模的教育实践留下了宝贵财富。

(五) 科学教育思潮

科学教育思潮在新文化运动期间形成并盛极一时,它的核心观点是强调"教育科学化"和"科学教育化",对中国教育的改革发展发挥了积极作用。

新文化运动期间,科学教育思潮的流派主要有:以任鸿隽为代表的中国科学社和《科学》杂志,批判清末教育"新政"以来学校有科学课程而无科学方法、科学态度和科学精神,倡导以科学内容尤其是科学方法、科学精神渗透、充实社会各项事业,尤其是教育。以陈独秀为代表的激进民主主义者,通过文化反思倡导科学启蒙,主张以理性的态度看待中国传统教育、建设未来教育。以胡适为代表的实证主义,将科学的方法理解成"大胆地假设,小心地求证",以之为解决一切学术和社会问题的有效方法,这是一种较为具体的科学教育主张,对教育的科学研究有所启示。④

1914年6月,任鸿隽与赵元任、胡明复等留美学者在美国发起组织成立中国科学社,以研究学术、传播科学知识、谋中国科学与实业之发达为宗旨,并于1915年1月刊发《科学》杂志,倡导科学教育,主张将科学内容与方法渗入各项社会事业。1918年迁回国内,

---

① 陈学恂,田正平:《中国近代教育史资料汇编·留学教育》,上海:上海教育出版社1991年版,第419页。
② 陈学恂,田正平:《中国近代教育史资料汇编·留学教育》,上海:上海教育出版社1991年版,第434页。
③ 陈学恂,田正平:《中国近代教育史资料汇编·留学教育》,上海:上海教育出版社1991年版,第447页。
④ 孙培青:《中国教育史》,上海:华东师范大学出版社2008年版,第392-393页。

蔡元培被选为中国科学社董事长，竺可桢、丁文江等科学家为理事，张謇、马相伯等为董事。1919年，随着"五四"运动的爆发，以及杜威、孟禄等来华，科学教育思潮得以弘扬，达到前所未有的高度。1923年的"科玄论战"，进一步扩大了科学教育思潮的传播和科学教育运动的推行。

中国科学社

中国科学社是1915年10月25日，任鸿隽与赵元任、胡明复等留美学者在美国发起组织成立的，以研究学术，传播科学知识，谋中国科学与实业之发达为宗旨，刊发《科学》杂志，向国内宣传其主张。倡导科学教育，主张将科学内容与方法渗入各项社会事业，其主要事业包括"出版物、图书馆、生物研究所、年会、讲演、展览、奖金、参加国内教育活动、参加国际科学会议、设立科学图书仪器公司等十项"。1918年迁回国内，蔡元培被选为中国科学社董事长，选出竺可桢、丁文江等科学家为理事，张謇、马相伯等社会名流为董事。在上海、南京设有事务所，通过发行刊物，翻译书籍，编订科学名词，设立图书馆、博物馆和各种科学研究所，传播科学知识和科学思想，促进中国社会和教育界在"五四"以后形成颇具声势的教育实验运动。

科学教育思潮是中国近代影响最为深远的一个教育思潮，对中国教育的现代化发展发挥了促进作用，为中国教育教学改革提供了指导与帮助，使学校教育的内容与方法体现出"科学化"转变。1921年前后，教育界掀起了一场推广教育调查、教育测量和心理测量的高潮，这些都是教育科学化的反映。

（六）国家主义教育思潮

国家主义教育思潮兴起于20世纪初，兴盛于20世纪20年代中期，是一种具有资产阶级民族主义色彩的社会思潮。

1922年以后，提倡国家主义教育的多为从欧美归来的留学生，如曾琦、左舜生、李璜、余家菊、陈启天等，大力倡导国家主义教育。其主要观点：第一，教育是国家的工具，教育的目的对内在于保持国家安宁和谋求国家进步，对外在于抵抗侵略，延续国脉；第二，教育是国家的任务，国家对教育不能采取放任态度。其主旨在于以国家为中心，通过加强国家观念的教育实现国家的统一和独立，实质上属于"教育救国论"。

第一次世界大战后，国家主义教育思想一度沉寂下来。1922年以后，国家主义教育思潮再度兴起。1923年，曾琦、李璜等人在法国巴黎发起成立国家主义青年团，宣传国家主义。同年，余家菊、李璜合著《国家主义的教育》一书出版，标志着国家主义教育思想的重振。1924年至1925年，是国家主义教育思潮发展的高潮，《醒狮周报》《国家与教育》《国光》《国魂》《振华报》等报刊纷纷问世，并在一定程度上促成了收回教育权运动。1927年，南京国民政府成立后，禁止国家主义的宣传，国家主义教育思潮由此消沉。

三、收回教育权运动与教会教育的改革

随着帝国主义侵华程度的加深,文化教育侵略也日益加剧,教会教育在中华大地快速推进,严重侵犯了中国教育主权。"五四"运动后,教会教育受到强力冲击,20 世纪 20 年代中期,教育界掀起了轰轰烈烈的收回教育权运动,使教会教育开展了本土化和世俗化的改革。

(一) 教会教育的快速推进

到 20 世纪 20 年代,在华外国教会已经建立了从初等教育到高等教育并包括各种专门教育的教会教育系统。据统计,1920 年,全国基督教学校学生数为 245 049 人,天主教学生数为 113 690 人;至 1926 年,全国基督教小学已有 5000 余所,中学 200 所,大学 16 所,学生达 30 万名;天主教小学和神学约 9000 所,中学 200 余所,大学 3 所,学生达 50 万名。①

这一时期,尤为值得注意的是教会大学的发展,教会逐渐加强了对中国高等教育的控制。19 世纪末期,各派教会和传教士均意识到高等教育的重要性。1890 年,美国传教士狄考文在基督教在华传教士大会上指出:

> 一个受高等教育的人是一支燃着的蜡烛,别人就要跟着他的光走作为儒学思想的支柱者,是受着高等教育的士大夫阶级。如果我们要取儒学的地位而代之,我们就要准备好自己的人,用基督教和科学教育他们,使他们能够胜过中国的旧士大夫,因而取得旧士大夫阶级所占有的统治地位。②

随着帝国主义对中国教育侵略的步步深入,清政府却节节退让,1906 年学部颁布的《学部咨各省督抚为外人设学无庸立案文》,使各级教会学校迅猛发展。各国教会出于培养"高等华人"之需要,开始办理教会大学,特别是 20 世纪初以来,教会大学迅速发展,如东吴大学(1901 年)、圣约翰大学(1905 年)、华北协和女子大学(1905 年)、之江大学(1910 年)、金陵大学(1913 年)、金陵女子大学(1913 年)、沪江大学(1915 年)、岭南大学(1916 年)、齐鲁大学(1917 年)以及燕京大学(1919 年)等。值得注意的是,截至 1921 年,中国自己办理的大学仅有 8 所,其中国立大学只有北京大学一所,省立大学有山西大学、北洋大学 2 所,私立大学有武昌中华大学、北京中国大学、北京朝阳大学、天津南开大学和厦门大学 5 所,而基督教教会所创办的大学就有 16 所。当时全国仅有 3 所女子大学,即北京华北协和女子大学、南京金陵女子大学和福州华南女子大学(1907 年),都是美国人办理的基督教女子大学。

---

① 孙培青:《中国教育史》,上海:华东师范大学出版社 2008 年版,第 404 页。
② 转引自顾长声:《传教士与近代中国》,上海:上海人民出版社 1981 年版,第 234 页。

(二) 收回教育权运动

教育权是国家主权的重要象征之一。近代以降,随着基督教的传入,教会开始在中国兴办教育,教会兴建学校无须在中国立案,严重侵犯了中国的教育主权。随着中国人民的觉醒和国家观念、民族意识的增强,在反抗侵略、维护国家主权的斗争中,收回教育权也成为其应有之义,收回教育权的呼声和运动已成不可避免之势。尤其是到了20世纪20年代中后期,爆发了一系列以反对教会教育、收回教会学校管理权为主旨的收回教育权运动。

1922年3月,蔡元培在《新教育杂志》发表《教育独立议》,极力主张教育脱离宗教而独立,提出"大学中不必设神学科,但于哲学科中设宗教史、比较宗教学等。各学校中,均不得有宣传教义的课程,不得举行祈祷式。以传教为业的人,不必参与教育事业"[①]。1923年9月,余家菊在《少年中国》月刊上发表《教会教育问题》,反对基督教及其教会染指中国教育,他指出:"于中华民族之前途有至大的危险的,当首推教会教育。教会在中国取得了传教权与教育权,实为中国历史上之千古之痛事。"[②]他率先提出"收回教育权"的口号,要求在宪法中明确规定"教育于各宗教恪守中立",对教会学校"施行学校注册法"。

收回教育权运动的导火线是广州圣三一学校事件,圣三一学校为英国圣公会所办。1924年4月,学校反对组织学生会,并开除学生,宣称"不许中国人自由"。于是,学生进行罢课斗争,提出"在校内争回集会结社自由""反对奴隶式的教育,争回教育主权""反对帝国主义者的侵略"[③]等主张。此举得到广州其他教会学校的支持与响应,并成立"广州学生会收回教育权运动委员会"。随后,重庆、长沙、徐州等地教会学校纷纷响应,迅速将收回教育权运动推及全国。收回教育权运动在1925年的"五卅运动"中达到高潮。全国各地的学生举行游行示威,教会学校学生纷纷退学。北洋政府迫于压力,为了顺应民意,于1925年11月16日颁布《外人捐资设立学校请求认可办法》,共计6条,这个文件的颁布和实施,可以说是收回教育权运动最大的实际性成果。在此影响下,大学院先后颁布了《私立学校规程》《私立学校校董会设立规程》《私立学校条例》《私立学校校董会条例》等管理条例,均对教会教育做出了相关管理规定。在社会各界的共同努力下,收回教育权运动取得明显成效:传教士开始承认中国政府有权监督中国境内的一切学校;多数学校向中国政府申请注册;开始重新组织课程,向中国部定课程标准靠拢;开始吸收中国人士从事行政管理等。

(三) 教会教育的改革

收回教育权运动虽然没有彻底收回教育权,也没有结束教会教育,但在此影响下,教

[①] 高平叔:《蔡元培教育论著选》,北京:人民教育出版社1991年版,第378页。
[②] 朱有瓛,高时良:《中国近代学制史料》(第四辑),上海:华东师范大学出版社1993年版,第696页。
[③] 朱有瓛,高时良:《中国近代学制史料》(第四辑),上海:华东师范大学出版社1993年版,第740页。

会学校进行了较为全面的改革。

改革之一:向中国政府立案注册。收回教育权运动之后,北洋政府和各地方政府将教会学校视为私立学校,将之纳入教育行政管理之中,首先是向中国政府立案注册。至1931年,教会中学(新教)完成立案或准备立案者占70%;30年代初,除圣约翰大学外,教会大学均已履行了注册手续。①

改革之二:改革课程与教学。教会学校立案注册后,根据规定,"学校课程,须遵照部定标准,不得以宗教科目列入必修课"②。宗教课程由必修改为选修,同时增设或加强了本土化和世俗化的课程内容,如中国语言、文学、哲学、历史等。

改革之三:加强社会服务。随着世俗化和本土化改革的推进,教会学校加强了与中国社会的联系,开始密切关注社会现实,加强社会服务,开展了实地调查、教育普及、社会救济、农村服务、卫生推广等丰富多元的社会服务活动。例如,燕京大学的团契服务部,其下设平教股、乡村股和济贫股,其中平教股设有平民学校和妇女工读学校,济贫股设有介绍科、卫生科、济急科和借贷科;③金陵大学农学院,在开办暑期学校、民众学校的同时,"举办化装演讲,映放电影幻灯,制作照片,图表,标本,模型等,藉谋增加推广工作效能"④等等。

第二节　1922年的"新学制"

新文化运动使中国教育界呈现全新局面,原有的学制体系难以适应新的形势。"壬子癸丑学制"经过几年的实施,其缺点逐渐暴露出来,如中等教育的修业年限太短,且偏重普通教育等。在这种形势下,随着中国政治、经济和文化教育等方面的变化,学制改革也成为历史的必然。

一、"新学制"的酝酿与出台

1922年"新学制"的出台有其特定的历史原因和时代背景,随着中国民族资本主义工业的发展,中国迫切需要各类专业技术人才和管理人才,而"壬子癸丑学制"因其自身存在的一些问题,无法适应民族工业发展的需求,难以培养社会发展所需要的人才。同时,受到新文化运动的影响,原有的学制体系无法适应新的社会形势,加之杜威、孟禄等先后来华讲学,加速了美国教育理念在中国的传播。在综合因素的影响下,中国教育由模仿日本

---

① 孙培青:《中国教育史》,上海:华东师范大学出版社2008年版,第407页。
② 朱有瓛,高时良:《中国近代学制史料》(第四辑),上海:华东师范大学出版社1993年版,第784页。
③ 赵承信:《科学化的燕大学生社会服务工作》,《燕大月刊》1928年第3-4期。
④ 《金陵大学农学院实施社会教育工作概况》,《农林新报》1938年第28-29期。

转向模仿美国。

改革旧学制的先声,可以追溯到1915年。是年,由直隶省教育会发起成立全国教育会联合会,并召开了第一届年会。会上,湖南省提出改革学制系统案,因"问题重大,未便仓促决议,只将原案附函请各教育会召集教育家研究"①。此后召开的几届年会相继都有教育社团或省区代表提出改革学制提案。1920年,在第六届年会上,成立了学制系统研究会。1921年10月,全国教育会联合会第七届年会在广州召开,以讨论学制改革为中心,广东、浙江、云南、江西、湖南、山西、直隶、黑龙江、奉天、福建、甘肃11个省区的代表,均提出了各自的学制改革案,最后决议以广东的提案为基础,制定了《学制系统案》,征求全国意见。于是,在全国范围内掀起了关于学制改革的讨论热潮。1922年9月,教育部于北京召开全国学制会议,对提案稍作修改后,提交全国教育会联合会第八届年会再征求意见。在此基础上制定了《学制系统改革案》,于同年11月1日以大总统的名义颁布,又称"新学制",因是年旧历年为"壬戌"年,所以又称"壬戌学制"。由于是采用美国式的六三三分段法,又称为"六三三学制"。这是中国近代史上实施时间最长、影响最大的一个学制。

二、"新学制"的指导思想与学制体系

在制定《学制系统改革案》过程中,提出了七条制定标准,以之作为"新学制"制定和实施的指导思想。具体是:① 适应社会进化之需要;② 发挥平民教育精神;③ 谋个性之发展;④ 注意国民经济力;⑤ 注意生活教育;⑥ 使教育易于普及;⑦ 多留各地方伸缩余地。这七项标准,实质上就是"新学制"的教育宗旨,体现了文化运动所倡导的"民主"和"科学"思想。

以儿童身心发展为依据,"新学制"分为三段,即初等教育、中等教育和高等教育,并对修业年限做了规定:① 初等教育6年。儿童满6周岁入小学,初级小学4年,为义务教育,可以单独设立;高级小学2年,可以根据地方的具体情况,增加职业准备的课程。② 中等教育:修业年限6年,分初中和高中两级,一般情况下初中3年、高中3年,因为高中实行分科制,也可以根据分科的情况调整为初中2年、高中4年,或者是初中4年、高中2年。初级中学属于普通教育,可以单独设立;高级中学实行分科制,设普通科、农、工、商、师范、家事等科,普通科又分为文科和理科,主要目标是升学,倡导"综合中学"模式,方便学生根据个性和家庭情况选择升学或职业预备。③ 高等教育:高等教育分专门学校和大学两种,专门学校的最低修业年限是3年,取消"壬子癸丑学制"的大学预科制;大学的修业年限是4—6年,其中规定医科和法科大学至少应5年。另外,还有附则两条:一是要注重天才教育,修业年限和课程可以变通;二是注重特种教育。

---

① 《第七届全国教育会联合会纪略》,《教育杂志》1922年第14卷第1期。

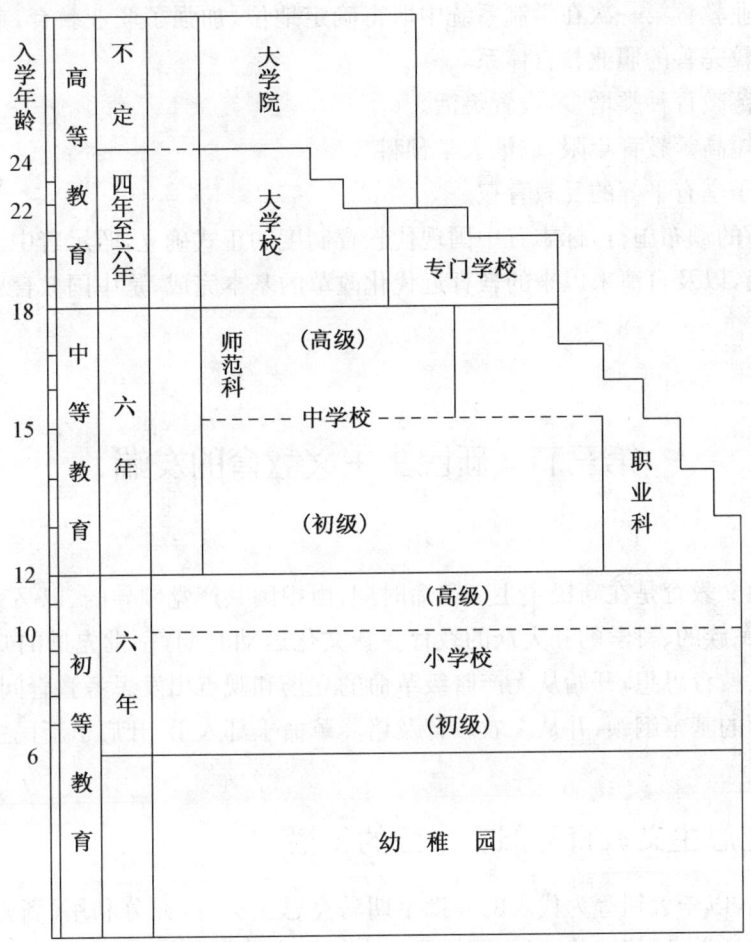

图 11-1 "新学制"系统图

三、"新学制"的特点

"新学制"的主要特点表现在:

第一,立足我国国情,富有弹性。"多留伸缩余地"之标准与思想,使各地各校可以根据具体情况而因地制宜。

第二,根据儿童身心发展规律划分教育阶段。以儿童身心发展规律作为教育阶段的划分依据,"这在中国现代学制史上是第一次,从而理顺了普通教育在整体上的衔接关系"[①]。

第三,小学教育修业年限缩短 1 年,更趋于务实合理,有利于教育普及。

第四,中等教育是学制改革的核心,是新学制中的精粹。延长了中学教育年限 2 年,且实施"三三"分制,取消了大学预科,既保证了中等教育的质量,又减轻了高等教育的负担;课程采用学分制和选科制,有利于学生个性及能力的发展。

---

① 王炳照等:《简明中国教育史》,北京:北京师范大学出版社 2007 年版,第 373 页。

第五，职业教育第一次在学制系统中取得确定地位，加强了职业教育，兼顾升学与就业，建立了比较完善的职业教育体系。

第六，师范教育种类增多，设置灵活。

第七，缩短高等教育年限，取消大学预科。

第八，女子享有平等的受教育权。

"新学制"的颁布施行，标志着中国现代教育制度的正式确立，昭示着中国近代以来的学制体系建设，以及自清末以来的教育近代化改革的基本完成，是中国教育史上里程碑式的成果。

第三节 新民主主义教育的发端

新民主主义教育是在新民主主义革命时期，由中国共产党领导的、以马克思主义为指导的教育，即民族的、科学的和大众的教育。新文化运动时期，一批先进的知识分子接受了马克思主义教育思想，开始从无产阶级革命的立场和观点出发思考教育问题，确立了新民主主义教育的基本纲领，并从工农教育及培养革命干部入手，开启了新民主主义的教育实践。

一、马克思主义教育思想在中国的传播

五四时期，以李大钊等为代表的一批早期马克思主义者，充分利用《新青年》《每周评论》《湘江评论》《觉悟》等宣传阵地，积极撰文介绍马克思主义的教育理论及俄国的教育经验。俄国十月革命胜利以后，李大钊在《新青年》杂志上接连发表了《法俄革命之比较观》《庶民的胜利》《布尔什维主义的胜利》等文章，比较全面地介绍了马克思主义学说，为马克思主义在中国的传播奠定了思想理论基础。除《新青年》外，积极宣传马克思主义的进步刊物还有1918年12月陈独秀、李大钊在北京创办的《每周评论》，旨在"主张公理，反对强权"，所刊文章内容以及时反映迫切的政治问题为主，并初步介绍社会主义思想，与《新青年》侧重理论的特点互为补充，为"五四"运动做了重要的思想准备。1919年7月毛泽东在长沙创办的《湘江评论》，以引导民众放眼世界、改造中国为宗旨，以宣传反帝、反封建、反军阀统治的思想和歌颂十月革命、宣传马克思主义为内容。毛泽东在创刊宣言中指出："世界什么问题最大？吃饭问题最大。什么力量最强？民众联合的力量最强。"

早期马克思主义者传播的马克思主义中，也蕴含了马克思主义的教育思想，初步介绍了马克思主义的一些基本教育观点，主要有：教育受政治经济所制约、劳动人民应有受教育的权利和机会、知识分子应与工农大众相结合，以及介绍苏联的教育经验等。

二、新民主主义教育纲领的提出

党的教育纲领由党的革命总任务决定，新民主主义教育纲领是随着党的民主主义革

命纲领的制定而提出的。① 1921年7月,中国共产党第一次全国代表大会在上海召开,关于教育问题,明确提出"党应向工会灌输阶级斗争精神"。要求各行业成立劳工补习学校,旨在以马列主义学说"唤醒劳工觉悟","明了组织工会的必要"。

1922年5月,社会主义青年团第一次全国代表大会在广州召开,大会讨论通过了《中国社会主义青年团纲领》《中国社会主义青年团章程》《青年工人农人生活状况改良的议决案》《关于政治宣传运动的议决案》《关于教育运动的议决案》等决议案。尤其是在《关于教育运动的议决案》中,提出要开展六种教育运动:一是"青年工人和农人特殊教育的运动",唤起青年工人及乡村青年农民的阶级觉悟和争斗能力,使之"为争得教育权利而奋斗";二是"普遍的义务教育和免除学费的运动",为无产者子女争取受教育的机会;三是"男女教育平等运动",以解决"几万万女青年的教育问题";四是"学生参加校务运动",以打破"官僚式或牢狱式的学校制度",使学校的设施及课程"合于学生的需要和愿望";五是"非基督教学生在基督教学校内的平等待遇运动",旨在"使教会学校威胁利诱的假面具尽情毕露,而排除其势力于教育范围之外";六是"统一国语和推行注音字母的运动",至于促进方法,"或加入国语读音统一会和注音字母传习所,或在各地方鼓吹广设这类传习机关,及在各学校中增加这门功课"等②。

1922年7月,中国共产党在上海召开了第二次全国代表大会,明确提出了党的奋斗纲领。在教育方面,主要有:一是女子同男子一样有教育权;二是"保护女工和童工";三是"改良教育制度,实行普及教育"。③

1924年1月,国民党第一次全国代表大会在广州召开,发表了《中国国民党第一次全国代表大会宣言》。宣言中有关教育的规定有:"于法律上、经济上、教育上、社会上确认男女平等之原则,助进女权之发展";"厉行教育普及,以全力发展儿童本位之教育,整理学制系统,增高教育经费,并保障其独立"。④ 这些教育纲领,反映了新民主主义思想,为国共合作时期工农教育及干部教育的开展奠定了理论基础,同时也提供了实践指导。

三、中国共产党领导的教育实践

中国共产党成立后,派党员深入工矿及农村,集中领导工农运动。随着工农运动的普遍开展,工农教育运动也得以快速发展。

(一) 工人教育运动

为了贯彻党在"一大"上提出的组织工人阶级、加强对工人运动的领导这一精神,1921年7月,党中央在上海成立中国劳动组合书记部,作为领导工人运动的总机关。在其组织与领导下,许多党员深入工矿企业,主要通过创办劳动补习学校开展工人教育,工人教育

---

① 曲铁华:《中国教育史》,武汉:武汉大学出版社2011年版,第254页。
② 李桂林:《中国现代教育史教学参考资料》,北京:人民教育出版社1987年版,第8—10页。
③ 魏宏运:《中国现代史资料选编》(1),哈尔滨:黑龙江人民出版社1981年版,第394页。
④ 魏宏运:《中国现代史资料选编》(2),哈尔滨:黑龙江人民出版社1981年版,第14页。

发展迅速,安源路矿工人补习学校就是当时影响较大的一所补习学校。

安源路矿(萍乡至株洲的铁路和煤矿)是工人运动开展得比较早的地区之一。1921年冬,奉中共湖南党组织委派,毛泽东、李立三等来安源开展工人运动。1922年1月,在安源创办了第一所工人补习学校,分日夜两班,自编教材,主要是通过识字教育向工人宣传革命思想。通过启发式教学,提高了工人的文化水平和阶级觉悟,培养了工人运动骨干。1922年5月1日,成立了工人俱乐部,9月举行了一次工人大罢工,并取得了胜利。1923年1月,补习学校学员由最初的60余人增加到200多人,补习学校扩展为三校,每期5个月,课程设有国语、常识、政治、笔算,还设有珠算、英文和习字三门课程。

(二) 农民教育运动

在开展工人教育运动的同时,中国共产党也特别重视农民教育。自1922年以后,开始委派党员深入农村,通过建立农会和农民夜校,来教育和发动群众,同地主阶级展开斗争。其中最具代表性的是广东海丰地区和湖南韶山地区。

广东是农民教育运动开展得最早的地区之一,领导者是被毛泽东称之为"中国农民运动大王"的彭湃。1923年1月海丰农民总会成立,下设教育部,实施"农民教育"①,旨在以"图农民生活之改造,图农业之发展,图农民之自治,图农民教育之普及"。彭湃被选为会长,下设农业、宣传、教育等部。农会教育部决定建立农民学校,彭湃要求"专教农民会计数,不为地主所骗,会写信,会珠算,会写食料及农具的名字,会出来办农会,便够了"。且学校免费,"请便宜教员,指定校舍,读书不用钱",因切合农民的实际情况和需求,所以很受农民的欢迎。为解决办学经费问题,彭湃要求凡是建有农民学校的乡村,由学校向地主批地作为学田,种子和肥料由农会出钱解决,农具、牛耕及人工由学生的父兄分担。由于措施到位,不到1个月海丰就成立了10多所农民学校,并有数处夜校。到1923年春,海丰农民教育普及到全县,建有夜校34所,学生千余人。

除广东外,湖南也是农民教育运动开展较早的地区之一。1922年长沙"农村补习教育社"成立,在附近农村办理了17所农民补习学校。1924年,毛泽东、杨开慧等在韶山地区领导农民运动,建立了20多个农民协会,且办起了农民夜校。1926年,湖南省第一次农民代表大会召开,会议决议案中提出了农民教育实施的具体办法,如学校应"分为日班、夜班。日班教农民子弟,夜班教成年农民","应尽可能地设立妇女班"等。至1926年底,湖南已有农民协会6867个,农民夜校6000多所。

(三) 创办革命干部学校

中国共产党成立后,革命形势迅速发展,为了有效组织和发展工农群众运动,干部教育愈显重要。为此,中国共产党创办了多所培养革命干部的学校,主要有湖南自修大学、平民女校、上海大学、农民运动讲习所等。

---

① 彭湃:《海丰农民运动》,北京:作家出版社1960年版,第29-30页。

1. 湖南自修大学

1921年8月,毛泽东与何叔衡、易礼容等利用长沙船山学社的社址和经费创办了湖南自修大学,标志着中国共产党第一所培养革命干部学校的诞生。"它是中国现代史上最早的一所培养革命干部的新型学校,也是中国无产阶级的第一所革命大学。"①

湖南自修大学的办学宗旨是为平民办大学。《湖南自修大学创立宣言》中要求"自修大学学生不但修学,还要有向上的意思,养成健全的人格,煎涤不良的习惯,为革新社会的准备"②。可见,办自修大学的宗旨在于培养人才,以改良社会。在教学组织上,《湖南自修大学组织大纲》中提出了办学的指导思想,即:"本大学鉴于现代制度之缺失,采取中国古代书院与现代学校二者之长,取自动的方法,研究各种学术,以期发明真理,造就人才,使文化普及于平民,学术周流于社会。"③由此可见,其教学方式以自学和讨论为主。在课程设置上,则分文、法两科。文科设有中国文学、西洋文学、英文、伦理学、心理学、教育学、社会学、历史学、地理学、新闻学、哲学等课程;法科设有法律学、政治学、经济学等课程。每个学员选修其中一个科目。为促进学术研究,学校组织有哲学研究会、心理学研究会、中国文学研究会、经济学研究会等。

1923年11月,湖南军阀赵恒惕以"该校所倡学说不正,有碍治安"为由而强行封闭了自修大学。

2. 平民女校

这是中国共产党创办的第一所培养妇女干部的学校。1921年10月,经党的早期领导人陈独秀和李达商议,借用上海中华女界联合会的名义,开始在上海筹办平民女学校,也称为平民女校,以期养成妇运人才,开展妇女工作。

1922年2月10日,平民女校正式开学,由李达任校长,女校设有高等、初等两班。高级班授课内容有国文、数学、英文、经济学、教育学、社会学、讲演术、物理学等,除在课堂听课外,还经常到工厂做工,调查女工生活状况,接受实际的革命锻炼;初级班开设有国文、英文、算术等课程,实行半工半读,每天上午上课,下午做工(缝纫、织袜等),晚间自习。平民女校重视从劳动与学习的结合上改革旧教育,为新教育树立一个方向。陈独秀和李达在《妇女声》杂志上发表文章,赞扬平民女校是"到新社会的第一步"。

1922年底,因许多兼职的革命活动家无暇顾及和经费不足等原因而停办,部分学生转入上海大学继续学习。

3. 上海大学

上海大学,创办于1922年春,初为东南高等师范专科学校。1922年10月,改建为上海大学,设有社会科学院、文艺学院和附属中学三个部分。于右任为校长,邵力子为副校长,邓中夏任总务长,瞿秋白任教务长兼社会学系主任。上海大学的主要任务是"切实社

---

① 毛礼锐:《中国教育史简编》,北京:教育科学出版社1984年版,第494页。
② 《湖南自修大学创立宣言》,《新时代》1923年第1卷第1号。
③ 《湖南自修大学创立宣言》,《新时代》1923年第1卷第1号。

会科学的研究及形成新文艺的系统"①。其教学采取教师授课与学生自学相结合的方式，学生有充分阅读参考书的时间，还按年级组织有学习会及各种研究团体。上海大学还鼓励学生积极投身于社会活动和实际斗争，学生会规定每个同学均须担负一项社会工作，如工会工作、夜校授课、街头宣讲等；同时，上海大学还参加了反对军阀的示威游行、五卅运动和上海工人的三次武装起义等。

1927年，"四一二"政变后，上海大学遭当局封禁。在五年的办学过程中，上海大学为中国共产党培养、输送了许多革命人才，宣传、教育了青年和民众，为新民主主义革命事业做出了突出贡献。

4. 农民运动讲习所

农民运动讲习所是在第一次国共合作时期，为培养农民运动干部而创办的，采用短训班的形式，先后办有广州农民运动讲习所和武汉的中央农民运动讲习所。1924年7月，广州农民运动讲习所创办，至1926年9月，共办有6届。前5届主要是培养广东及广西农民运动干部，校址设在惠州会馆，彭湃任主任，招收革命知识青年，学习期限一个月，边学习理论边做农村运动和军事训练。第6届扩大为培养全国农民运动干部，校址迁往禺山学宫，由毛泽东任所长，萧楚女任教务长，招生对象是决心从事农民运动、富于勇敢奋斗精神、具有中学程度、文理通顺的、身体健康的18～25岁的男性青年，开设课程25门，发给讲义31种。农民运动讲习所根据办学目的和形式需要，采取短期训练班的形式，每期3个月，采取课堂讲授与课外实习、自学与集体讨论、调查研究相结合的方式。学员除在所内学习革命理论、进行军事训练外，还到海丰、曲江等农村考察农民运动，毕业后分赴全国各地从事农民运动。广州和中央农民运动讲习所先后培养了1000余名农运干部，1927年6月，在"白色恐怖"的局势下，农讲所难以为继，被迫停办。

复习思考题

1. 试述新文化运动时期的教育思潮。
2. 简述收回教育权运动的发展过程及其历史意义。
3. 评述1922年"新学制"。

---

① 瞿秋白：《瞿秋白文集》（政治理论编）第二卷，北京：人民出版社1988年版，第127页。

第十二章 国民政府时期的教育

1927年，以蒋介石为首的国民党右派发动"四一二"事变，成立南京国民政府，形式上统一中国。南京国民政府成立后，奉行独裁专制，将教育纳入国民党一党专政的轨道。与此同时，通过确立新的教育方针、改革教育管理制度、加强教育立法等措施，使各级各类教育取得了长足发展，教育投入有所增加，各项教育规章制度日益完备，奠定了我国现代教育的基本模式。全面抗战爆发后，南京国民政府制定了"抗战建国"的基本国策，确立并坚持"战时须作平时看"的基本方针，采取了一系列战时应变的教育举措，维持学校教育的正常秩序，保障了抗战建国后续人才的培养。此外，陶行知、陈鹤琴、晏阳初、梁漱溟、黄炎培等一大批教育家，在中华大地进行着教育探索与试验，寻求中国教育现代化发展之路。抗战胜利后，全国民众期盼"和平建国"的愿望十分强烈，但国民党发动内战，教育亦随之遭到严重破坏。

【学习目标】

1. 掌握国民政府时期教育方针及其发展演变。
2. 了解大学院制和大学区制的实施过程。
3. 了解国民政府加强教育控制的措施及其影响。
4. 理解南京国民政府"战时须作平时看"的教育方针。
5. 掌握抗日战争时期的高校西迁。
6. 重点掌握并思考杨贤江、晏阳初、梁漱溟、黄炎培、陈鹤琴、陶行知等教育家的教育思想、实践及其当代价值。

第一节 国民政府时期的教育宗旨与政策

南京国民政府成立后,国家教育方针也先后历经多次调整。1927年至1937年,先是提出"党化教育",后又用三民主义教育取代党化教育。1937年,全面抗战爆发后,又提出"战时须作平时看"的教育方针。抗战胜利后,国民政府提出教育问题是国家的基本问题,即所谓"教育第一",并颁布《中华民国宪法》。

一、从"党化教育"到"三民主义"教育宗旨

1924年1月,国民党第一次全国代表大会在广州召开,确立了"联俄、联共、扶助农工"的三大政策,孙中山提出仿效苏俄"以党治国"模式,要求政治上一切举措都以国民党党纲为依据,教育亦如此,"党化教育"的概念即由此推衍而来。1926年,广东国民革命政府教育行政委员会成立后,正式提出"党化教育"的口号。1927年7月,南京国民政府教育行政委员会通过了《国民政府教育方针草案》,阐述了"党化教育"的内涵。所谓"党化教育",就是在国民党指导之下,求得教育的"革命化""民众化""科学化""社会化",即把教育方针建立在国民党的根本政策之下,按国民党的"党义"和政策的精神重新改组学校课程,要使学生走出学校后都能做党的工作。同时,国民政府又出台了《学校施行党化教育办法草案》《各级学校党义教师检定委员会组织条例》《检定各级学校党义教师条例》等,至此,蒋介石已背离了孙中山的理想,其目的是实现一党专制,强化国民党对学校教育的控制。

"党化教育"出台后受到社会进步人士的抨击,国民党内部对"党化教育"的解释也不统一。1928年5月,大学院在南京召开第一次全国教育会议,决定取消"党化教育"一词,代之以"三民主义教育",并通过了《三民主义教育宗旨说明书》。1929年3月,国民党召开第三次全国代表大会,中央党部宣传部提出《确定教育方针及其实施原则案》,经大会决议,于是年4月26日正式公布了《中华民国教育宗旨及其实施方针》,明确提出了教育宗旨,即"中华民国之教育,根据三民主义,以充实人民生活,扶植社会生存,发展国民生计,延续民族生命为目的;务期民族独立,民权普遍,民生发展,以促进世界大同"①。为进一步落实和强化三民主义教育,1931年9月,又颁布了《三民主义教育实施原则》,详细规定了各级各类教育的实施目标、纲要、课程、训育等。② 至此,"三民主义教育"终成体系。

二、"战时须作平时看"的教育方针

全面抗战爆发后,华北、华东等地沦陷,为应对战争环境下的教育局势,南京国民政府从"抗战建国"的基本国策出发,颁布了系列教育法令,确定了全面抗战时期的教育政策和

---

① 《第一次中国教育年鉴》甲编,上海:开明书店1934年版,第8页。
② 李桂林:《中国现代教育史教学参考资料》,北京:人民教育出版社1987年版,第291-304页。

实施方案。

1937年8月,南京国民政府提出了"战时须作平时看"的教育方针,颁布了"一切仍以维持正常教育"为主旨的《总动员时督导教育工作办法纲领》。该纲领一方面强调维持正常的教育和管理秩序,即"战时须作平时看",另一方面则采取应急措施以符合战时环境,适应全面抗战的需要。1938年4月,国民党临时全国代表大会通过了《中国国民党抗战建国纲领》,其中涉及教育者有四项条款。同时,会上还通过了《战时各级教育实施方案纲要》,规定了战时教育的九大方针和十七项要求。这九大方针是:

(一)三育并进;(二)文武合一;(三)农村需要与工业需要并重;(四)教育目的与政治目的一贯;(五)家庭教育与学校教育密切联系;(六)对于吾国固有文化精神所寄之文学哲艺,以科学方法加以整理发扬,以立民族之自信;(七)对于自然科学,依据需要,迎头赶上,以应国防及生产之急需;(八)对于社会科学,取人之长,补己之短,对其原则应加整理,对于制度应谋创造,以求一切适合于国情;(九)对于各级学校教育,力求目标明显,并谋各地平均发展;对于义务教育,依照原定期限以达普及;对于社会教育与家庭教育,力求有计划之实施。①

1939年3月,在第三次全国教育会议上,蒋介石作了《今后教育的基本方针》的讲话,认为教育、经济、军事是构成国家生命力的三个要素,其中教育是基本,是经济和军事的总枢纽。蒋介石明确表达了国民政府战时教育的方针。

在战时教育方针的指导下,国民政府采取了一些有力措施,积极保存教育实力。第一,高校西迁,将一批重点高校迁至西南西北调整重组。例如,将国立北京大学、国立清华大学、私立南开大学迁至云南昆明,组成国立西南联合大学;将国立北平大学、国立北平师范大学、国立北洋工学院迁至陕西汉中,组成国立西北联合大学。第二,学校国立,保障学校正常办学。至1945年抗战胜利,共办有国立中学34所、国立大专院校附中16所、国立师范学校和职业学校14所。第三,建立战地失学青年招致训练委员会,安置、培训流亡失学失业青年。最后,设置战区教育指导委员,实施战区教育。

> **我心中的西南联大(节选)**
>
> 北大、清华、南开三校在长沙合并为一校时称"临时大学",迁昆明后正式定名称为"国立西南联合大学"。三校各推一人为常委,蒋梦麟(北大)、梅贻琦(清华)、张伯苓(南开),三校常委集体负责领导。蒋梦麟、张伯苓常驻重庆,常委长期主持人是梅贻琦校长。
>
> 西南联大值得怀念的是它的自由宽容、博大深宏的学风。团结师生的唯一凝聚力是爱国主义。

---

① 《第二次中国教育年鉴》第一编,上海:商务印书馆1948年版,第9页。

> 联大抓体育抓得很紧,功课都及格,体育不及格不能毕业。还规定文科学生必选一门自然科学,理科生必选一门人文科学。目的在于培养通识人才。
>
> 西南联大办校正值战争年代,有一半的日子天天躲避日寇飞机轰炸,物价飞涨。师生在半饥半饱状况下,却为中华民族培养了一大批人才。
>
> ——任继愈:《中国的文化与文人》,北京:现代出版社2017年版,第31-35页。

国民政府以"战时须作平时看"为核心的抗战教育方针,是一项并不短视的重要决策,是基于对战争持久性的抗战形势的估计,着眼于国家民族的长远利益而做出的,它坚持"抗战与建国兼顾"的原则,既考虑到了教育为抗战服务的近期任务,也考虑到了教育为战后国家重建和发展的远期目标。因而,它所采取的一些具体措施和做法,使教育事业在艰苦的战争时局下仍能苦苦支撑,并在大后方还能有所发展。

三、《中华民国宪法》中的教育设想

抗战胜利后,1946年9月,南京国民政府召开了"全国教育善后复员会议",讨论战后教育复员等问题。蒋介石在会议中指出:"抗战时期,军事第一;建国时期,教育第一。"[①] 1946年11月,南京国民政府召开国民大会,讨论修订了《中华民国宪法》。作为国家的根本大法,《中华民国宪法》中有关教育的条款内容较多,对教育问题做了详细说明,如教育应发展国民的民族精神、自治精神、国民道德、健全体格、科学及生活智能;国民受教育机会一律平等;6~12岁学龄儿童一律享受免费的基本教育,逾龄未受教育者一律免费学习;各级政府广设奖学金资助品学兼优无力升学之学生;全国公私立文化教育机构均受国家监督;国家注重各地区教育的平衡发展,边远及贫困地区教育经费由国库补助;教育科学文化经费,中央不低于总预算的15%,省不低于25%,市县不低于35%;国家保障教育科学文化艺术工作者的生活,并随经济发展随时提高待遇;国家奖励科学发明创造,保护文物古迹;国家对从事私立教育和侨民教育成绩优良者、有学术和技术贡献者、长期从事教育而有贡献者,予以奖励和补助等等。[②]

这些对未来教育的设想基本反映了广大人民,特别是教育界人士的愿望。可惜,在宪法实际生效之日来临前,国民政府已经在1947年7月通过了《勘乱总动员令》,发起了全面内战。因此,宪法所规定的一切只能是一纸空文。

---

① 《第二次中国教育年鉴》第二编,上海:商务印书馆1948年版,第74页。
② 《第二次中国教育年鉴》第一编,上海:商务印书馆1948年版,第20-21页。

第二节　国民政府时期的教育改革

南京国民政府成立后,着手整顿教育秩序,对教育行政制度进行改革,进行了大学院和大学区制改革,同时还于1928年颁布了"戊辰学制",并对学校教育制度进行改革,对国民政府时期的教育发展产生了重要影响。

一、大学院和大学区制的试行与废止

1927年南京国民政府成立后,蔡元培任中央教育行政委员会委员。1927年6月,蔡元培提出变革教育行政制度,仿照法国模式试行大学院和大学区制,在中央设立中华民国大学院,在地方上试行大学区制,取代民国以来教育部和教育厅。1927年7月4日,国民政府公布了《中华民国大学院组织法》。10月1日,大学院正式在南京成立,蔡元培被推为大学院院长。《大学院组织法》对大学院的性质、组织、机构、职能等做了具体规定:大学院为全国最高学术机关,总揽全国学术与教育行政事宜;大学院设院长一人,总理全院事务;下设秘书处、教育行政处、国立学术机关及各种专门委员会等。还规定,大学院实行院长制与委员制并用,以院长负行政全责,以大学委员会负议事及计划之责,为最高评议机构,有权推荐大学院院长及审议全国教育、学术一切重大方案。与此同时,国民政府于1928年颁布《修正大学区组织条例》,将全国各地划分为若干个大学区,每区设大学1所,大学校长1人负责大学区内一切学术和教育行政事务。

在试行的过程中,由于受到多方条件的限制,大学区制未能取得理想效果,遭到社会各界的批评和质疑。1928年8月,大学院院长蔡元培辞职。10月,国民政府正式下令取消大学院,改设教育部,任命蒋梦麟为国民政府第一任教育部长。大学院取消后,大学区制并未随之取消,但社会舆论普遍认为皮之不存毛将焉附,其被取消是迟早的事。1929年6月,国民政府行政院决定浙江、北京两个大学区于暑假内停止试行,从7月起一律恢复教育厅制度。至此,试行仅两年时间的大学区制全面终结。

二、颁布"戊辰学制"

南京国民政府成立后,学制基本沿用1922年"新学制"。出于推行党化教育和三民主义教育的需要,开始着手修订学制系统。1928年5月,大学院召开第一次全国教育会议,以1922年"新学制"为基础,通过了《整理中华民国学校系统案》,即"戊辰学制"。该学制分组织和系统两部分,第一部分提出了修订学制的七项原则,即:根据本国国情;适应民生需要;增高教育效率;提高学科标准;谋个性之发展;使教育易于普及;留地方伸缩之可能等。第二部分为学校系统。

"戊辰学制"颁布后,南京国民政府在1929年至1933年间,又颁布了系列教育法令,如《大学组织法》《专科学校组织法》《小学法》《中学法》《师范学校法》《职业学校法》《国外

留学法》等,进一步健全了学制体系,并对某些教育阶段做了适当调整。① "戊辰学制"颁布后直至1937年全面抗战爆发,虽经过多次局部调整,但1922年新学制的基本框架并未改变,只是适应时局需要而做的局部变通。

三、学校教育管理体制改革

为了强化对各级各类教育的管理与控制,南京国民政府对学校教育管理体制进行了改革,加强学校管理与制约。

(一) 整饬学风,建立训育制度

1930年4月,蒋介石在第二次全国教育会议上发表演说,提出"改革教育当用革命手段整顿学风",因此必须着重党义教育,以"三民主义"统一青年学生的思想。1930年12月11日,蒋介石以国民政府行政院院长兼教育部长的名义,颁发《整顿学风令》,要求学生"惟当一意力学,涵养身心,凛古人死不出位置迅捷,奉总理三民主义为依归,不得干涉行政,致荒学业"②。同时,蒋介石还发布行政院令《告诫全国学生书》,指责各地学校学风败坏,学潮蜂起,危及国家前途,与反革命无疑,政府将严厉禁止,依法惩办。教育部和各地政府闻风而动,教育部随后发布了《奉行政院训令整顿学风》。1932年7月,国民政府行政院院长汪精卫与教育部长朱家骅联合签署了《整顿教育令》。依据这些政令,各地纷纷以"整饬学风"为名,对学校的教师和学生严加控制。

在整饬学风的同时,南京国民政府又建立了训育制度。1929年7月,国民政府教育部颁布《中小学训育主任办法》,通令全国实行,要求所有学校都要设立训育处或训导处,由训导长或训育主任一人负责,对学生进行思想政治工作。1931年8月,教育部公布《各级学校党义教师及训育主任工作大纲》,对党义教师和训育主任的工作内容和职责做出详细规定;1932年6月,教育部又颁布《今后中小学训育上应特别注重之事项》,进一步扩大了训育的实施范围;1938年9月公布《青年训练大纲》,要求学生"时时刻刻心领袖之心,行领袖之行";1939年9月,教育部颁布了《训育纲要》,从训育的意义、内容、目标、实施等各方面规定了学校训育,是对前一阶段各种训育政策的集中概括,也是国民党实施训育的纲领性文件。

(二) 童子军训练及军训制度

为了加强对学校的控制与管理,在实施训育的同时,国民政府对各级学校实行军事教育,对小学及初中阶段的学生实施童子军训练,对高中以上学生实施军事训练,从而把学校教育纳入军事化管理的轨道上,旨在让学生养成绝对服从的意识、整齐划一的行动习惯、团体主义的精神和军事知识技能。

1926年3月,国民党中央青年部创办"中国国民党童子军",同时成立"中国国民党童

---

① 李桂林:《中国现代教育史教学参考资料》,北京:人民教育出版社1987年版,第350-351页。
② 教育部:《教育法令汇编》第一辑,1936年版,第32页。

子军委员会",把童子军作为"青年运动最好的工具"。1928年5月,国民党中央常务会议通过《中国国民党童子军总章》,规定以"三民主义"培养青年,凡12～18岁之青少年皆须入伍受童子军训练;未满12岁之幼童,愿受训者可组织党幼童子军。当时,大部分小学都组织了"幼童军"。1929年,童子军正式更名为中国童子军。1933年,中国童子军总会筹备处公布了《中国童子军总章》,共计9章150条。其中规定:中国童子军以"忠孝、仁爱、信义、和平"为训练之最高原则,以"智仁勇"为教育目标。1934年11月,中国童子军总会正式成立,蒋介石亲任会长。全面抗战爆发后,1937年7月31日,中国童子军总部发布《童子军战时服务大纲》,规定组织中国童子军战时服务团,施以进一步训练,以适应战时服务之需要;是年11月,教育部颁行《中国童子军战时后方服务训练办法大纲》,规定各童子军团要组织侦察、交通、宣传、工程、募集、救护、消防等战时服务组,每天进行1小时的分组训练。1939年7月,教育部又公布了《中国童子军兼办社会童子军暂行办法》,要求各校童子军团招收学校附近12～18岁失学青少年组成社会童子军,从而将童子军组织扩大到社会范围。

对于高中以上学生,则实施军事训练。1929年1月,颁布《修正高中以上学校军事教育方案》,将军事教育列为必修科目,并规定"高中以上军训每学年3学分,共两年6学分"。抗战胜利后,出于为内战备战的考虑,国民党也加紧了对学生的军事训练。1946年,国民政府国防部成立,把学生军训改由国防部领导。1947年国防部规定:大学毕业生受训半年,作为中尉预备军官任用;高中毕业生受训一年,作为少尉预备军官任用;初中毕业生受训一年,作为预备军士任用。

(三) 毕业会考制度

毕业会考是国民政府对中小学毕业生的管理制度。20世纪30年代,各地学潮不断,教育界人士对教育经费的呼吁和教师薪金的争取,也使得国民政府大为忌惮。1932年,教育部开始整顿全国教育,重点在中等教育,其中一个重要措施就是实行中学毕业会考制度。

1932年5月,国民政府教育部出台《中小学学生毕业会考暂行规程》,规定各省市县教育行政机关对所属中小学校应届毕业生实施会考制度。同年,又颁布《中小学毕业会考暂行规定》,以求整齐小学、初级中学、高级中学学生的毕业程度和增进教学效率。1933年12月,国民政府教育部颁布《中学学生毕业会考制度》;1934年4月,颁布《师范学校学生毕业会考规程》。1940年,颁布《专科以上学校学业成绩考核办法要点》,规定从1941年起,专科以上学校将毕业考试改为"总考制"。

国民政府实行中学和师范学生的毕业会考制度和大专学生的毕业总考制度,用意和效果都十分复杂。统一的考试制度,在一定程度上对各地教学水平和质量起到了一个监督、统一的作用,这也是它能够得到包括学生家长在内的部分国民支持的原因。但是,国民政府希望通过考试管理和控制学校和学生的意图也非常明显,尤其是毕业会考制度的出台过程过于突兀,在贯彻中又态度强硬,不能听取合理的建议和呼声,未能与校内毕业考试制度和升学考试制度做到很好的衔接,徒然增加了学生的学习负担,因此,遭到了学生和很多进步人士的坚决抵制。

第三节 民国时期教育家群体的思想与实践

民元以降,政局杌陧,社会动荡,民族亟待振兴。在艰难的时局背景下,一批教育家怀抱教育救国、教育强国之理想,立足中国社会现实,积极探索改造中国教育和社会的良图,在中华大地形成了丰富多元、多姿多彩的教育理论与实践,涌现了杨贤江、晏阳初、梁漱溟、陶行知、黄炎培、陈鹤琴等教育家,推动了中国教育的发展、社会的改造和民族的振兴,促进了中国教育的现代化发展。

一、杨贤江的教育思想

杨贤江是中国早期卓越的马克思主义教育理论家的代表人物,是中国最早的马克思主义教育理论家,为马克思主义理论在中国的传播、创立中国无产阶级教育理论体系和指导青年教育做出了重要贡献。

(一)生平及教育活动

杨贤江(1895—1931),字英父(英甫),又名李浩吾,出生于浙江余姚县(现属慈溪市)一个裁缝家庭。1917 年,杨贤江以优异成绩毕业于浙江省立第一师范学校,随后到南京高等师范学校担任学监处的学监,后任陶行知为主任的教育科助理员。1919 年,他参加了李大钊等人发起的"少年中国学会",开始在教育界和青年界崭露头角。1921 年始,杨贤江担任上海商务印书馆《学生杂志》编辑长达 6 年之久。在他的努力下,《学生杂志》成为青年"生活道路上的指路明灯",他本人也被誉为"青年一代最好的指导者"。1922 年,杨贤江经沈雁冰等人介绍加入中国共产党。1923 年,他协助恽代英编辑《中国青年》,向青年学生介绍马克思主义。1928 年,撰成《教育史 ABC》一书,这是我国第一部运用历史唯物主义分析世界教育历史的著作,并翻译了恩格斯的《家庭、私有制和国家的起源》《苏维埃共和国新教育》等著作。1929 年,从日本回国,并于 1930 年撰成《新教育大纲》一书,这是我国第一部运用马克思主义论述教育原理的专著。《教育史 ABC》和《新教育大纲》奠定了杨贤江作为马克思主义教育理论家的地位。1931 年 8 月 9 日,杨贤江病逝于日本长崎,年仅 36 岁。在其短暂的一生里,杨贤江给我们留下了 300 多万字的精神财富。

(二)论教育的本质

运用历史唯物主义阐明教育的本质,是杨贤江教育思想最显著的特点,也是他对当代教育理论的重要贡献。对于"教育是什么"这个关乎教育本质的问题,杨贤江在《新教育大纲》中,开宗明义地指出:"教育的本质是为支配阶级服务的,教育为'观念形态的劳动领域之一',即社会的上层建筑之一。"①他认为教育与法律、宗教等观念形态的领域一样,建立于经济基础之上,它受政治、经济决定,又反作用于经济、政治的发展。在随后的很长一段时间里,这一观点始终被看作马克思主义关于教育本质问题的经典论断。

关于教育的起源问题,杨贤江彻底否定了各种唯心主义观点,他认为教育起源于人类的社会生活和生产劳动的实际需要,他指出:"教育的发生,就植根于当时当地的人民实际生活的需要,它是帮助人营社会生活的一种手段。""自有人生,便有教育。因为自有人生,便有实际生活的需要。"②这也就揭示了教育的劳动起源,同时也指出教育是劳动力再生产的手段,属于"劳动领域"。教育属于上层建筑和作为劳动力再生产的手段,具有双重属性。

杨贤江对教育本质的考察,并未停留在抽象议论上,而是通过对"教育进化"的考察,具体解释了教育本质的发展演变。杨贤江指出,在原始社会,教育仅是"社会所需要的劳动领域之一",体现出教育的本质。而私有制的产生导致了教育的"变质",使教育变成了"社会的上层建筑之一",因为在阶级社会,教育也有了阶级性,从过去"全人类的、统一的"教育变成了"阶级的、对立的"教育。未来的社会主义社会,随着私有制和阶级的消失,教育将在更高层次上恢复其本来意义,重新成为"社会所需要的劳动领域之一"。

(三) 论"全人生指导"

杨贤江对青年问题进行了大量研究,共发表 300 多篇关于青年问题的教育文章,写了 200 多封给青年学生的信,回答了 1000 多位青年的提问,表达了对青年成长的关切之心,对青年的理想、修养、健康、求学、择友、社交、婚恋等各方面给予指导。这种全方位的教育,被称为"全人生指导"。

所谓"全人生指导"就是对青年进行全面关心、教育和引导,即不仅关心他们的文化知识学习,同时对他们生活中的实际问题给予正确的指导和疏导,使之在德、智、体诸方面都得以健康成长,成为一个"完成的人",以适社会改进之作用。③

指导青年树立正确的人生观,是杨贤江青年教育思想的核心。他认为,人生观影响着一个人的成长和社会行为,非常重要,而青年正处于人生观形成之初,对此必须高度重视,树立正确的人生观是青年的头等大事。他指出,做人须先定人生观:"人生的目的,在对于全人类有贡献,来促进人生的幸福。"④这种人生才是有价值的人生。对此,杨贤江主张应该"从青年的需要、现代的趋势和中国的现状这三个方面来研究考虑"⑤,去思考人生的目的,鼓励青年要做一个无愧于时代的青年。

对于青年的学习,杨贤江认为这既是权利也是义务,需要指导青年树立正确的求学目

---

① 《杨贤江教育文集》,北京:教育科学出版社 1982 年版,第 412 页。
② 任钟印:《杨贤江全集》第 3 卷,郑州:河南教育出版社 1995 年版,第 271 页。
③ 孙培青:《中国教育史》,上海:华东师范大学出版社 2008 年版,第 451 页。
④ 任钟印:《杨贤江全集》第 1 卷,郑州:河南教育出版社 1995 年版,第 199-200 页。
⑤ 任钟印:《杨贤江全集》第 2 卷,郑州:河南教育出版社 1995 年版,第 16 页。

的。他从人类进步和国家强盛的高度出发,立足于青年健康发展的需要,主张求学的目的应是为人类谋进步、谋幸福。在《求学与救国》一文中指出:"求学不忘救国,救国不忘求学。"①此外,杨贤江也曾明确指出:求学的目的就是"在学做人,在学做一个更有效能的人"②,即"做个有用的人"。

杨贤江号召青年要敢于政治,投身革命,他认为这是中国社会的出路,也是青年的出路。同时,对于青年学生的生活,杨贤江也提出了很多指导性建议,认为教育要指导学生过正常而全面的生活,包括健康生活、劳动生活、公民生活和文化生活四大类。

与同时代的其他教育家相比,杨贤江的教育思想具有独特性,他致力于用马克思主义理论分析教育问题,创造性地阐述了教育的本质,对当时流行的各种教育主张进行了深入的分析和批判;他致力于中国的青年教育,提出了全人生指导的青年教育思想,不仅对当时青年的健康成长有积极引导作用,对今天的青年教育也有一定的现实意义。

二、晏阳初的教育思想

晏阳初是中国近现代著名的教育家,世界平民教育运动和乡村改造运动的倡导者与奠基人,被誉为"世界平民教育之父"。在中国、菲律宾、泰国、哥伦比亚等地开展了近70年的平民教育活动,在国际社会产生了广泛影响。

(一)生平及教育活动

晏阳初(1893—1990),原名兴复,又名遇春,字阳初。他出生于四川省巴中县一个书香世家,1916年夏考入耶鲁大学,1920年获普林斯顿大学历史学硕士学位。1923年8月,晏阳初和朱其慧、陶行知等人在北京成立了平民教育促进会,任总干事。1926年始,将平民教育的重点从城市转移到乡村。1929年起,平教会选定河北定县作为实验区,开始了长达十年的平民教育实验。1940年,他创办中国乡村建设育才院,任院长。1943年5月,哥白尼逝世四百周年纪念大会在美国纽约举行,晏阳初与爱因斯坦、杜威、莱特等一起被授予"现代世界最具革命性贡献的十大伟人"的称号,晏阳初是唯一的东方人。1950年,定居美国。自20世纪50年代开始,他致力于国际平民教育运动,曾受聘国际平民教育委员会主席、联合国教科文组织特别顾问,先后到几十个亚、非、拉国家去做平民教育的指导工作。1966年晏阳初在菲律宾马尼拉成立了国际乡村建设学院,担任首任院长,并在1967荣获菲律宾政府授予的最高平民奖章"金心勋章"。1987年10月,晏阳初荣获美国政府颁发的"终止饥饿终生成就奖"。1990年1月,晏阳初在纽约逝世,享年97岁。其著作先后被编成《晏阳初文集》《晏阳初全集》。

(二)"四大教育"与"三大方式"

在推广平民教育的过程中,晏阳初认为中国的绝大多数人口在乡村,欲普及平民教

---

① 任钟印:《杨贤江全集》第2卷,郑州:河南教育出版社1995年版,第30页。
② 任钟印:《杨贤江全集》第2卷,郑州:河南教育出版社1995年版,第260-261页。

育,应到农村去。在河北定县进行乡村教育实验期间,通过七年的详细调查,晏阳初对中国乡村问题进行总结,概括为四大社会弊病,即"愚、穷、弱、私"。他认为,这些社会问题若是得不到解决,中国的建设事业根本无法开展。而要解决此四大问题,则需开展"四大教育",即文艺教育、生计教育、卫生教育和公民教育。具体来说,即:以文艺教育攻愚,培养知识力;以生计教育攻穷,提高生产力;以卫生教育攻弱,培养强健力;以公民教育攻私,培养团结力。

文艺教育,是指文字和艺术教育,帮助人民认识文字,消除文盲,发扬"脑矿"中的"知识力"。生计教育是从农业生产、农村经济和农村工业着手,发展农村生产力,提高农民的生活水平。卫生教育则是从两方面着手,"一是消极的治疗,二是积极的预防"①,注重大众的卫生与健康,建立农村医药卫生保健制度,以此来培养"强健力"。公民教育是关于公民的责任和权利、公民道德、国家和民族观念等方面的教育,其意义"在养成人民的公共心与合作精神,在根本上训练其团结力"②。

为了有效推行"四大教育",针对过去教育与社会相脱节、与生活实际相割裂的弊端,晏阳初提出了在农村推行四大教育的三大方式,即学校式教育、社会式教育和家庭式教育。学校式教育即以学校为基本途径,以青少年为主要教育对象,通过开办初级平民学校、高级平民学校、生计巡回学校等进行,初级平民学校以识字教育为主,以《公民千字课》为教材,提高学生读、写、说的基本能力;高级平民学校是面向部分初级平民学校的毕业生开设,旨在把他们培养成为乡村建设的领导者和初级平民学校的教师;生计巡回学校主要是对农民进行农村实际生活需要技能的训练。社会式教育是面向一般群众及有组织的农民团体实施教育的一种方式,主要通过平民学校同学会开展各种各样的活动,如成立读书会、举办演说比赛会、演新剧、练习投稿、成立自助合作社、举办农业展览会等。家庭式教育主要通过家庭会进行,用横向联系的方法把不同地位的家庭成员组织起来进行教育,如家主会、主妇会、少年会、闺女会等,目的是使"家庭社会化",使家庭中的每个成员都能得到相应的教育。

(三)"化农民"与"农民化"

"化农民"与"农民化"是晏阳初推进乡村教育的目标和途径。在兴办乡村教育的过程中,晏阳初指出:"我们欲'化农民',我们必须'农民化'。"③他号召广大知识分子到乡村从事"化农民"的工作。同时,为了消除知识分子与农民之间的距离,他还提出了如欲"化农民",必先"农民化"的主张,号召知识分子"抛下东洋眼镜、西洋眼镜、都市眼镜,换上一副农民镜"④。不过,要做到农民化是非常不容易的,必须先明了农民生活的一切,要努力在

---

① 晏阳初:《晏阳初全集》第2卷,长沙:湖南教育出版社1989年版,第290页。
② 宋恩荣:《晏阳初文集》,北京:教育科学出版社1989年版,第100页。
③ 晏阳初:《晏阳初全集》第1卷,长沙:湖南教育出版社1989年版,第221页。
④ 晏阳初:《晏阳初全集》第1卷,长沙:湖南教育出版社1989年版,第221页。

农村作学徒,虚心"给农民作学徒","给乡下佬办教育,我们须先从乡下佬学"①。因为农民虽然不知科学的名词,未曾受过书本式的教育,却有实际生活的知识与技术,因而值得学习。那么怎么学? 就必须彻底地与广大农民打成一片,唯有如此,才能深切了解农民,懂得他们的需要,才能实实在在地进行乡村改造。可以说"化农民"和"农民化"是他进行乡村建设实验的目标和途径。

晏阳初的平民教育和乡村教育颇具中国特色。晏阳初提出的四大教育和三大方式,打破了狭隘的传统的学校教育观,把乡村教育与乡村的经济、文化、卫生、道德生活联系起来考察,对今天农村问题的解决也有一定的现实意义。但他提出的中国农村的四大基本问题,只看到了社会和教育现象的表面问题,而没有准确找到造成这些问题的根本原因,未能看到阶级压迫和剥削是社会问题的根源,而试图采取改良主义的办法解决中国社会和中国农村的问题,因此不可能从根本上解决中国的农村问题。

三、梁漱溟的教育思想

梁漱溟是中国近现代著名的思想家、教育家,现代新儒家的早期代表人物之一,他的乡村建设理论和实验独树一帜。他从中国乡村入手,以传统文化为根基,试图重构中国乡村社会的组织系统,积极推动乡村建设运动,产生了深远影响。

(一) 生平及教育活动

梁漱溟(1893—1988),初名焕鼎,字寿铭,后改字漱溟,原籍广西桂林。6岁进中西小学堂,10岁入启蒙学堂。1912年任《民国报》编辑兼记者。著文《究元决疑论》于1916年连载,得到蔡元培赏识,1917年被聘为北京大学哲学系讲师,讲授印度哲学。1924年辞去北京大学教职,赴山东主持曹州中学高中部。1928年,梁漱溟任国民党中央政治会议广州分会建设委员会代理主席,筹办乡村自治讲习所,欲从乡村自治入手改造中国。1929年秋,他又赴河南辉县创办河南村治学院,自任教务长。1930年赴北平主编《村治》月刊,宣传村治理论。1931年至全面抗战前,梁漱溟主要在山东邹平、菏泽、济宁等地从事乡村建设的领导和指导工作,并于1936年出版有《乡村建设理论》一书。抗日战争和解放战争时期,致力于国共合作、民主运动和国内和平事业。中华人民共和国成立后,梁漱溟历任全国政协委员,晚年创办中国文化书院。代表作有《印度哲学概念》《东西文化及其哲学》《乡村建设理论》《人心与人生》《中国文化要义》等。

(二) 乡村建设和乡村教育理论

中国,自古为农业大国,农业、农村、农民问题成为制约中国社会发展的关键所在。为探求中国的富强之路,一大批教育家及教育团体将研究视野和活动中心转移到乡村,在中华大地形成了以教育为主体的乡村教育思潮。"乡村教育思潮是中国20世纪20年代至

---

① 晏阳初:《晏阳初全集》第1卷,长沙:湖南教育出版社1989年版,第230页。

30 年代勃然兴起、波及面很广的一种教育思潮。"①在乡村教育思潮中,梁漱溟——作为新儒家的代表,以教育与文化作为重振传统乡村社会关系的手段,建构了乡村教育理论,开展了乡村建设运动。所谓乡村建设,是一种力图在保存既有社会关系的基础上,通过乡村教育的方法,由乡村建设引发社会工商业发展,实现经济改造和社会改良的方案。

1. 中国问题归因

梁漱溟的乡村建设和乡村教育理论构筑于他对中国传统文化和社会的分析,以及中国文化的比较之上。在梁漱溟看来,晏阳初所提出的"愚、穷、弱、私"四大问题只是中国社会的表面病象,中国问题的根源在内部。通过对西洋和印度社会的比较,梁漱溟指出,世界文化的未来应是中国文化的复兴。因此,他指出,中国问题的解决只有从中国固有文化中寻求出路:"中国的问题并不是一种什么旁的问题,就是文化失调;——极严重的文化失调!"②

2. 中国问题的出路

中国问题的症结在"文化失调",为解决此问题,梁漱溟认为"中国的建设问题应当是乡村建设"③,应从整理和建设中国固有文化入手,而教育本身就具有延续、发展文化的功能。所以,梁漱溟认为,解决中国问题的根本途径是要靠教育进行文化调适,在中西文化之间找到一个"妥贴点"(即结合点),运用教育的力量使中国固有精神与西洋文化的长处在具体事实上得到沟通调和,建设"新社会组织结构"。在他看来,教育是比革命更为有效的社会改造手段。

3. 乡村建设和乡村教育

乡村建设和乡村教育是一个问题的两个方面,乡村教育是乡村建设的方法,乡村建设是乡村教育的目标,"建设、教育二者不能分开"。在乡村建设和文化调适中,梁漱溟认为教育是最重要的推动力量,他指出:"论理说社会上不应当再有暴力革命,因为社会出了毛病,教育即可随时修缮不正,固不待激起暴力革命而使社会扰攘纷乱也!人类社会所以有革命,就是因为教育不居于领导地位。"④因此,他认为,中国的社会改造是一个"巨大之教育工程"⑤。因此,乡村建设必寓于教育,乡村建设是"纳社会运动于教育之中,以教育完成社会改造"⑥。

(三)乡村教育的实施

1931 年,梁漱溟等人来到山东邹平,在山东省政府主席韩复榘的支持下,开始长达 7 年乡村建设运动,发展乡农教育,培养乡村建设人才,探索民族复兴的道路。

---

① 董保良等:《中国教育通史·中华民国卷》中册,北京:北京师范大学出版社 2013 年版,第 78 页。
② 梁漱溟:《梁漱溟全集》第 2 卷,济南:山东人民出版社 1990 年版,第 164 页。
③ 宋恩荣:《梁漱溟教育文集》,南京:江苏教育出版社 1987 年版,第 41 页。
④ 梁漱溟:《社会教育与乡村教育之合流》,《乡村建设》,1934 年第 9 期。
⑤ 宋恩荣:《梁漱溟教育文集》,南京:江苏教育出版社 1987 年版,第 45 页。
⑥ 宋恩荣:《梁漱溟教育文集》,南京:江苏教育出版社 1987 年版,第 284 页。

梁漱溟来到邹平后，于1931年创办乡村建设研究院，该院"以发扬中国民族固有精神（人伦道德）为基干；以启发乡农智能，增加乡间物资，促进乡村组织为手段；以培起乡村力量，辟造正常形态的人类文明为职志的学术机关的活动和设施"①。主要目标是培养乡村建设理论的研究人员和乡村服务人员。研究院下设有研究部、训练部、邹平实验县、农场、乡村服务指导处、社会调查部、医院、图书馆等场所，创办有刊物《乡村建设》。1933年，山东省政府将菏泽县划为乡村建设的第二实验区。1935年7月，山东省政府又将济宁、菏泽、郓城、曹县、巨野、单县、鱼台、东平、汶上、金乡、嘉祥、鄄城、定陶、成武等14个县作为县政建设实验县，济宁一带正式成为乡村建设运动的基地。② 实验区将全县划分为若干区，各区开办乡农学校，乡农学校分村学和乡学两级，工作范畴主要包括兴办教育事业、推行社会改良、组织合作社以及办理乡村自卫等事项，并均设有学董、学长、理事、辅导员等。与此同时，还开办乡村自卫训练班，实施成人教育和军事教育。为培养乡村建设所需要的技术人才，1936年又开办了山东省立乡村建设专科学校。

梁漱溟提出的乡村建设理论和乡村教育思想，并没有克服通过改造农村及其教育来改良中国社会的教育救国思路。他无视当时中国社会中存在的尖锐的阶级矛盾，以社会改良主义寻求解决中国问题的道路是行不通的，以教育的力量去建设理想中的社会也是不现实的。但是，他们对当时的农村状况有着切身的体悟，并身体力行，推进教育下嫁、兴学图强，对中国社会和教育的发展产生了深刻而长远的影响。正如费正清所指出的，乡村建设实验"留下的一份遗产是人们广泛关心把中国建国工作的基础放在农村社会，并且体会到乡村改革在充满敌意的政治环境中无法生存"③。

四、黄炎培的教育思想

黄炎培是我国近现代著名的民主主义革命家、教育家和政治活动家，是我国近代职业教育的首倡者和理论家，建构了较为完整的职业教育思想体系，开展了丰富的职业教育实践活动，为中国职业教育的建设发展做出了突出贡献。

（一）生平及教育活动

黄炎培(1878—1965)，号楚南，改号韧之、任之，江苏川沙（今上海市）人。早年考中秀才、举人，1901年考入南洋公学特班，师从蔡元培，深受其影响。1905年秋，加入中国同盟会。1912年，任江苏省教育司司长。1917年5月6日，在上海发起创立"中华职业教育社"，这是近代中国教育史上第一个以研究、提倡、试验和推广职业教育为宗旨的教育团体；同时，发表《中华职业教育社宣言书》，这标志着以黄炎培为代表的职业教育思潮的形成。1918年，在上海创办中华职业学校。他曾参与起草1922年新学制，进行乡村建设实

---

① 杨效春：《从乡村教育的观点看看山东乡村建设研究院》，《中华教育界》，1932年第5期。
② 赵树国：《济宁文化通览》，济南：山东人民出版社2012年版，第357页。
③ ［美］费正清，费维恺. 刘敬坤等译：《剑桥中华民国史》（下卷），北京：中国社会科学出版社1994年版，第407页。

验,筹办南京高等师范专科学校、东南大学、厦门大学等高校。"九一八"事变后,积极投身抗日救国运动。1941 年,参与创建中国民主政团同盟,担任主席。1945 年 7 月,应邀访问延安,写成《延安归来》一书。1946 年,于上海创办比乐中学。中华人民共和国成立后,历任政务院副总理兼轻工业部部长、全国人大常委会副委员长、全国政协副主席、中国民主建国会中央委员会主任委员等职位,并继续领导中华职业教育社。1965 年 12 月病逝于北京。主要教育论著有:《学校教育采用实用主义之商榷》《黄炎培教育考察日记》《中华职业教育社宣言书》《中国教育史要》等。

(二)职业教育思想

黄炎培的职业教育思想经历了实用主义—职业教育—"大职业教育主义"三个阶段,在长期的职业教育实践中,经过对中国教育经验的总结、国外相关经验的引鉴,黄炎培逐步构建了独具特色、较为完整的职业教育思想体系。主要包括职业教育地位、教育目的、办学方针、教学原则和职业道德教育等方面。

1. 职业教育的作用与地位

在黄炎培看来,职业教育的作用与功能是多维度的。他认为,就其理论价值而言,职业教育的功能在于"一为谋个性之发展;二为个人谋生之准备;三为个人服务社会之准备;四为国家及世界增进生产力之准备"①。就其教育和社会影响而言,在于通过提高国民的职业素养,使学校培养之材无不可用,社会从业者无不得到良好训练。就其对当时中国社会的作用而言,在于有助于解决中国最大的人民生计的问题,消除贫困。②

关于职业教育的地位,黄炎培认为,在整个学校教育体制中,职业教育的地位是一贯的、整个的和正统的。所谓一贯的,是指应建立起从初级到高级的职业教育系统,贯彻于全部教育过程和全部教育生涯;所谓整个的,是指不仅在学校教育体系中有独立的职业教育系统,而且其他各级各类教育也要与职业教育相互沟通;所谓正统的,是指要破除以为升学做准备的普通教育为正统、以为就业做准备的职业教育为偏系的传统观念,要求职业教育的地位与普通教育等量齐观。

2. 职业教育的目的:使无业者有业,使有业者乐业

20 世纪 20 年代后,黄炎培将"谋个性之发展"列为职业教育的目的之一,并把职业教育的终极目标概括为"使无业者有业,使有业者乐业"③。所谓"使无业者有业",是指通过职业教育,既可以解决社会的失业问题,保障人民生计,同时也可以为中国资本主义工商业发展培养所需要的各种技术人才,这是黄炎培兴办职业教育的出发点。所谓"使有业者乐业",则强调通过职业教育形成人的道德智能,培养人们的知识、技能、道德,产生乐业向业的情感,在尽职尽责造福人民和社会的同时,获得个人的满足感和价值感。

---

① 黄炎培:《黄炎培教育文选》,上海:上海教育出版社 1985 年版,第 273 页。
② 孙培青:《中国教育史》,上海:华东师范大学出版社 2008 年版,第 463 页。
③ 黄炎培:《黄炎培教育文选》,上海:上海教育出版社 1985 年版,第 321 页。

3. 职业教育的方针：社会化、科学化

在职业教育的方针上，黄炎培强调职业教育的社会化和科学化，他认为，这是职业教育办学的基本方针。

黄炎培认为，社会化是职业教育机关唯一的生命。① 他指出："办职业学校的，须同时和一切教育界、职业界努力沟通和联络；提倡职业教育的，同时须分一部分精神，参加全社会的运动。"②这主要体现在五个方面：一是办学宗旨社会化，以职业为目的，教育为方法；二是培养目标社会化，根据社会对人才的需求来培养，职业教育必须紧跟时代发展的趋势；三是学制社会化，职业学校的程度和年限，应该根据社会的需要和专业学习的需要；四是办学方式社会化，职业教育的师资，应该充分利用教育界和职业界的人才；五是过程社会化，在专业设科、课程设置、招生人数、教学组织、办学方式、职业教育道德标准等方面必须以社会化需要为依据。

职业教育科学化，是指"用科学来解决职业教育问题"③。他认为，职业教育问题可以分为两个方面：一是物质方面，包括专业课程的设置、教材的选编、教学原则的确定、实习设施的配置等，都要遵循科学原则，因地因时制宜，经过调查试验而逐步推广；二是人事方面，包括教育管理的组织、机构自身的建设等，需依据科学的原则来改善加强。此外，黄炎培注重将职业教育建立在心理学基础上。1921年，他曾经领导中华职业教育社参考德国的方法，编制了7种职业心理测验器，用于该社的招生中，这在中国职业教育发展史上是一个伟大的创举。

4. 职业教育的教学原则："手脑并用""做学合一"

黄炎培根据职业教育的特点和自己的实践经验，强调职业教育必须遵循"手脑并用""做学合一"的原则，做到理论与实际并行，知识与技能并重。为此，他批判过去中国实业教育重视书本理论学习、轻视实习操作，重视知识灌输、轻视能力培养的弊病，也批评了当时都市人只用脑不动手，做工人只用手不动脑的恶习，强调脑力劳动和体力劳动的结合，即"动手的读书和读书的动手"。他还要求所有职业学校都应该办工厂、农场、商店等，为学生提供实习场所。在课程和学时分配上，也要体现理论和实习并重，教材的选编也应注重实践性。

5. 职业道德教育："敬业乐群"

关于职业道德教育，黄炎培认为职业教育"不仅是为个人谋生的，并且是为社会服务的"④。基于此，他在注重职业知识技能掌握的同时，也重视对学生进行职业道德情操的训练。他把职业道德教育的基本原则概括为"敬业乐群"。所谓"敬业"，即热爱所业，尽职所业，有为所从事职业和全社会做出贡献的追求；所谓"乐群"，即有高尚情操和群体合作

---

① 黄炎培：《黄炎培教育文选》，上海：上海教育出版社1985年版，第182页。
② 黄炎培：《黄炎培教育文选》，上海：上海教育出版社1985年版，第155页。
③ 黄炎培：《黄炎培教育文选》，上海：上海教育出版社1985年版，第168-169页。
④ 黄炎培：《职业教育》，《新教育》，1922年第3期。

精神。敬业与乐群密切联系,应该贯穿在职业教育实践的每一个环节。

作为中国近现代职业教育的先行者,黄炎培及其职业教育思想开创和推进了中国的职业教育事业的发展,其平民化、实用化、科学化和社会化的特征,也丰富了中国的教育理论,并对20世纪30年代中国教育改革产生了巨大的影响。

五、陈鹤琴的教育思想

陈鹤琴,中国近现代著名的儿童教育家,是我国现代幼儿教育事业的开拓者,"活教育"理论的首倡者,被誉为"中国的福禄培尔"和"中国幼教之父",为我国现代幼儿教育的发展做出了重要贡献。

(一) 生平及教育活动

陈鹤琴(1892—1982),浙江上虞县人。8岁入私塾读书,14岁进入杭州的惠兰中学读书,接受新式教育。1912年,考入北京清华学堂高等科。1914年,从清华学堂毕业,考取公费赴美留学生,开始了5年的留美历程。1914年至1917年,先后求学于霍普金斯大学和哥伦比亚大学师范学院,师从孟禄、克伯屈、桑代克等名师,1918年获教育学硕士学位后回国,初任南京高等师范学校(后改为东南大学)教授。

1923年,陈鹤琴在南京创办了鼓楼幼稚园,作为理论研究的实验基地,这是中国第一所具有实验性质的幼儿教育机构。1927年,在南京发起成立幼稚教育研究会,创办《幼儿教育》杂志。30年代末,明确提出了"活教育"的主张,提倡"教活书,活教书,教书活;读活书,活读书,读书活"。1940年,在江西泰和创立省立实验幼稚师范学校,开展"活教育"实验。1941年,创办《活教育》杂志,开始在全国开展"活教育"运动,"活教育"理论正式形成。1945年,抗战结束后,任上海市教育局督导处主任督学。新中国成立后,曾任南京师范学院院长,还兼任江苏省政协副主席、江苏省人大常委会副主任、中国教育学会名誉会长、全国幼儿教育研究会名誉理事长等职务。1982年12月,病逝于南京。

(二) "活教育"的理论体系

"活教育"理论,是陈鹤琴具有代表性的教育思想,主要是针对传统的"死教育"而言。陈鹤琴指出,"活教育"就是要"使得这种腐化的教育,变为前进的、自动的、有生气的教育""教师教活书,活教书,教书活""学生读活书,活读书,读书活"。[①]"活教育"的理论体系由三部分构成:目的论、课程论、教学论。

1. "活教育"的目的论

陈鹤琴的"活教育"目的论是依次递进的三个层次,即"做人,做中国人,做现代中国人"[②]。

(1) 做人:是"活教育"最为一般意义的目的。陈鹤琴认为,教育是培养人的社会活

---

① 陈鹤琴:《创刊词》,《活教育》,1941年第1卷。
② 陈鹤琴:《活教育的理论与实施》,上海:华华书店1949年版,第45页。

动,人是教育的出发点和归宿。教育首先要使人明确人生的目的、意义和价值,使之成为自觉的人。做人的三个基本要求是:"第一,他必须爱人不论国界、种族、阶级或宗教的关系;第二,他确是最爱真理,不为富贵所淫;第三,他有人类崇高的精神,天下一家的观念。"①

(2) 做中国人:体现了"活教育"目的的民族性。即,使国民具有热爱祖国、热爱人民,保卫祖国、建设祖国的爱国主义品质。

(3) 做现代中国人:体现了"活教育"目的的时代性。陈鹤琴指出,"现代中国人"要具备五个条件,即"要有健全的身体""要有建设的能力""要有创造的能力""要能够合作""要服务"。

抗战胜利之后,陈鹤琴进一步提出"做人,做中国人,做世界人",标准是"爱国家,爱人类,爱真理",体现了他的"世界眼光"。这种教育目的论,从普遍而抽象的人类理想出发,结合民族意识、国家观念、时代精神、现实需求等而逐步具体化,体现了他对教育、人与社会三者之间关系的深刻洞察。

2. "活教育"的课程论

陈鹤琴受陶行知的思想影响,批判传统的"死教育",主张"大自然、大社会都是活教材","活教育的课程是把大自然、大社会做出发点,让学生直接对它们去学习"。② 因此,教育需要到大自然、大社会中寻找"活教材"。所谓"活教材",是指取自大自然、大社会的"直接的书",即让儿童在与自然、社会的直接接触中,在亲身观察中获取经验和知识。③ 陈鹤琴重视直接经验的教育价值,提倡通过儿童的实际活动获取知识、发展能力,但他并未完全否定书本知识的作用。

在"活教育"课程论中,陈鹤琴将课程内容具体化,大致有五类,即"五指活动":一是儿童健康活动,包括体育、卫生等学科;二是儿童社会活动,包括史地、公民、常识等学科;三是儿童自然活动,包括动、植、矿、理化、算术等学科;四是儿童艺术活动,包括音乐、图画、工艺等学科;五是儿童文学活动,包括读、作、写、说等学科。

3. "活教育"的教学论

陈鹤琴指出,"活教育"教学方法的基本原则是"做中教,做中学,做中求进步"。在此基础上,陈鹤琴提出了17条"活教育"的教学原则,如"凡是儿童自己能够做的,应当让他自己做""凡是儿童自己能够想的,应当让他自己想""你要儿童怎样做,就应当教儿童怎样学""鼓励儿童去发现他自己的世界""积极的鼓励胜于消极的制裁""积极的暗示胜于消极的命令"等等④。这些教学原则体现出鲜明的特点,即:强调以"做"为基础,确立学生在教学活动中的主体性;鼓励学生积极"做"的同时,教师要进行有效指导。⑤ 此外,他把"活教

---

① 陈鹤琴:《活教育的理论与实施》,上海:华华书店1949年版,第72页。
② 陈鹤琴:《活教育的理论与实施》,上海:华华书店1949年版,第50页。
③ 孙培青:《中国教育史》,上海:华东师范大学出版社2008年版,第469页。
④ 吕静,周谷平:《陈鹤琴教育论著选》,北京:人民教育出版社1994年版,第511页。
⑤ 孙培青:《中国教育史》,上海:华东师范大学出版社2008年版,第470页。

育"教学过程分为四个步骤:第一是实验观察,第二是阅读参考,第三是发表创作,第四是批评研讨。要求每个学生备一个工作簿,在工作簿上编他自己的教材。教师的责任是引发、供给、指导和欣赏。通过师生共同检讨学生学习的成果,逐步提高学生的知识技能。

陈鹤琴的"活教育"理论是针对中国传统教育的弊端而提出,重视学生的直接经验学习,强调以活动为中心进行教学,注重调动学生的学习积极性、主动性,凸显儿童的主体地位,在当时特定的历史条件下对冲破传统教育的牢笼禁锢具有重要意义,其中不少观点对当今教育教学改革仍具有丰富的现实价值。

六、陶行知的教育思想

陶行知是中国现代伟大的人民教育家,他毕生从事教育事业,"为中国教育寻觅曙光",在立足中国国情和教育实际的基础上,勇于批判中国传统旧教育,积极改造国外先进教育理论,不断探索适合中国国情的教育之路。同时,在中国推动了普及教育、平民教育、乡村教育、国难教育、科学教育、全面教育、民主教育等教育实践,为中国现代教育的发展做出了突出贡献。他的教育思想内容丰富、体系庞大,教育实践丰富多彩、富有实效,为中国教育的现代化发展进行了不懈探索,在这些教育思想和教育实践中,他的生活教育思想贯穿于始终。

(一) 生平及教育活动

陶行知(1891—1946),原名陶文濬,后改知行、行知,安徽歙县人。自幼家境贫寒,少时接受中国传统私塾教育;1906年,进入崇一学堂读书,开始接受西式教育。1910年,考入南京汇文书院,不久转入金陵大学文科学习。1914年,从金陵大学毕业后赴美留学。陶行知在美国先入伊利诺伊大学攻读市政学,并于1915年获政治学硕士学位;随后又转入哥伦比亚大学师范学院研究教育,师从杜威、孟禄等人,陶行知教育思想的形成和发展深受他们的影响。1917年回国,受聘于南京高等师范学校。1922年中华教育改进社成立,陶行知出任主任干事。1923年,陶行知辞去东南大学教职,参与发起中华平民教育促进会,先后赴河南、浙江推行平民教育运动。

1927年,陶行知在南京创办试验乡村师范学校,后改名为晓庄学校,提出了"生活即教育""社会即学校""教学做合一"的主张,形成了生活教育理论体系。1930年,晓庄学校遭国民党当局查封,陶行知被迫流亡日本。1931年,陶行知回国,在上海从事平民教育运动和普及教育运动,在此过程中,总结出"小先生制"。1932年,创办山海工学团,提出"工以养生,学以明生,团以保生"的宗旨。1934年,他创办了《生活教育》杂志,并于当年7月发表一篇文章《行知行》,专门讨论行知之间的关系,认为"行动是老子,知识是儿子,创造是孙子",自此以后,他正式更名为陶行知。

1935年,"一二·九"运动爆发后,陶行知积极参与抗日救亡运动。次年1月发起组织国难教育社,提倡国难教育。1938年秋,在桂林成立生活教育社,任理事长。1939年7月,在重庆北碚创办育才中学。1945年,陶行知参加了中国民主同盟的首次代表大会,当选为民盟中央常务委员、教育委员会主任委员,主编《民主教育》杂志。1946年,陶行知在重庆创办社会大学,积极开展民主教育运动。同年4月,他回到南京、上海,为反对独裁统治、争取和平民主奔走呐喊,先后发表了一百多次反内战演讲。7月25日,陶行知因劳累过度突发脑溢血,在上海病逝。

陶行知一生对教育倾注了极大的理想和热情,他以"捧着一颗心来,不带半根草去"的精神,努力追求"千教万教教人求真,千学万学学做真人"的教育真谛,为贫苦人民和儿童的教育献出了毕生的心血。陶行知逝世后,毛泽东称他为"伟大的人民教育家"。

> **建立陶行知学具有重要意义**
>
> 陶行知研究应该是一个开放性的研究领域,可以从不同的学科、不同专业的角度,如教育学、历史学、政治学、经济学、社会学、文学、艺术学、新闻学、图书馆学、自然科学等来研究陶行知,研究他在这些方面所做的工作与贡献。
>
> 创建陶行知学,在我看来,有以下几个意义:首先,创建陶行知学是当代中国社会发展的现实需要。陶行知其人、其行、其学说的综合性、先进性、示范性等,决定了当代中国社会需要更多像陶行知一样的教育家,也决定了创建陶行知学是时代的呼唤。
>
> 其次,创建陶行知学是当代中国教育改革的迫切要求。当今中国教育改革正处在改革的"深水区",过去比较容易解决的问题都已解决了,剩下的问题都是积压多年的"老大难"问题、复杂问题。在这个方面,陶行知的教育思想、对陶行知教育思想的研究,把陶行知的研究发展为陶行知学,是有助于当代中国教育改革的。
>
> 再次,创建陶行知学是新世纪学术发展的客观要求。当代学术研究的任务之一,就是发展学术,形成自己的学术话语,在国际上拥有更大的发言权。把陶行知研究发展为陶行知学,对于提升它的学术品位,增强我国在国际学术界的话语权,很有帮助,是一条重要途径。
>
> ——《周洪宇:建立陶行知学具有重要意义》,《中国社会科学报》,2016年12月6日。

(二) 生活教育理论

生活教育理论是陶行知教育思想的精髓与核心,其理论来源于杜威的实用主义教育思想,在承继杜威教育理论的同时,陶行知结合中国国情和教育实际,对杜威教育思想进行了超越,逐渐构建了生活教育理论。1919年,陶行知发表《生活教育》演讲,将生活教育定义为:"生活的教育""为生活而教育""为生活的提高、进步而教育"[①]。同时,他还发表《教学合一》,主张把教授法改为教学法。1922年又将之进一步发展为教学做合一,由此

---

① 华中师范学院教育科学研究所:《陶行知全集》(第3卷),长沙:湖南教育出版社1985年版,第623页。

构成了他的生活教育理论的方法论。1927年起,陶行知在晓庄师范先后做了一系列演讲,如《生活工具主义之教育》《教学做合一》《在劳力上劳心》《生活即教育》等,正式提出了生活教育理论。具体来说,主要包括三个方面:生活即教育、社会即学校、教学做合一。

1. "生活即教育"

"生活即教育"是陶行知生活教育理论的核心内容,其内涵主要包括三个方面:

第一,生活含有教育的意义。陶行知指出:"生活教育是生活所原有、生活所自营、生活所必需的教育。教育的根本意义是生活之变化。生活无时不变,即生活无时不含有教育的意义。"①从生活的横向展开来看,"过什么生活便是受什么教育"②;从教育的纵向发展来看,生活伴随人生始终,"生活教育与生俱来,与生同去。出世便是破蒙,进棺材才算毕业"。

第二,实际生活是教育的中心。在陶行知看来,生活与教育是一回事,是同一个过程。所以有什么样的生活就有什么样的教育,"是好的生活就是好的教育,是坏的生活就是坏的教育"。这表明了生活存在的范围就是教育活动的范围,教育要根据生活的需要,通过生活进行。

第三,生活决定教育,教育改造生活。这也体现了教育与生活的关系,教育源于生活,高于生活,而又服务于生活。生活决定教育,表现为教育的目的、原则、内容与方法等均为生活所决定;教育改造生活,表现为教育是改造生活、推动生活进步的工具。

生活即教育强调的是教育以生活为中心,反对传统教育以书本为中心而脱离实际生活。尽管它在生活与教育的区别和系统的知识传授方面有所忽视,但在破除传统教育脱离民众、脱离社会生活的弊端方面,有其进步性。

2. "社会即学校"

"社会即学校"是"生活教育"的重要组成部分。陶行知批判当时的传统学校是"鲍鱼罐头公司","学生好比是一个一个的罐头。先生好比是装罐工人。伪知识便是装在罐头里的臭鱼,没有煮熟,没有消毒,令人看了好看,吃了呕心泻肚送老命"③。陶行知批判传统学校所教授的是一种死的、固化的教育,传授的内容也是一种"故纸堆"式的知识,与社会实情及学生生活严重脱节,实属半成品性质的教育,所培养出来的学生也是千篇一律,难以符合社会发展对人才的需求,承袭于传统的教育是无法改变当时中国现状的。因此,陶行知提出"社会即学校",认为学校、社会均包含彼此的意蕴,"教育的材料,教育的方法,教育的工具,教育的环境,都可以大大增加,学生、先生也可以更多起来。因为在这样办法下,不论校内校外的人,都可以做师生的"④,在此基础上可以大大丰富学校教育的内涵,

---

① 华中师范学院教育科学研究所:《陶行知全集》(第2卷),长沙:湖南教育出版社1984年版,第633页。
② 华中师范学院教育科学研究所:《陶行知全集》(第2卷),长沙:湖南教育出版社1984年版,第288页。
③ 华中师范学院教育科学研究所:《陶行知全集》(第2卷),长沙:湖南教育出版社1985年版,第512页。
④ 华中师范学院教育科学研究所:《陶行知全集》(第2卷),长沙:湖南教育出版社1985年版,第201页。

打通学校与社会的联结,校内与校外的沟通,既可以学到文化知识,同时还可学到社会技能、知识、技能的互用,又可以更好地服务、改造社会。

在学校与社会的关系上,陶行知指出:"社会含有学校的意味,学校含有社会的意味。"①一方面,"社会含有学校的意味",陶行知指出:"整个的社会是生活的场所,亦即教育之场所,因此我们又可以说'社会即学校'。"②这也就扩大了学校教育的范围,教育场所不再仅仅局限于学校之中。另一方面,"学校含有社会的意味",也就是说,学校通过与社会生活的结合,一方面"运用社会的力量,使学校进步",另一方面"动员学校的力量,帮助社会进步"③,进一步充实了学校的内涵,赋之以更多的社会内涵,突显其社会功能。

当然,"社会即学校"思想并非混淆学校与社会的概念,而是发挥二者的互助彰益之功,正如陶行知所言:"不运用社会的力量,便是无能的教育;不了解社会的需求,便是盲目的教育。"④社会是学校教育的来源与归宿,改造社会是学校教育的使命与圣责;学校则是一个微缩的社会,改造社会先由改造学校始,"应当将校门打开,运用社会的力量,使学校进步,动员学校的力量,帮助社会进步"⑤,将社会改造作为学校教育发展的定向针与指向标,使学校明白自身的目的与施教意义,为学校提供蓬勃的生气。

"社会即学校"的提出,是对传统教育的批判与扬弃,在一定意义上扩大了"学校"的范围,极大地丰富了教育内容,将学校的教育影响与社会服务功能结而为一。在此理论的指导下,陶行知开展了诸如晓庄师范、山海工学团、育才学校等众多的教育实践,将生活教育、社会即学校等理念付诸实际,为推广大众教育、开展普及教育做出了突出贡献。

3. "教学做合一"

"教学做合一"是生活教育理论的教学论与方法论,是"生活即教育"在教学方法问题上的具体化。对此,陶行知指出:"教学做合一是生活法,也是教育法。教的方法根据学的方法,学的方法根据做的方法。事怎样做便怎样学,怎样学便怎样教。教与学都以做为中心。在做上教的是先生,在做上学的是学生。"⑥在陶行知看来,教学做是生活的三个方面,三者不是截然分立的,而是同一件事,其中"做"是中心。综合而言,"教学做合一"包含以下要点。

首先,"教学做合一"要求"在劳力上劳心"。即要做到"① 教劳心者劳力——教读书

---

① 华中师范学院教育科学研究所:《陶行知全集》(第2卷),长沙:湖南教育出版社1985年版,第617页。
② 华中师范学院教育科学研究所:《陶行知全集》(第2卷),长沙:湖南教育出版社1985年版,第633页。
③ 华中师范学院教育科学研究所:《陶行知全集》(第3卷),长沙:湖南教育出版社1985年版,第545页。
④ 华中师范学院教育科学研究所:《陶行知全集》(第2卷),长沙:湖南教育出版社1985年版,第712页。
⑤ 华中师范学院教育科学研究所:《陶行知全集》(第3卷),长沙:湖南教育出版社1985年版,第545页。
⑥ 华中师范学院教育科学研究所:《陶行知全集》(第2卷),长沙:湖南教育出版社1985年版,第289页。

的人做工;② 教劳力者劳心——教做工的人读书"①。

其次,"教学做合一"是因为"行是知之始"。陶行知认为,做是教与学的中心,因为"做"是获得知识的源泉,是创造的基础,只有通过"做"的方法才能够培养出一批"在劳心上劳力,在劳力上劳心""手脑并用"的人。

再次,"教学做合一"要求"有教先学"和"有学有教"。"有教先学"即教人者先教自己,教人者不仅要先做好学生,还要明白所教对象为何而学、学什么和怎么学;"有学有教"即"即知即传",它要求:会者教人学,能者教人做,不可保守,不应迟疑,不能间断。

最后,"教学做合一"是对注入式教学法的否定。陶行知指出,注入式教学法是以教师的教、书本的教为中心的教授法,"先生只管教,学生只管受教,好象是学的事体,都被教的事体打消掉了"②。传统的教学方法使教学做分离,形成"教自教、学自学"的相互独立状态,学生处于被动的注入式学习状态。因此,他主张"教的方法根据学的方法,学的方法根据做的方法。事怎样做便怎样学,怎样学便怎样教。教与学都以做为中心"。教是服从于学的,而教、学又以做为中心,服从于生活需要。

1936年,陶行知在《生活教育之特质》中提出,生活教育有六大特点,即生活的、行动的、大众的、前进的、世界的、有历史联系的。1946年,陶行知又把生活教育的方针总结为民主的、大众的、科学的、创造的。总之,陶行知的生活教育理论,是一种为人民大众服务的教育理论。虽然其中还有值得商榷之处,但其所揭示的内涵依然具有强烈的时代气息,对当今的教育改革仍具有重要的现实启示。

复习思考题

1. 评述国民政府的"三民主义"教育宗旨。
2. 简述抗战时期国民政府的教育方针与举措。
3. 试评大学院制和大学区制。
4. 试述杨贤江教育思想的内容与地位。
5. 比较分析晏阳初和梁漱溟的乡村教育思想内涵及其举措。
6. 论述陶行知的生活教育理论。
7. 论述黄炎培的职业教育思想内涵及其历史贡献。
8. 评述陈鹤琴的"活教育"思想。

---

① 华中师范学院教育科学研究所:《陶行知全集》(第2卷),长沙:湖南教育出版社1985年版,第598页。

② 华中师范学院教育科学研究所:《陶行知全集》(第1卷),长沙:湖南教育出版社1984年版,第87页。

第十三章
革命根据地的教育

中国共产党领导下的革命根据地教育,主要包括苏维埃根据地教育(1927—1937)、抗日民主根据地教育(1937—1945)和解放区教育(1946—1949)三个阶段。苏维埃根据地教育是指以井冈山根据地为代表的十余个革命根据地,统称为苏维埃根据地(简称苏区),苏维埃根据地教育以服务革命战争和阶级斗争为总方针,初步建立了新民主主义教育体系。抗日民主根据地教育是指抗日战争期间以陕甘宁边区为中心所开创的抗日民主根据地,在抗战教育方针的指导下,进一步发展了新民主主义教育。解放区教育是指解放战争时期的解放区教育,由战时教育向正规教育转变,新民主主义教育走向成熟,为新中国教育的发展奠定了坚实基础。

【学习目标】

1. 了解苏维埃根据地、抗日民主根据地和解放区的教育发展情况。
2. 熟练掌握抗战时期的教育方针与政策。
3. 重点掌握新民主主义教育方针的基本内容。
4. 掌握革命根据地教育的基本经验,并思考其当代价值。

第一节 苏维埃根据地的教育

1927年,蒋介石发动"四一二"反革命政变,为了挽救革命,中国共产党开始了武装斗争,发动多次武装起义,逐渐建立了一批农村革命根据地。在艰苦的战争环境下,中国共产党在开展游击战争的同时,积极进行根据地的经济和文化建设,发展新民主主义教育。

一、苏维埃根据地的教育方针与政策

为巩固和发展红色政权,共产党人在根据地建立伊始就着手开展了文化教育的建设工作,相继提出了发展革命教育的方针政策,如"实行普及义务教育及职业教育""注意工农成年补习教育及职业教育""发展农村教育,提高乡村文化""发展社会教育,提高普通文化程度"[①]等等。1931年11月,中华苏维埃共和国临时中央政府成立,第一次全国工农兵代表大会在瑞金召开,大会宣言表述了苏区文化教育方面的方针和政策:"工农劳苦群众,不论男子和女子,在社会、经济、政治和教育上,完全享有同等的权利和义务""一切工农劳苦群众及其子弟,有享受国家免费教育之权,教育事业之权归苏维埃掌管,取消一切麻醉人民的封建的、宗教的和国民党的三民主义的教育"[②]。大会讨论通过了《中华苏维埃共和国宪法大纲》,其中第十二条规定从法律上肯定了革命时期苏区教育的方针政策:"中华苏维埃政权以保证工农劳苦民众有受教育的权利为目的。在进行国内革命战争所能做到的范围内,应开始施行完全免费的普及教育,首先应在青年劳动群众中施行并保障青年劳动群众的一切权利,积极地引导他们参加政治和文化的革命生活,以发展新的社会力量。"[③]从法律上确立、指明了苏区教育的目的、任务和方向。

1934年1月,第二次全国苏维埃代表大会顺利召开,毛泽东在会上对几年来苏区的教育方针和任务进行了科学总结和明确阐述,正式提出了苏维埃文化教育的总方针和文化建设的中心任务。毛泽东指出:

> 苏维埃文化教育的总方针在什么地方呢?在于以共产主义的精神来教育广大的劳苦民众,在于使文化教育为革命战争与阶级斗争服务,在于使教育与劳动联系起来,在于使广大中国民众都成为享受文明幸福的人。
>
> 苏维埃文化建设的中心任务是什么?是厉行全部的义务教育,是发展广泛的社会教育,是努力扫除文盲,是创造大批领导斗争的高级干部。[④]

---

① 江西省档案馆:《中央革命根据地史料选编》下册,南昌:江西人民出版社1982年版,第14页。
② 中央教育科学研究所:《老解放区教育资料》(一),北京:教育科学出版社1981年版,第27页。
③ 中央教育科学研究所:《老解放区教育资料》(一),北京:教育科学出版社1981年版,第28页。
④ 中央教育科学研究所:《老解放区教育资料》(一),北京:教育科学出版社1981年版,第20页。

毛泽东关于苏维埃文化教育的总方针和中心任务的表述,是我党最初较为明确的新民主主义教育方针的系统表述,它不仅是当时苏区教育实践的概括总结,而且为以后抗日民主根据地的教育和解放战争时期的文化教育奠定了理论基础。

二、苏维埃根据地各级各类教育的实施

依据苏区教育的方针与任务,苏区教育分为干部教育、群众教育和儿童教育三部分:干部教育以专业和政治训练为主,学制年限以几个月到一年不等;群众教育,主要是工农业余教育,以扫盲为主;儿童教育由小学实施。此外,还设有短期师范和短期职业学校。

(一) 干部教育

苏区的干部教育在1931年瑞金临时中央政府成立之前,以各根据地举办的短期培训班为主,军队则以随营学校为主要培训形式。临时中央政府成立之后,苏区干部的教育培训由中央与地方共同举办,以干部学校教育和在职干部教育为两种主要组织形式,从而形成了富有成效和特色的苏区干部教育系统。其中,干部学校教育进行比较全面系统的学习,在职干部教育主要是专项训练的培训。

1. 干部学校教育

苏区的干部学校教育是在1931年苏区逐步稳定后开始举办的,并在借鉴之前军队在职干部教育培训的基础上逐渐发展并趋向正规化。其中影响较大的干部学校有:

(1) 马克思共产主义大学。即苏维埃党校,1933年3月创建于瑞金洋溪,首任校长任弼时。学校以培养领导前线和后方革命政治工作的干部为主要教育任务。共设有三个班,即高级训练班、新苏区工作人员训练班以及党、团、苏维埃和工会干部训练班,学校主要讲授马克思列宁主义基本原理、党的建设、苏维埃建设、工人运动、自然常识等课程。只办了一期,三个班实际毕业学员仅260人。

(2) 苏维埃大学。1933年8月创办,以造就苏维埃建设的各项高级干部为任务,校址在瑞金沙洲坝。毛泽东任校长,沙科夫任副校长,分普通班和特别班(专业班)。1934年春,为了纪念沈泽民,学校改名为"国立沈泽民苏维埃大学",瞿秋白任校长,徐特立任副校长。1934年7月,经中央人民委员会决定,苏维埃大学并入马克思共产主义大学。不久,与其他红军学校一起组成干部团参加长征。

(3) 红军大学。全称"中国工农红军大学",简称"红大",是1933年11月7日由原红军学校与苏维埃大学军事政治部合并正式成立的,校址设在江西瑞金,旨在培养较高级的军事政治干部,是当时最大的军事干部教育大学。何长工任首任校长,徐梦秋任政治部主任。红军大学分为政治科、指挥科和参谋科三个科,设有教导队、高射队和测绘队三个大队,主要培养营团以上的军政干部。另设一个高级班,培训军级以上干部,学习期限一般为8个月。1934年9月,"红大"学员全部毕业。10月,"红大"大部分教职员与其他学校一起组成干部团参加长征。红军大学后来发展成为"中国人民抗日军事政治大学"。

2. 在职干部教育

在职干部教育是中国共产党提高培养干部素养和能力的重要环节,是党在苏区开展

最早的干部教育形式。1931年之前,在职干部教育在红军部队中主要是以随营学校、教导队、训练班等形式进行的;在地方则基本上由各级苏维埃政府举办,无论是军队还是地方,都以短期训练班为主。其中军队的在职干部教育以政治教育、军事指挥技术及文化教育为主要内容,地方上则以政治形势、农民问题、文化教育为训练内容。

苏维埃革命根据地的在职干部教育,主要有五种形式:① 在工作和斗争中学习;② 开办识字班;③ 编辑出版报章杂志及相关学习材料;④ 成立马克思主义研究;⑤ 根据工作需要,随时举办各种类型的训练班。①

在职干部教育的开展把广大干部的工作、战斗和学习紧密地结合起来,迅速有效地提高了在职干部的水平和素养,适应了当时革命战争和苏维埃政权建设对干部的迫切需要。

(二) 群众教育

由于革命根据地都处于经济文化落后的偏僻地区,所以群众中文盲数量大,约占到了总人口的90%以上。为此,苏区党和政府除将干部教育放在首位外,还将群众教育工作"视为首务",放在了比儿童教育更为优先发展的地位。毛泽东在第二次全国苏维埃代表大会的报告中指出:"苏维埃政府用一切方法来提高工农的文化水平。为了这个目的,给予群众政治上与物质条件上的一切可能的帮助。"②

各根据地的群众教育在苏区政府的领导下,得到了蓬勃开展。群众教育的内容是以扫除文盲为任务的识字教育和在识字基础上的文化知识、生产知识和思想政治教育。苏区工农群众在苏维埃政府的领导下,创造发展了丰富多样的教育形式,有夜校、半日学校、补习学校、识字班(组)、读报组、识字牌、俱乐部、墙报、戏剧、报刊、列宁室等。其中最为普遍的是夜校、识字班和俱乐部等。同时,各地结合一定时期政治斗争的任务和地方的实际情况,编写了大量识字课本和辅助教材。当时中央教育人民委员会编有《成人课本》三册、《妇女课本》等;地方编的有《平民读本》(永新)、《群众读本》(永定)、《工农读本》(赣西南)、《初级课本》等。这些教材大都具有浓郁的思想性和战斗性,贯穿着阶级斗争精神。

(三) 儿童教育

为了培养未来事业的接班人,党和苏维埃政府非常重视儿童教育,把"厉行义务教育"作为中心任务之一。苏区积极发展儿童教育。各根据地在当时经济十分困难的条件下,仍克服经费、师资等重重困难,普遍地创办劳动小学(后统称列宁小学),使苏区大部分学龄儿童得以入学,促进了苏区小学教育的蓬勃发展。

1934年2月16日,临时中央政府人民委员会颁布的《中华苏维埃共和国小学校制度暂行条例》,阐释小学教育的目的为:"在工农民主专政下的小学教育,是要训练参加苏维埃革命斗争的新后代,并在苏维埃革命斗争中训练将来共产主义的建设者。"③《小学课程

---

① 董纯才:《中国革命根据地教育史》,北京:教育科学出版社1991年版,第124—128页。
② 《毛泽东同志论教育工作》,北京:人民教育出版社1992年,第5页。
③ 中央教育科学研究所:《老解放区教育资料》(一),北京:教育科学出版社1981年版,第308页。

教则大纲》也指出:"小学的一切科目都应当使学习与生产劳动及政治斗争联系起来。"要使学生成为"识得字,耕得田,又会革命"的人。

1934年2月16日,临时中央政府人民委员会颁布的《中华苏维埃共和国小学校制度暂行条例》,规定小学采用年级制,秋季始业;确立了初小、高小"三·二"分段的原则,并统一了课程和学时。关于课程设置,初小设国语、算术、游艺三门课程,每周上课18学时;课外教学(劳作实习及社会工作)每周12学时。高小设国语、算术、社会常识、自然常识、游艺等五门课程,每周24~26学时;课外教学(劳作实习及社会工作)每周12~16学时。学习成绩的考核以儿童自动能力和创造性的发展为标准。考试的方法不是背书、默书,而是用革命竞赛的方法,组织儿童进行活泼的表演、演讲、自动的写作和口头的答问。

苏区除通过列宁小学对儿童进行教育外,还设立有儿童团(也叫童子团)组织。儿童团是苏区广大儿童的半军事化组织,以乡为单位设立,在各村建立分团,8岁至15岁的儿童可以加入。儿童团的目的是为保护儿童切身利益,养成儿童团体生活的习惯,了解列宁主义,造就英勇的工农战士。

第二节 抗日民主根据地与解放区的教育

1937年7月7日,全面抗战爆发,中国革命进入一个非常时期。在中国共产党的努力下,建成了抗日民族统一战线。在艰苦卓绝的抗日环境下,中国共产党积极开展抗日教育工作,有效调整教育方针政策,促进了抗日民主根据地教育的大发展,抗战教育成为根据地教育的中心任务。抗战胜利后,中国革命进入解放战争时期,革命根据地连同从国统区"解放"出来的地区,一并称之为解放区。随着革命形势的日益高涨,解放区范围日益扩大,各类教育事业也朝着正规化和制度化方向快速发展。

一、抗战教育方针和政策

教育为长期抗战服务,教育与生产劳动结合,是全面抗战时期中国共产党执行的教育方针。这个方针是中国共产党根据抗日战争的形势需要,结合当时中国社会的现实状况提出来的,也是对苏区文化教育总方针的继承和发展。

(一) 教育方针

全面抗战爆发伊始,毛泽东就对根据地的抗战教育进行初步阐述。1937年7月8日,中国共产党发表抗战宣言,提出教育应服务于抗战;7月23日,毛泽东发表《反对日本进攻的方针、办法和前途》,提出实施"国防教育",主张"国防教育,根本改革过去的教育方针和教育制度。不急之务和不合理的办法,一概废弃"[①]。同年8月,中共中央在洛川会

---

① 《毛泽东选集》(第二卷),北京:人民出版社1991年版,第348页。

议上通过《抗日救国十大纲领》,指出:"改变过去的旧制度、旧课程,实行以抗日救国为目标的新制度、新课程。"①1938年11月,毛泽东在中国共产党六届六中全会的《论新阶段》报告中,进一步提出党的抗战教育方针,即"在一切为着战争的原则下,一切文教事业均应使之适合战争的需要",明确阐述了全面抗战时期的文化教育政策:"第一,改订学制,废除不急需与不必要的课程,改变管理制度,以教授战争所必需之课程及发扬学生的学习积极性为原则。第二,创设并扩大各种干部学校,培养大批的抗日干部。第三,广泛发展民众教育,组织各种补习学校、识字运动、戏剧运动、歌咏运动、体育运动,创办敌前敌后各种地方通俗报纸,提高人民的民族文化与民族觉悟。第四,办理义务的小学教育,以民族精神教育新后代。"②由此可见,教育为革命战争服务的方针并没有改变,注重教育与生产劳动相结合。毛泽东关于教育方针的论述,成为全面抗战时期的教育总方针,是抗日民主根据地教育的指导思想。

(二)教育政策

为贯彻全面抗战时期的教育方针,中国共产党制定了系列教育政策,主要有:

1. "干部教育第一,国民教育第二"的政策

中国共产党诞生后,始终重视自身干部队伍的建设。1938年,中共六届六中全会上,毛泽东指出:"政治路线确定之后,干部就是决定的因素。因此,有计划地培养大批的新干部,就是我们的战斗任务。"③1942年2月,中央政治局颁布《中共中央关于在职干部教育的决定》,指出干部教育工作"应该是第一位的"。1944年1月,在陕甘宁边区政府委员会第四次会议中,林伯渠明确提出了"干部教育第一,国民教育第二"的政策。该政策是出于民族解放战争的需要、根据地文化教育的实际状况和党的未来事业发展的准备。④

2. "文化工作中的统一战线"政策

为了争取抗日战争的胜利,中国共产党重视团结知识分子。1939年,毛泽东在《大量吸收知识分子》中指出:"在长期的和残酷的民族解放战争中,在建立新中国的伟大斗争中,共产党必须善于吸收知识分子,才能组织伟大的抗战力量,组织千百万农民群众,发展革命的文化运动和发展革命的统一战线。没有知识分子的参加,革命的胜利是不可能的。"⑤毛泽东主张,对于知识分子要采取大量吸收、团结、教育和改造的政策。1944年10月,在《文化工作中的统一战线》报告中,毛泽东号召"不能不有广泛的统一战线"。

3. "实行生产劳动"的教育政策

"教育与劳动联系"是苏区教育的成功经验之一。全面抗战爆发后,出于教育为战争服务和根据地的实际情况以及青年教育的实际需要,依然采取教育与生产劳动相结合的

---

① 《毛泽东选集》(第二卷),北京:人民出版社1991年版,第356页。
② 李桂林:《中国现代教育史教学参考资料》,北京:人民教育出版社1987年版,第69-70页。
③ 《毛泽东选集》(第二卷),北京:人民出版社1991年版,第526页。
④ 孙培青:《中国教育史》,上海:华东师范大学出版社2008年版,第490页。
⑤ 《毛泽东选集》(第二卷),北京:人民出版社1991年版,第618页。

教育政策。因此，号召和鼓励师生参加生产劳动，"延安的青年运动的方向，就是全国的青年运动的方向"，鼓励广大青年注重将教育与生产劳动相结合，为抗战救国服务。

二、新民主主义教育方针的确立

1940年1月，毛泽东发表了《新民主主义论》，明确而又系统地论述了新民主主义的文化教育问题："民族的科学的大众的文化，就是人民大众反帝反封建的文化，就是新民主主义的文化，就是中华民族的新文化。"①简言之，就是民族的、科学的、大众的文化教育，既是新民主主义的文化方针，也是新民主主义的教育方针。

所谓"民族的"，在于反对帝国主义压迫及维护中华民族的尊严和独立，决不和其他民族的帝国主义文化教育相妥协、相结合；在于具有中华民族自身的特性和形式，中华各个民族相互吸收和融合发展；在于不是狭隘的民族主义和闭关自守，而是与其他民族的社会主义文化教育相联系，同时还要批判地吸收一切外来的进步文化，取其精华，弃其糟粕。

所谓"科学的"，在于反对一切封建和迷信思想、坚持实事求是，主张客观真理，恪守理论和实践相统一。

所谓"大众的"，在于是由共产党所代表的无产阶级来领导的，为95%以上的工农大众服务的，因而又是民主的文化教育。

新民主主义教育方针的确立，在一定程度上纠正了以往盲目反对资产阶级及其文化的思想倾向，在事实上否定了以共产主义教育为新民主主义阶段教育方针的"左"的指导思想，成为抗日根据地和此后中国整个新民主主义阶段文化教育的基本方针，对于抗日民主根据地和之后新民主主义革命时期的教育产生了实际的影响作用。

三、抗日民主根据地各级各类教育的实施

抗日民主根据地教育在共产党的领导下，学校的数量和规模都迅速发展，各类教育蓬勃开展，有效服务于抗日战争。

（一）干部教育

随着抗日根据地的扩大以及军队和政权建设任务的加强，对干部的需求更为急迫。1938年，毛泽东在中共六届六中全会报告中指出："政治路线确定之后，干部就是决定的因素。因此，有计划地培养大批的新干部，就是我们的战斗任务。"②1940年12月，毛泽东在《论政策》中进一步明确强调干部教育："每个根据地都要尽可能地开办大规模的干部学校，越大越多越好。"③因此，抗日根据地的各类干部学校、干部在职补习学校蓬勃发展。抗日根据地主要的干部学校有中国人民抗日军政大学、陕北公学、鲁迅艺术学院、延安大学及华北联合大学等。

---

① 《毛泽东选集》（第二卷），北京：人民出版社1991年版，第708-709页。
② 《毛泽东选集》（第二卷），北京：人民出版社1991年版，第526页。
③ 《毛泽东选集》（第二卷），北京：人民出版社1991年版，第769页。

1. 中国人民抗日军事政治大学

简称"抗大"。它的前身是随长征到陕北的红军大学。1937年1月,从陕北瓦窑堡迁址延安,并改名为中国人民抗日军事政治大学。首任校长林彪,具体主持校务工作的是教务长、后任副校长的罗瑞卿。抗大总校共办了8期,1945年抗战胜利后挺进东北,组成东北军政大学。

抗大的教育方针是"坚定不移的政治方向,艰苦奋斗的工作作风,灵活机动的战略战术"①。这是毛泽东于1938年3月为抗大题写的,为抗大的办学指明了方向。"坚定不移的政治方向"即坚持正确的政治方向,坚持在中国共产党的领导下,以人民战争的形式,打败日本帝国主义,建立人民民主的新中国;"艰苦奋斗的工作作风"则要求大家生活上艰苦朴素,以刻苦勤奋的工作态度,理论联系实际,密切联系群众,做好革命工作;"灵活机动的战略战术"是指采用游击的作战策略,与日本侵略者展开人民战争的持久战,最后取得战争的胜利。1938年8月毛泽东为抗大的题词为"团结、紧张、严肃、活泼",后来被确立为抗大校训而广为流传。

抗大的课程分为政治、军事和文化三类,均以战争为主要内容。抗大教学的主要原则是"少而精""理论与实际联系""军事与政治并重"。学习方法有"集体研究""自动学习""互相帮助"等。

2. 陕北公学

陕北公学,简称"陕公",是陕甘宁边区以培养行政、民运和文化工作干部为主的学校。1937年8月在延安成立,成仿吾任校长。陕北公学的教育方针是:"坚持抗战,坚持持久战,坚持统一战线,实现国防教育,培养抗战干部。"②陕北公学初期为短训班性质,学习期限2~3个月,最长1年,课程按照三分军事七分政治的原则安排。1939年7月,中央决定将陕北公学与鲁迅艺术学院等四所学校合并组成华北联合大学,由校长成仿吾率领开赴华北抗日根据地;1940年9月,留在延安的陕北公学继续招生,李维汉任校长。1941年,延安陕北公学与女子大学等合并成为延安大学。

3. 鲁迅艺术文学院

又称鲁迅艺术学院,简称"鲁艺",1938年在延安成立。办学宗旨为:"培养抗战艺术干部,研究正确的艺术理论,整理中国艺术遗产,建立中国新的艺术。"③学制最初定为9个月,后延长为三年,设戏剧、美术、音乐、文学等系,分必修、专修和选修等三类课程。1943年4月,并入延安大学。

4. 延安大学

简称"延大"。1941年,中共中央决定将陕北公学、中国女子大学、泽东青年干部学校合并成立延安大学,校长吴玉章,以"培养与提高新民主主义即革命三民主义的政治、经

---

① 《毛泽东文集》(第二卷),北京:人民出版社1993年版,第117页。
② 邵式平:《陕北公学一年来教学的点滴经验》,《解放》,1939年第63期。
③ 《鲁迅艺术访问记》,《新华日报》,1938年4月19日。

济、文化建设的实际工作干部为目的"。1943年至1944年又将行政学院、民族学院、自然科学院及鲁艺等校一起并入,合并之后的延安大学是解放区第一所规模最大、学制正规的综合性大学。下设有行政学院、艺术文学院、自然科学院等3个学院12个系,学习与实习兼顾。延大的教学方法有三个特点,即"学与用的一致""自学为主、教授为辅,在自学的基础上实行集体互助"和"在教学上发扬民主精神"。

5. 华北联合大学

简称"华北联大"。1939年7月,陕北公学、战时青年训练班(泽东青年干部学校)、工人学校和鲁艺等校的师生在延安组建成立了"华北联合大学",师生1700余人,校长成仿吾。华北联大的任务是训练各种干部,坚持华北敌后抗战。校训是团结、前进、刻苦、坚定。教育方针和教育目的是:第一,为革命实际斗争需要而培养干部;第二,注意理论同实际相结合;第三,贯彻少而精和通俗化原则。1948年8月,华北联大与北方大学合并为华北大学。

(二)群众教育

或称之为社会教育。抗日战争时期,各个抗日民主根据地继承苏区的群众教育传统,根据广大农民群众的生产和生活实际,开展了形式多样而又生动活泼的群众教育。群众教育的组织形式主要包括冬学、民众学校(简称"民校")、识字组、识字班、夜校、半日校、冬学和民众教育馆等。其中,冬学和民众学校最受欢迎,是最普遍、最广泛的教育形式。群众教育强调"明理第一,识字第二"。不仅要教群众识字,提高群众的文化素养,更重要的还要启发群众的政治觉悟,向广大群众进行形势与任务的宣传教育,鼓舞他们积极投入革命斗争。

冬学是利用冬季农闲时间对农民群众进行教育的组织形式,为失学青年提供受教育的机会。作为普及教育、扫除文盲的重要途径之一,其在革命根据地教育的开展中是一支不可忽视的重要力量。1937年陕甘宁边区中央教育部《关于冬学的通令》中指出:"冬学就是国防教育领域内总动员的具体任务,所以边区教育部特决定冬学是经常的学制之一,是成年补习教育的一种,特别是给农民教育的良好机会,也就是普及教育、消灭文盲的重要方法之一。"①冬学的对象是15~45岁的青年或成人男子文盲以及35岁以下的妇女文盲,45岁以上妇女听其自愿。② 对于其他年龄阶段的民众,冬学也并非将之拒之门外,"50岁以上与16岁以下的老年人和儿童,冬学中应尽量欢迎他们来参加。我们对老年人的主张必须是采取尊重的态度"③。在中共中央的号召下,各根据地的冬学运动均取得了显著的实效,无论是冬学及学生的数量,还是从社会的反响来看,冬学运动的开展产生了

---

① 《陕甘宁边区中央教育部关于冬学的通令》,《老解放区教育资料》(抗日战争时期)(下册),北京:教育科学出版社1986年版,第1页。
② 《广泛开展冬学运动公布冬学运动实施大纲》,《晋察冀日报》1941年11月19日。
③ 《太岳第三专署关于介绍夏县南部、冯村、辛庄等冬学经验,加强各地冬学工作的指示信》,《老解放区教育资料》(解放战争时期),北京:教育科学出版社1991年版,第490页。

重大影响。例如,据晋绥边区二分区统计,冬学中识字最多的达300字左右,普通的也能达到七八十到一百字,而在山东泰安区,7个县中就有14万人参加了冬学,学习之后有两万人能识字300以上,多的能认识1100字以上。①

> **《上冬学》**
>
> 收完了庄稼把冬来过哟,
> 咱们村上有冬学,
> 男女老少快来上,哎哎哟!
> 上了冬学好处多,哎哎哟!
> 上了冬学好处说不了,
> 说识字能有好几百,
> 看报写信都能干,不求人!
> 那时心中多快乐,哎哎哟!
> 那时心中快乐得了不得,
> 革命道理懂得多,
> 大家都知打日本,救中国!
> 打走鬼子好过活,哎哎哟!
>
> ——《边区教育》第3卷第15期,1941年11月15日。

民众学校,简称"民校",是"扫除文盲、增进人民文化知识、坚定民族文化意识"②的社会教育机构。与冬学的区别在于:冬学是短期的,仅利用冬季农闲时间临时组织教育,而民校是常设的民众教育机构,长年均开办。民校与冬学也有联系,即在冬学运动期间,民校就成为冬学的一部分。例如,在晋察冀边区,兴办民众学校的机构有三种:一是救亡室办民校,二是小学设民校,三是群众团体办民校。这些民众学校的形式,在春夏秋三季,是午校、底校,冬季则是冬学。妇女另开妇女班。③

(三) 普通教育

抗日民主根据地的普通教育主要指小学教育,学制五年,三二分段,前三年为初等小学教育,后两年为高等小学教育。1938年,《边区小学法》规定,小学教育宗旨为"发展儿童身心,培养民族意识、革命精神及抗战建国所必需的知识技能"。边区初小的课程有国语、算术、常识、美术、音乐、体育、劳作等。高小增加政治、自然、历史、地理等。劳作课以生产劳动为主,体育以军事为主,社会活动列入教学计划,包括宣传、优属、放哨及参与成人扫盲教育等。学校普遍采用民主管理,使学生在集体生活中自我锻炼、自我教育,培养

---

① 董纯才:《中国革命根据地教育史》,北京:教育科学出版社1991年版,第213页。
② 《边区民众暂行规程》,《晋察冀日报》1942年5月8日。
③ 郭洪涛:《论敌后抗日根据地的政治经济文化的建设》,《解放》第124期,1941年2月1日。

了学生的主动性、创造性以及集体主义精神。根据地小学非常注重激发儿童和小学生的民族觉悟和爱国热情,并组织儿童参与抗日斗争。

四、解放区教育的大发展

随着解放战争的胜利推进,解放区的数量和面积迅速增加。中国共产党领导下的解放区教育,除了延续抗日根据地的方针外,适时提出了扩大教育界的统一战线,颁布实施由农村向城市转移、由战时向平时过渡的教育工作政策。此时,教育工作的重点做出了相应调整,解放区的教育逐步向制度化、正规化发展,为建设新中国的教育做准备。

(一) 高等教育

随着全国胜利的临近,对干部的需求更加紧迫。1948年,《中共中央关于九月会议的通知》指出:"夺取全国政权的任务,要求我党迅速地有计划地训练大批的能够管理军事、政治、经济、党务、文化教育等项工作的干部。"可见,大量造就管理干部是中共中央做出的一项重要的战略部署。

对知识分子进行高等教育的培养是造就管理干部的重要途径。中共中央主要通过以下三种方式开展这一方面的工作。首先,办抗大式的训练班。1948年7月中共中央指出:办抗大式训练班,逐批对知识青年进行短期政治教育,训练班规模必须逐步扩大,争取大多数知识分子都能接受一切政治训练。训练以后因材适用,在工作岗位中经受锻炼。1949年一年,就有20多万人入校接受学习培训。其次,解放区原有的大学进一步正规化。1948年到1949年,一些解放区分别召开了教育工作会议,就高等教育的正规化做出决议。例如,1949年8月,中共中央东北局、东北行政委员会做出了《关于整顿高等教育的决定》:确定高校学制为工、农、医等学院4年,社会科学及文艺学院3—4年,专修科2年。取消高校学生一律享受公费的制度,实行助学金制;整顿和充实教师队伍;改进教育管理,取消学校编制的军事化与机关化等。高等教育政策的制定,不仅从制度上促进了高等教育的正规化进程,而且体现了高等教育从干部教育向普通教育的转轨。再次,创办新大学。从最先成为稳固后方的东北解放区到全国其他解放区,通过对原有大学的调整、合并以及新建等措施,陆续成立了培养国家建设需要人才的新大学。

解放区风起云涌的高等教育整顿与建设,为适应革命战争教育向和平建设教育转变奠定了基础,开启了革命胜利后高等教育的新篇章。

(二) 中小学教育

解放战争后期,随着胜利指日可待,教育必须着眼于向经济文化建设服务转轨,中小学教育的新型正规化问题日益凸显。1948年8月,华北召开中等教育会议、东北召开第三次教育会议,着重讨论中等教育正规化问题。会议一致认为,随着全国的解放进程,仅靠根据地斗争时期通过短训班培养干部的形式,已经远远不能适应建设的需要,必须改变中学干部训练班的性质,通过办正规学校,建正规制度,注重文化科学知识的系统学习。中共中央9月16日发表的《恢复和发展中等教育是当前的重大政治任务》的新华社社论,对中学教育正规化予以明确肯定。社论指出:中等教育的性质是普通教育,任务是为国家培养具有中等文化水平和科学知识的人才,培养大量具有中等文化水平的知识分子是当前头等重要的政治任务,要办好中等教育必须正规化。确定中学学制一般采用三三制,要求建立入学、毕业考试制度和各种教学制度,加强文化课学习,重视课堂教学等。

经过解放区中小学教育的正规化进程,中小学校数量和学生人数大幅度增加,为培养新民主主义国家的建设者和接班人贡献了力量。

(三)工农群众教育

解放战争时期,各解放区都继续坚持开办了各种形式的冬学、民校、识字班等,广泛进行群众教育。1946年9月,东北行政委员会发布的《关于改造学校教育与开展冬学运动的指示》指出:"秋收后在群众已发动起来、情况较好的地区,可以配合着群众运动,与各地工作团合办冬学,吸收农工会和自卫队中的积极分子、活动分子入学,进行冬训。主要是时事与政策教育,讲土地改革,武装自卫,改造政权,组织起来发展生产等问题,籍以提高其政治觉悟,同时进行识字教育,籍以提高其文化。"[①]各种宣传队也利用板报、标语、漫画、广播、演出、宣讲等多种形式,控诉国民党及地主阶级的罪恶,宣传土改、支前、发展生产等。政权改造、土地改革、发展生产等活动与政治教育的紧密融合,极大地提高了群众的觉悟水平。群众教育文化素质和政治觉悟的全面提高,是我党取得民主革命伟大胜利的重要条件之一。

第三节 革命根据地教育的基本经验

革命根据地教育是在中国共产党领导下的、无产阶级和人民大众性质的、为革命战争和阶级斗争服务的新民主主义革命教育。因此,根据地教育在中国教育史上有着十分重要的地位,它的宝贵经验值得我们认真研究和汲取。

一、教育必须为革命战争和阶级斗争服务

革命根据地时期,革命战争的胜利或者失败,是居于首位的关键问题。只有通过武装斗争夺取了胜利,才可以保证革命根据地和解放区的存在与发展壮大,并进一步发展到夺取全国胜利。因此,革命根据地的教育首先必须着眼和服务于革命战争和阶级斗争的需要,为革命战争与阶级斗争服务。一方面,要培养大批干部作为武装斗争的领导和骨干,以保证军队和地方建设的需要;另一方面,革命战争是人民战争,最大限度地发动群众,教育群众,提高军民的政治觉悟、文化水平和生产建设热情,动员他们积极支持并投入到革命战争和阶级斗争中去。

---

① 东北教育社:《东北四年来教育文件汇编》,沈阳:东北新华书店1949年版,第5页。

无论初等教育、中等教育，还是干部教育、社会教育，均紧紧围绕抗战救国这一中心任务进行。初等教育内容将革命教育作为教育的主题之一，如湘鄂赣苏区的少先队，他们积极进行军事训练，"按军事编制班操每十天一次，排操每二十天一次，连以上按照当地的实际情况，有计划地举行会操……在最短期间，除练习基本动作，及散兵线以外，还经常练习打野操，以及排的战斗和连的战斗"①，并编订了训练教材《模范队员须知》《红军步兵教程》。中等教育开设政治和军事课，政治课主要讲抗战建国纲领、统一战线、论持久战，军事课内容有基本操练、行军、射击、野外演习、游击战术、地方卫戍、后方勤务、防空防毒常识等。②干部教育以培养抗日干部为主要目标，因此，从教育管理、课程设置、教学实践等方面都围绕抗战，主要提高政治素质，锻炼学员的军事技术和实战本领。社会教育也是为抗战救国服务，开展冬学运动，开办民众学校、识字班、宣讲班等，主要是为了提高民众的文化水平和政治觉悟，动员他们投身到抗战的伟大实践之中。

二、教育必须与生产劳动相结合

苏维埃政府曾提出："要消灭离开生产劳动的寄生阶级的教育，同时要用教育来提高生产劳动的知识和技术，使教育与劳动统一起来。"③延安文教大会也指出，教育与生产劳动相结合是培养新公民、新知识分子的必由之路。因此，建立在新型生产关系之上的、与农村生产生活实际紧密联系的、旨在提高生产者劳动知识和技能，同时为维持根据地的生存和支援前线为需要的革命根据地教育，具有鲜明的与生产劳动相结合的时代特征。

由于革命根据地条件艰苦，办学条件简陋，因此，各类教育要想顺利进行，一方面，需要师生克服各种各样的困难，通过自制教具、自建校舍等劳动来创造条件开展教学活动；另一方面，坚持教育与生产劳动相结合原则，在生产劳动中进行教育，将生产劳动作为教学内容，课余让学生参加生产劳动，勤工俭学，解决课本费和学习用品费等。革命根据地的教育与生产劳动相结合，较好地处理了以下几个方面的关系和问题：一是对农民的教育，力求教学的组织形式、时间与生产不冲突。在当时的历史条件下，教育必须以不影响生产为出发点和归宿。因此教学时间的安排，根据不同的季节而采取灵活多样的方式，有夜晚教学、雨天教学、冬闲冬学、农忙分散教学等。二是对儿童的教育，则结合儿童家庭、劳动和站岗放哨的特点，采取轮学或巡回教学、教员到各村巡回教学等方式进行，有全日班、半日班、早午班等，既有分班分组教学，又有个别教学等。三是根据地的干部教育和青年学生教育，在学习文化政治课程的同时，也积极加入根据地的生产建设中去，不仅自力更生创造了物质财富，减轻了政府和群众的负担，为发展教育提供了有力保证，更重要的是培养了师生的劳动观点、群众观点、艰苦奋斗和团结协作的精神，对于造就革命斗争的坚定战士具有重要作用。教育与生产劳动的紧密结合，有力地支援了革命斗争和根据地

---

① 《少先队的学习，战斗生活》，《江西苏区教育资料汇编》（共产青年团、少年先锋队、儿童团教育成就和经验），湘赣师范学院、江西省教育科学研究所1985年版，第30页。
② 五台教育志编纂组：《五台教育志》，太原：山西人民出版社1991年版，第70页。
③ 中央教育科学研究所：《老解放区教育资料》（一），北京：教育科学出版社1981年版，第308页。

建设,有着特定的历史价值和意义。

三、依靠群众办学

革命根据地教育的群众性主要体现在:一方面,学校教育从未脱离群众,大中小学生"生长在群众中,生活在群众中,学习在群众中"①,学生们经常与群众一道参加春耕运动、背粮运动等生产劳动,始终与群众打成一片;另一方面,群众广泛参与教育活动,尤其是根据地开办的社会教育,广大群众积极参加,正如苏区规定的"发动群众用自己的经济力量,提拔群众中的教育干部,以群众自己的积极性和创造力来干"②,并通过竞赛突击的方法发动个人与个人、村与村、乡与乡之间的教育竞赛,以此调动群众学习的热情。

在当时的环境和条件下,如果只靠政府办学,是难以完成群众扫盲、政治教育和文化普及等这些艰巨任务的。中国共产党审时度势,在艰困的条件下因陋就简,积极发动群众、依靠群众,实行群众教育的"以民教民""民办公助"等教育措施。所谓"以民教民",就是在群众自愿和需要的基础上,由识字的群众教不识字的群众,主要的学习组织形式是办夜校、识字班组等。所谓"民办公助",就是由群众集资、出力自己办学,主要是家长和学生通过劳动解决资金和人力问题,也采用集资、提取结余、开学田等方式筹集办学资金,政府则给予方针上的指导、物质上的补助和师资上的支援。这种发动群众,坚持勤俭办学的群众教育形式,在多样性、灵活性中有其统一性和原则性,即在中共中央的教育方针和政策的指引下,统一在教育与生产劳动相结合的原则上来。毛泽东曾高度概括了教育工作中的群众路线,并归纳为两条原则:"一条是群众的实际上的需要,而不是我们脑子里头幻想出来的需要;一条是群众的自愿,由群众自己下决心,而不是由我们代替群众下决心。"③中国共产党通过积极发动群众,勤俭办学,不仅使群众、儿童通过党的宣传教育,及时了解党的任务,掌握党的政策,更好地投入各项斗争和工作生活中去,而且又使得中共中央有了坚定的群众基础,是中共中央领导全国人民取得战争胜利的根本保证。

四、坚持党的领导

革命根据地大都地处偏远,经济贫困、交通不便、教育落后是其明显特点。边区政府建立后,中国共产党率领广大人民,在经济文化极端落后的基础上,紧密联系根据地实际,采取各种切合实用的教学制度和教学方式,提高了军民的政治文化水平。这些形式多样、蓬蓬勃勃的文化教育事业运动,正是由于坚持了党领导下的正确教育路线,才取得了举世瞩目的巨大进步和成就。因此,坚持党的领导,执行党的正确教育路线,是发展教育事业的关键。

---

① 宋劭文:《祝边区学联的成立》,《抗敌报》1940年5月18日。
② 《湘赣省文化教育建设决议案》(草录),《江西苏区教育资料汇编》(教育言论教育方针政策),赣南师范学院、江西省教育科学研究所1985年版,第132页。
③ 《毛泽东选集》(第三卷),北京:人民出版社1991年版,第1013页。

复习思考题

1. 简述抗日民主根据地的教育方针与政策。
2. 简述新民主主义文化教育方针的具体内涵。
3. 试评"抗大"。
4. 简述革命根据地教育的基本经验。